安徽师范大学传媒视界丛书

媒介融合与媒体转型

肖叶飞 · 著

安徽师范大学出版社
· 芜湖 ·

责任编辑:房国贵
装帧设计:王 彤 袁现伟

图书在版编目(CIP)数据

媒介融合与媒体转型/肖叶飞著.—芜湖:安徽师范大学出版社,2017.11
(安徽师范大学传媒视界丛书)
ISBN 978-7-5676-2693-5

Ⅰ.①媒… Ⅱ.①肖… Ⅲ.①传播媒介-研究-中国 Ⅳ.①G206.2

中国版本图书馆CIP数据核字(2016)第295045号

国家社科基金青年项目“媒介融合的政策选择与规制体系研究”
(编号13CXW008)的阶段性成果

媒介融合与媒体转型

肖叶飞 著

出版发行:安徽师范大学出版社
芜湖市九华南路189号安徽师范大学花津校区 邮政编码:241002
网 址:http://www.ahnupress.com/
发 行 部:0553-3883578 5910327 5910310(传真) E-mail:asdcbsfxb@126.com
印 刷:虎彩印艺股份有限公司
版 次:2017年11月第1版
印 次:2017年11月第1次印刷
规 格:787 mm×1092 mm 1/16
印 张:20.5
字 数:383千字
书 号:ISBN 978-7-5676-2693-5
定 价:68.00元

总　　序

安徽师范大学新闻与传播学院成立于2010年5月，原名传媒学院，2015年1月改为现名。学院是学校应用性专业综合改革试验田，承载着创新办学模式和人才培养模式的使命。2013年，学院与中国人民大学、南京大学、武汉大学等高校新闻学院一起，入选中宣部、教育部10所部校共建新闻学院试点单位。根据部校共建新闻学院的协议精神，中共安徽省委宣传部和安徽师范大学围绕建设一流新闻学院、培养卓越新闻传播人才这一目标，共建管理体系、共商培养方案、共建核心课程、共建双师队伍、共建实验基地、共建研究平台，投入专项资金，推动新闻与传播学院加速发展成为特色鲜明、国内一流的现代化新闻与传播学院。

学院现有教职员工92人，其中专职教师（含实验系列）76人，高级职称36人，二级教授1人，博士（含在读）34人，博士生导师1人，硕士生导师31人，安徽省学术和技术带头人1人，享受国务院特殊津贴专家1人，皖江学者特聘教授1人。学院现有新闻学、广告学、网络与新媒体、文化产业管理、摄影、动画、播音与主持艺术I、播音与主持艺术II（空乘与礼仪）等8个本科专业。其中，新闻学、广告学、动画、摄影等4个专业为安徽省特色专业，播音与主持艺术专业为安徽省综合改革试点专业。学院拥有新闻传播学、戏剧与影视学2个一级学科硕士学位授权点，新闻与传播、广播电视2个专业学位硕士授权点。建有安徽省重点人文社科基地——“创意产业发展研究中心”和安徽省校企合作实践教育基地——“传媒与艺术综合实验中心”等。

自部校共建新闻学院工作开展以来，学院依托部校共建新闻学院的平台资源，发挥省属重点师范大学学科较为齐全的传统优势，确立“人文与科学并重、理论与实践结合”的目标定位，坚持以学科建设引领专业、学位点建设的发展之路。广大师生围绕马克思主义新闻观和中国特色社会主义新闻传播理论进行系统设计，开展专题研究，撰写了系列论著；打造课程群，组建专门教学团队，建设名师工作坊，编写了系列专业教材；进行创、采、写、摄、编、播、评、管一体化实践，取得了系列创作成果。学院在此基础上，策划了“安徽师范大学传媒视界丛书”，呈现学院在部校共建新闻学院工作中科研、教学、实践方面的成果。

出版“安徽师范大学传媒视界丛书”，旨在充分发挥部校共建新闻学院的平台优势，在新闻业务、中外新闻传播思想史、品牌传播、媒介文化、艺术传播等研究领域，促进高显示度的标志性成果产生，形成相对明确的学术格局，打造部校共建的安徽师范大学新闻与传播学院学术品牌。我们将以丛书出版为推动，强化团队建设，合理布局研究方向，突出研究的前沿性，将新闻传播学建设成省内一流、国内知名学科；不断提升团队科研能力，凝练研究方向，强化成果的学术水平，将戏剧与影视学建设成目标明晰、特色鲜明的学科；共同打造特色鲜明、优势明显的文化传播学研究团队。

根据学院规划，“安徽师范大学传媒视界丛书”分为学术成果、教材、艺术作品三个子系列。这其中既有学院特聘教授、学术骨干的精品，又有学术新锐、新传学子的力作；既有科研领域的最新探索，又有教学方面的长期思考；既有研究思考的宏观论述，又有实践育人的具体案例；既有隽永文字的深邃详述，又有优秀图片的精彩呈现……综合反映了学院师生在部校共建新闻学院建设中的理论与实务成果。

“安徽师范大学传媒视界丛书”是部校共建新闻学院“十个一工程”中重点项目之一。对此，安徽省委宣传部新闻处给予了充分肯定，并提出了指导性意见。学校领导以及相关职能部门一直关注新传学院的建设与发展，首批“传媒视界丛书”的出版正是他们的关心的成果之一。新传学院汇聚了新闻传播、品牌传播、艺术传播、文化传播等领域人才，展示出人文与艺术兼容、理论与实践并重的学科发展特色，呈现出“求真、至善、尚美、笃行”的学院文化风貌。学院成立了“安徽师范大学传媒视界丛书”编委会，负责进行丛书的评选等工作。第一届编委会成员由杨柏岭、胡靖、袁立庠、沈正赋、陈新平、马梅、赵昊、刘刚、秦宗财组成。同时，在策划“传媒视界丛书”的过程中，得到学院师生的大力支持，保证了丛书的质量。最后，特别要感谢安徽师范大学出版社领导对这套丛书出版的高度重视，感谢责任编辑为丛书出版所付出的辛勤劳动。我们将以“传媒视界丛书”为抓手，探索学院转型发展之路，以不辜负师生对学院发展的期待。

“安徽师范大学传媒视界丛书”编委会

二〇一七年七月

目　录

第一编

融合新闻生产与传媒产业融合

DI YI BIAN

RONGHE XINWEN SHENGCHAN YU
CHUANMEI CHANYE RONGHE

“融合新闻生产与传媒产业融合”包括《媒介融合的多维内涵与融合新闻生产》《媒介融合语境下新闻生产模式的创新》《跨媒体经营的路径选择与范围经济效应》《传媒产业融合：动因、路径与效应》《媒介融合引领传媒产业变革》《基于SCP范式的传媒产业融合分析》等六篇文章。前三篇文章分别从不同侧面分析了媒介融合的内涵、融合新闻生产的模式、跨媒体经营的路径选择与范围经济效应。融合新闻生产就是从组织架构到编辑流程，从采集制作到传输接收，形成新的融合生产流程，包括融合新闻生产指挥中心的构建、全能记者的多媒体信息采集、多媒体编辑的信息分层处理、多媒体终端的信息传播等。

媒介融合推动并最终形成传媒产业融合，这种现象首先出现在电信、广播电视和新闻出版等信息产业。产业融合是不同产业或者同一个产业内的不同行业在技术融合的基础上出现了相互交叉、相互渗透，逐步融合成具有新的产业属性或新的产业形态的动态发展过程，进而推动产业的变革与社会生产发展。传媒产业融合的三篇文章分别从宏观、中观、微观层面分析了这种现象，宏观层面分析了传媒产业融合的动因、路径与效应，中观层面分析了传媒产业融合给媒体经营管理、产业链以及规制政策带来的变化，微观层面则从SCP（结构—行为—绩效）视角出发，分析了我国报纸杂志、广播电视、出版行业的市场结构，以及这种结构的变化带来的绩效的改变。

媒介融合的多维内涵与融合新闻生产

媒介融合是在数字技术、网络技术的发展和放松规制的语境下，不同传媒产业通过并购、重组和整合，达到内容、平台、网络、渠道和终端的融合，实现数字化、互动化、集约化的融合新闻生产的过程。媒介融合在不同的语境中有不同内涵，需要积极面对。对于传媒业来说，需要改造新闻采集、编辑流程和组织架构，再造新闻生产的流程，建构新的新闻生产模式。对于传媒规制者来说，需要树立融合规制理念与思维，为媒介融合创造良好的制度环境。

一、媒介融合的发展与演变

数字技术的发展催生了媒介融合。一旦文字、图像、声音、视频和动画等各种信号被数字化，以二进制形式记录、处理、传播、获取信息，在计算机中用0和1表示，可以无数种方式来改动和处理它，并把它传给各种终端，就产生了媒介融合。媒介融合是我们生活的数字化的媒介环境。

1994年，第一次提到“媒介融合”概念的是《纽约日报》，它在报道《圣荷西水星报》与美国在线共同推出名为《水星中心新闻》电子报服务的时候，文章标题是《第一次媒介融合》。1995年，《论坛报》、《时报－镜报》、奈特－里德报业、先进出版公司、考克斯公司、甘乃特报业、赫斯特、《华盛顿邮报》和《纽约时报》各出资100万美元组建了新世纪网络公司，通过互联网获得读者和在线广告。2000年，美国媒介综合集团在坦帕市新建了一座传媒大厦，一共投资4 000万美元，将《坦帕论坛报》、电视台WFLA-TV（佛罗里达州坦帕市电视台）、网站Tampa Bay Online（坦帕市海湾在线）一起搬入新大厦办公。虽然一起办公的报纸、电视台与网站各有独立的人力资源、办公区域和运作机制，但是可以共享资源。对于突发新闻事件，设有专人指挥，能够在第一时间内传递给三家媒体，协调对新闻的采访与发布。

有了媒介融合的实践，理论工作者开始总结媒介融合。美国南加州大学安利伯格传播学院教授拉里·普莱尔（Larry Pryor）从新闻生产的角度给媒介融合下个定义，他认为，融合新闻发生在新闻编辑部中，新闻从业人员一起工作，为多种媒体平台生产多样化的新闻产品，并以互动性的内容服务大众，通常是以一周7日、每日24小时的周期运行。美国新闻学会媒介研究中心主任安德鲁·尼其森（Andrew Nachison）从不同媒介之间的合作和联盟角度给媒介融合下个定义，他认为，媒介融合是印刷的、音频的、视频的、互动性数字媒体组织之间的战略的、操作的、文化的联盟①。

2003年，美国西北大学教授李奇·高登（Rich Gordon）根据不同传播语境下融合所表达的含义，归纳了美国当时存在的五种“融合新闻”的类型：信息采集融合、新闻表达融合、策略性融合、结构性融合和所有权融合②。美国鲍尔州立大学（Ball State University）的洛瑞·戴默（Lori Demo）等几位学者在论文《融合连续统一体：媒介新闻编辑部合作研究的一种模式》中提出了“融合连续统一体”这个新概念，具体包括交互推广、克隆、合竞、内容分享等不同媒介融合层面③。这些学者分别从不同角度描述了媒介融合的多维内涵。

我国关于媒介融合的研究始于2005年，著名学者蔡雯教授在美国做访问学者期间将媒介融合这个“舶来品”引入国内，她系统介绍了美国媒介融合的现状以及融合为传媒业带来的变化。她认为，媒介融合是指在以数字技术、网络技术和电子通信技术为核心的科学技术的推动下，不同传媒产业组织在经济利益和社会需求的驱动下，通过合作、并购和整合等手段，实现不同媒介形态的

---

① Andrew Nachison. *Good Business or Good Journalism? Lessons from the Bleeding Edge,* A Presentation to the World Editors' Forum, Hong Kong, June 5,2001.

② Stephen Quinn and Vincent F.Filak. *Convergent Journalism: An Introduction,* Elsevier,2005:5.

③ Dailey Larry, Lori Demo & Mary Spillman（2003）.*The Convergence Continuum: A Model for Studying Collaboration between Media Newsrooms*. Paper presented at the Association for Education in Journalism and Mass Communication Conference, Kansas City,MO.

内容融合、传播渠道融合和媒体终端融合的过程[①]。

随着互联网技术的不断发展，网络技术从Web1.0向Web4.0快速推进，我国的媒介融合也在不断演进，具体可以分为如下三个阶段。

第一个阶段——传统媒体建设新兴媒体。这个阶段，传统媒体直接把内容搬到互联网，处于“翻版阶段”。信息的传播是单向提供，受众被动接受。传统媒体是主要的信息提供商，互联网仅仅是一个新兴载体。报纸等传统媒体纷纷开设自己的新闻网站，提供电子版报纸，报纸开始实施数字化战略。其他传统媒体也纷纷建立自己的网站，例如，1996年，央视网建立并试运行，这是我国最早发布中文信息的网站之一，各省级卫视陆续申请自己的网站。1997年，人民网建立，开创了报网互动的新时代。

第二个阶段——传统媒体与新兴媒体互动发展。网络成为媒体与受众的互动平台，用户既是网站内容的消费者，也是网站内容的制造者，博客（Blog）成为这个阶段的互联网新应用。传统媒体与新兴媒体在技术和平台上完美融合，报纸网站的内容与印刷版有了较大区别，新增了利用网络的优势与特点而传播的内容；广播电视网站除了转播广播电视台的新闻外，开始提供自己编辑的新闻；网络媒体开始利用自身优势进行新闻内容的取舍与传播。2007年，国家新闻出版总署公布了报纸网站、手机报、多媒体数字报刊、数字化平台、电子阅读器、手机二维码、户外数字媒体、电子商务、移动采编系统等九大类“数字报业的创新方向”。

第三个阶段——传统媒体与新兴媒体融合发展。人工智能、云计算、物联网、关联数据和语义网络等，形成了人和网络之间的互动与沟通。微博、微信、客户端等新兴媒体促使媒介融合从内容融合、平台融合到了更高层次的产业融合。基于互联网的新兴媒体综合了包括声音、图像、影像、动画等多种媒介形式，成为综合的信息服务者，开展电子商务、游戏娱乐、网上社区等其他服务项目。

二、多维视野下的媒介融合

媒介融合作为一个被广泛使用的概念，因使用语境不同，具有不同的所指。总体来说，媒介融合包括如下几个层面的意义。

① 蔡雯：《媒体融合与融合新闻》，人民出版社2012年版，第6页。

(一)媒体融合

媒体融合是指报纸杂志、广播电视等传统媒体与互联网、手机、手持智能终端等新兴媒体传播渠道有机联结在一起，衍生出不同形态的信息产品，通过不同平台传播给受众，实现全媒体传播的业态。例如，人民日报社高度重视媒体融合工作，已经从一份报纸转变为全媒体形态的“人民媒体方阵”，成为拥有报纸、杂志、网站、网络广播、网络电视、手机报、电子屏、微博、微信、客户端等10多种载体的新型媒体集团。

媒体融合的方式多种多样，例如，传统媒体积极涉足新媒体业务，开办微博微信公众号；依托自身的丰富媒体形态资源，介入网络、IPTV（Internet Protocol Television，交互式网络电视）、移动电视与手机等多媒体领域；与互联网、手机等新媒体合作，发挥多平台互补优势，通过多渠道传播全媒体信息。

(二)内容融合

在媒体融合之前，我们已经习惯了媒体机构单一介质的运行。如报社以纸张为介质，以文字、照片、图表等传播符号进行信息传播；广播电视台以电波为介质，通过声音、画面、视频共同完成新闻信息的传播。随着数字编码技术和数字压缩技术的发展，文字、图片、音频和视频的数字化成为可能，数字化后的素材和内容促进了内容融合。媒介融合促进了内容生产的融合，受众既是信息接收者，也是信息生产者。博客、微博、微信、微视频、飞信以及QQ、MSN（Messenger for Mac，发布在Mac平台上的社交聊天软件）、人人网等社会性交流工具SNS（Social Networking Services）逐渐盛行，用户原创内容的爆发式增长，为内容融合开辟了新的途径。

(三)网络融合

网络融合主要是“三网融合”，就是指广播电视网、电信网和互联网的融合，三网功能趋于一致，能够提供包括文本、语音、数据、图像等综合多媒体的通信业务，并逐步整合成为统一的信息通信网络，实现业务之间相互竞争，网络互联互通、资源共享。三网融合的本质实际上是广播网和通信网都与互联网融合，三网融合的核心是提供综合信息服务。网络融合目的是促进不同网络之间的寡头竞争，消除垄断，提高国民经济与社会信息化水平，让人民群众享有更加丰富多样、快捷方便的信息和文化服务。

（四）平台融合

随着智能化终端的不断涌现，网络的数字化、宽带化、交互化与智能化的不断推进，广电平台、网络运营平台、移动互联网客户端平台、电商平台、社交平台以及政务平台等多种平台逐步融合。例如，中央电视台正在建设中国视频云服务平台，已经成立央视新闻、央视影音、4G手机电视平台等项目组，加快实施融合发展项目，建立互联网电视、IPTV、手机电视、移动电视等四大平台的协同联动，向手机、电视机、台式电脑、平板电脑、移动电视和户外大屏等多种终端分发内容。

微信、微博、二维码平台、客户端成为媒体与受众互动的最便捷的融合平台。微信、微博传播新闻信息，制造话题；二维码平台连接线上线下，与用户实时互动；客户端成为最活跃的传播平台、经营平台。特别是随着4G智能手机的大量普及，移动客户端成功超越电脑版客户端。各个传统媒体纷纷建立各种客户端，例如，报纸客户端、节目客户端、频率频道客户端、新闻客户端、阅读客户端等，形成了客户端矩阵。例如，湖南广播电视台的移动客户端“芒果TV”、安徽广播电视台的“啊呦”、四川广播电视台的“熊猫视频”、浙江广播电视台的“中国蓝”等，影响力较大。一些地市级媒体的客户端影响力超出了当地，覆盖全国，成为重要的传播与经营平台。

（五）终端融合

终端融合分为两个层面，一是数字终端设备融合，二是终端设备融合所带来的信息平台和服务平台的融合。终端融合最终实现通过单一设备就可以兼容所有类型媒介。例如，电视、手机、电脑都具有打电话、上网、看电视的功能，电视屏、手机屏、电脑屏等三屏逐渐走向合一。在媒介融合时代，将打破原有的传统媒体单一的传播渠道，报纸、广播、电视、网站、手机等不同的载体将视为一体化的“融合信息终端”，以新闻内容在不同载体的相互嵌入，以新闻内容的多形态化，实现全天候传播，满足受众多元化、个性化的信息需求。

（六）所有权融合

发达国家的媒体所有权融合是通过并购重组等资本运营的方式实现的，呈现跨媒介、跨行业与跨国界的特点。由于条块分割的管理体制的阻隔，我国传统媒体单打独斗的局面较为普遍，迫切需要所有权融合，形成具有核心竞争力的多媒体传媒集团。通过政府的推动，我国也形成了一些所有权融合的跨媒体传媒集团，例如成都传媒集团、佛山传媒集团、牡丹江新闻传媒集团等，这些传媒集团涵盖广播、电视、报纸、杂志、网站以及出版等领域。但是，我国传媒集团还存在产权不清、主营业务不突出、受众定位缺乏差异化等问题，没有实现资源共享与一体化运营，甚至形成了地方垄断。我国鼓励通过市场手段实现所有权的融合，近年来，这方面的所有权融合不断推进。2015年文化传媒行业并购事件总共超过165起，排除有23起未透露并购金额的案例，其他并购事件的金额近1 500亿元，同比增长高达50%。

（七）机构融合

媒介融合要促进组织机构的融合，改变传统媒体和新兴媒体分立单干、各自为政的状况，适应融合新闻生产的需要，构建融合型的组织结构。例如，BBC的媒介融合不仅仅呈现在终端上，而且体现在新闻传播过程中组织结构的调整与生产流程的整合中。BBC将原来各自独立的广播、电视和网络新闻部搬入一起办公，共享资源，形成一个跨平台的多媒体新闻中心，将融合理念贯穿于新闻生产、传播和反馈过程中。BBC新大楼的新闻编辑部堪称"超级编辑部"，中心是一个由八个工作台组合成的菱形的中心调度区，广播、电视、网络等不同媒体的工作区围绕大厅中心呈四处放射状。由中心区向两边呈放射状散开的工作平台，一半是面向国内受众的国内部，一半是面向国外受众的国际部。这样的编辑部设计恰恰体现了BBC媒介融合的理念。

（八）管理融合

管理融合包括宏观层面与微观层面，宏观层面体现为国家的媒体管理体制的融合，微观层面是指媒体内部的管理机制的融合。为了促进融合，2013年我国合并了新闻出版总署与国家广电总局，成立了融合性的规制机构中华人民共和国国家新闻出版广电总局。国家推动传统媒体和新兴媒体融合发展，坚持不同媒体之间的优势互补、一体发展，推动在内容、渠道、平台、经营、管理等方面的深度融合。例如，我国对IPTV、手机电视与互联网电视集成播控平台，遵循《互联网视听节目服务管理规定》，实行融合规制。在微观管理层面，中央电视台、中央人民广播电台、中国国际广播电台和一些省级广播电视等传统媒体探索与新兴媒体在人事管理、资产管理、导向管理与运营管理的一体化，实现传媒资源与生产要素的有效整合与共享融通。

三、融合新闻生产的流程再造

媒介融合的基础是生产形态的融合，其核心是开发与共享内容资源，生产与传播融合新闻。因此，它必然要改变新闻传播流程，形成有别于传统媒体的新闻生产方式和营销方法，实现从载体到内容，从采集制作到传输、接收的数字化和网络化，形成新的融合生产流程。

(一)再造融合新闻生产指挥中心

再造媒介融合时代的新闻生产流程，核心是要建立新闻信息指挥调度中心，对整个新闻生产流程实施有效指挥调度和有序调控管理。

按照融合新闻生产的要求，新闻信息指挥调度中心的管理模式是：调度中心位于这个平台的中央位置，其他纸媒、广播、电视、网络、手机等业务部门环绕周围。调度中心统领选题管理、线索管理、内容管理、用户管理、任务管理和数据库管理，统筹新闻信息采集平台、线上线下编辑平台、信息发布平台与用户管理平台，并使之一体化运行。新闻信息指挥调度中心的决策层，必须是一个既懂管理又能协调新闻生产的创新团队，其中起到核心作用的应是一名擅长在多媒体传播中进行整合传播策划的管理者。只有这样，决策层才能真正发挥决策与领导作用。

针对重要新闻和突发事件，新闻信息指挥调度中心要实行滚动式信息管理和重大新闻动态式的整合策划。指挥中心根据其稿件的新闻价值，决定呈现的方式，转而分发给各自编辑业务部门进行深加工，并分别在不同介质平台上对外发布。信息调度中心通过数据库储存、加工和处理，形成自有的信息库和内容超市，供新闻生产者选取或向外传播[①]。

(二)全能记者的多媒体信息采集

媒介融合时代的全能记者，必须具备跨媒体传播思维，同时又是“一专多能”的新闻信息采集者，娴熟地运用报纸、广播电视、网络等多种媒体的采写技能。特别是在重大事件和突发事件的报道中，需要跨媒体思维进行新闻信息采集，这考验着记者的思维能力、采访技能与现场应变能力。

掌握了多种媒介技能的“全能记者”，具备能写、能拍、能摄的基本技能，能够承担文字、图片、音频、视频等多种形式的报道任务，为多种不同媒

① 姜平：《媒介融合教程》，武汉大学出版社2015年版，第59页。

体提供新闻作品。美国密苏里大学和南加州大学等大学都在重新设置新闻学课程与培养计划，为未来的“全能记者”培养多方面的才能。这种未来记者的基本技能是，可以携带一个苹果电脑、索尼数字摄像机、录音笔和移动卫星手机，完成所有音频、视频以及Flash的编辑工作。“全能记者”能够根据不同媒体的传播特点采集文字稿、图片、音频与视频资料等进行报道①。

(三)多媒体编辑的信息分层处理

融合媒体时代，在后期编辑平台，必须有一支适应媒介融合的新闻编辑队伍和运行机制。融合媒体时代的新闻编辑，除了必备新闻策划能力、对信息的整合能力、编辑能力、把关能力外，还要熟悉数字化媒体设备技术，对来自记者的新闻信息、用户信息、数据库信息进行分层处理，了解各种媒体的操作技能和传播特点，具备深入解读新闻能力、快速的现场反应能力、多媒体信息整合能力等，成为“一专多能”的复合型人才。

新闻编辑要对各类信息资源进行综合分层处理，实现新闻资源整合开发。所谓分层，包括两个层面：其一，按照多形态多终端传播的要求，对内容资源进行分类处理。其二，按照受众的需求，对内容资源进行多媒体分层开发。根据新闻内容及传播媒体的特性，对相关的内容资源进行整合。新近发生的资讯类信息，编辑要及时编发到网络、手机、广播电视等媒体上，提高其传播的时效性；需要现场报道的，则可考虑编发电视节目和视频节目；需要进行深度报道的，可发挥平面媒体的特点进行深入解读，也可用电视专题节目、视频专题节目的形式做深度报道，还可以利用微博形式，吸引受众参与其中。

(四)多媒体终端的信息传播

信息传播终端是新闻传播流程的最终出口，也是媒介融合时代新闻传播流程构建中不可或缺的环节。融合新闻生产需要具备一套可以在统一界面上加工与编发文字、图片、音频、视频的数字化管理平台，编辑根据各种不同终端的特质加工整合，以报纸、广播、电视、手机、互联网、户外大屏、移动电视等多媒体渠道发布多媒体信息，满足受众个性化的需求，扩大受众规模。跨媒体信息发布的融合终端主要有三大类，即网络终端（电脑）、移动终端（智能手机、Pad）和电视终端（IPTV、互联网电视）。

信息发布终端是与用户接触最密切的端点。加强信息发布终端的用户管

---

① 肖叶飞：《融合新闻教育理念与课程设置》，《新闻传播》2012年第12期。

理，是提高新闻信息传播与服务效应的关键环节。用户终端管理要集中解决好三个问题：第一，建立用户生产信息内容的上浮机制，使用户生产的内容（UGC）成为专业新闻生产（PGC）的有效补充。第二，建立用户信息反馈机制。及时收集用户对多介质信息终端的信息接收和反馈状况，通过大数据分析，寻找用户的兴趣点；依据用户对所接受新闻信息的意见和评价，及时改进新闻产品。第三，建立用户档案资料。要利用数据库和信息推送技术，对用户进行细分，建立用户管理档案，为用户提供个性化、针对性强的新闻产品。

（原载《新闻世界》2016年第1期）

媒介融合语境下新闻生产模式的创新

媒介融合是在数字技术、网络技术的发展和放松规制的语境下，不同媒介产业通过并购、重组和整合，达到渠道、组织、内容和终端融合，实现集约化、数字化、多元化的融合新闻生产的过程。媒介融合使媒介的生态环境和产业价值链发生根本性的变化。新的媒介生态环境需要再造编辑流程和组织架构，创新新闻生产的流程，建构新的新闻生产模式。媒介融合语境下新闻生产模式要从编辑流程、新闻生产流程和新闻生产模式三个方面进行创新。

一、再造融合编辑室为枢纽的多元互动的编辑流程

媒介融合是在放松规制、技术融合和受众细分化的多重驱动下产生的：放松规制促使跨媒体、跨所有制媒介集团的建立，使得融合新闻生产成为可能；技术融合使得手机、互联网等融合终端出现，文本、图片、音频、视频等可以在一个终端上展示；而受众细分化、碎片化是媒介融合的最终驱动力，在融合媒体时代，受众在任何时间、任何地点想获取各种形态信息成为新的需求，使得融合新闻生产成为必要。在媒介融合的语境下，传统的线性单向的编辑流程不能适应新的传媒生态，需要对传统的编辑室进行结构融合和组织融合，把不同媒体的编辑室整合到一起，形成新的组织架构。新的架构需要组建一个班子，统一流程，统一考核，监管和协调多媒体的编辑流程，通过整合资源，实

现规模经济效应。

在媒介融合的进程中，西方媒体纷纷进行组织融合和结构融合的实验，自从美国媒介综合集团在佛罗里达州坦帕市建立了坦帕新闻中心、成立跨媒体融合编辑室以来，《纽约时报》《今日美国》《华尔街日报》《洛杉矶时报》等一些美国大报都已经把报纸和在线的编辑人员融合在一起，例如美国甘耐特报业集团把公司属下的全国89个日报的编辑室变成融合信息中心，这样做的目的就是借助多媒体平台为读者和观众提供文本、音频和视频多媒体信息，这些平台包括日报、网络、手机、期刊和其他的媒体，同时媒介融合加强与社区的互动①。新的融合编辑室是智慧型编辑室：一是通过更智慧地运用信息促进新闻采集；二是培养一批具有融合媒体理念和多媒体采集技能的善于沟通协调的多媒体人才。

(一)融合编辑室是融合新闻报道的枢纽,在融合编辑室内,协调管理型编辑和内容生产制作型编辑共同主导编辑流程

如果说传统的媒体编辑是“单兵种”作战，那么在融合编辑室里面就是“多兵种、海陆空”协同作战。这就赋予编辑新的权限和职责，要求融合媒体的编辑具有新的编辑理念，组织和管理多媒体产品的策划、采集、加工、制作和发布的能力，做到策划迅速、决策科学、调动灵活。例如，美国媒介综合集团最早在2000年就建立了坦帕新闻中心，把其属下的报纸、网站和电视台编辑部整合在一起，统管三种媒介的新闻生产，实现联动效果。《纽约时报》把1 000多人的报纸编辑人员和数字运营队伍整合在一个功能一体化的融合编辑室。美国论坛公司也把其拥有的《芝加哥论坛报》、电台、电视台和新闻网站的编辑部整合在一起，组建了多媒体新闻编辑部，把不同媒介的内容产品的生产拿到一个技术平台上去策划、组织和生产，然后多渠道传播。

在西方融合编辑室里面，一般把编辑分为协调管理型编辑和内容生产制作型编辑。协调管理型编辑又分为新闻流编辑（News flow editor）、故事生成编辑（Story builder editor）和新闻资源编辑（News resource editor），他们共同协调管理采编流程，是参与策划和资源分配的高级编辑人员；内容生产制作型编辑负责具体的某一个媒体内容生产，与协调管理型编辑实现互动协调，是内容制作和传播的普通编辑人员。

新闻流编辑发挥宏观管理融合编辑室里面的信息流动的作用，处于多媒体信

① Thom Lieb. *All the News: Writing and Reporting for Convergent Media*, Towson University, 2008:2.

息流的中心位置，监视整个信息的采集、加工和生产，根据新闻事件的性质确定报道什么和怎么报道，相当于执行总编的角色，而不同的是他要监视各种不同的故事通过各种平台传输。一般来说新闻流编辑不止一人，可能根据行业和媒体的不同而分工，发挥多媒体主持人的作用，就报道的角度、截止时间等跟内容制作编辑进行沟通，这就需要新闻流编辑对不同的媒介文化、专业术语和工作方式有比较好的认知。正如丹麦奥尔堡最大的融合新闻机构Nordjyske（诺丁斯科）的主编尤里克·哈格洛普（Ulrik Haagerup）把自己描述成一个新闻总指挥，每个编辑对自己的内容负责并向他汇报，不同的媒介有不同的需求，不同的编辑精加工内容很有必要①。

故事生成编辑相当于现场监制，集中了几种传统的编辑角色功能。在多媒体编辑室里面，同一个新闻信息在不同的时间和空间里流动，故事生成编辑管理同一个主题的信息多媒体流，同时直接管理信息出口和各种不同的多媒体桌可获取的信息元素。故事生成编辑必须具备三种素质：文字编辑对细节的审读能力；制片人对速度和步速的敏锐性；具有任务协调编辑对故事生成的不同路径和需要配置资源的把握技能。对于故事生产编辑的最大的挑战就是分辨一个故事的哪些方面可以通过不同媒介来讲述，然后通过这些媒介来区分内容。

新闻资源编辑相当于信息专家和图书馆的参考咨询馆员，具有高超的信息管理能力，负责全部档案与数据的收集、分类和整理，包括背景资料、重大事件的前期资料、视频音频资料以及各种表格数据的提供。新闻资源编辑要理解信息图景，尽可能提供相关的参考和链接②。内容制作编辑从其手中获取有关数据，生产适销对路的新闻产品，并与管理型编辑适时沟通。

（二）从单向线性的编辑流程转变为多元互动的编辑流程

传统的编辑流程是单向的、线性的，具有垂直一体化的特点。例如，传统的报纸编辑流程是“选题→组稿→审稿→编辑加工→排版→校对”，传统的电子媒介编辑工作流程是“策划→组织节目→选择加工素材→编排节目→审查修改节目→播出监控”。在融合媒体编辑室里面，传统的编辑角色、定位和功能已经不适应融合媒体时代的要求，编辑成为新闻生成的主导者、沟通者、协调者，从幕后走向前台。由于报纸、杂志、广播、电视、网络和手机等媒体的编辑整合在一起，多元互动成为必要，协调管理编辑与普通编辑的互动，不同内

① Jeffrey.S.Wilkinson,August.E.Grant Douglas, J.Fisher. *Principle of Convergent Journalism*, Oxford University Press,2009:30.

② Stephen Quinn. *The Fundamentals of Multimedia Reporting* ,Peter Lang Publishing,inc.New York,2005:94.

容编辑的互动，编辑与记者的互动，编辑与受众的互动。如图1所示，不同的编辑要实行动态的横向管理和纵向管理，例如从策划、组织采编人员以及信息的采集、筛选、过滤、加工、制作、配置、合成等环节，实行纵向管理，统筹整个流程，这需要编辑具有敏感的价值判断力和独特的创造力。同时要加强对编辑流程横向的管理，因为不同媒体的表达方式不同，不同媒体和题材的新闻报道的内容、手法、结构、形式和发布渠道也不同，融合编辑部里多元互动、沟通协调不可缺少，从而实现不同媒体和内容生产的无缝链接。多媒体编辑就像具有创造力的“厨师”，就相同的“原料”烹调出不同花色、不同口味的“菜肴”。这表明编辑不仅要具有多媒体的编辑技能，还要具有适应不同媒介形态、不同用户需求的差异化编辑策略，根据用户的需求生成不同形态的新闻，从而满足受众的需求。

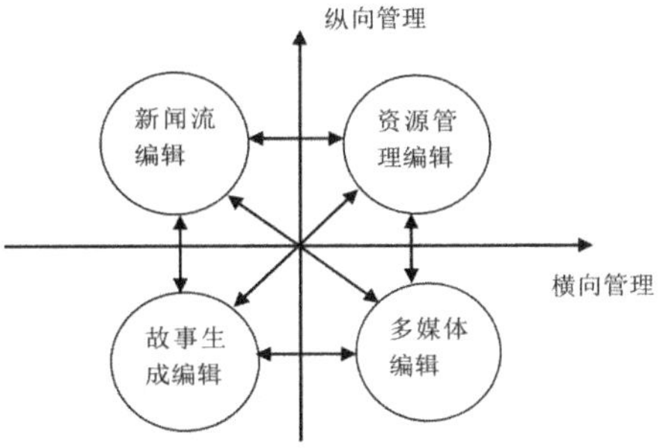

图1　融合编辑室的互动和管理

（三）从“编辑主导式”编辑流程转变为“编辑和受众共同参与式”的编辑流程

在融合媒体时代，新闻不再是一种独白，而是一种交流，受众从被动的接受者变成主动的生产者。受众的参与包括如下几个方面：第一，受者从信息的接受者变为信息的生产者，从接受末端走到了信息生产的前沿，基于P2P技术的web2.0网络应用，以个人和自组织为中心，各种自媒体层出不穷，例如博客、微博、播客、掘客、维客、SNS、论坛等，模糊了传者和受者的界限。第二，受者参与到媒体的议程设置中来，受众和编辑之间的互动性加强，呈现出共享式、协同式、交互化的特点。受众的参与使报道主题多元化，呈现出共同生产和多元表达的特点，有利于公众参与社会的民主化进程，有利于公共事务的解决和公共领域的建构。第三，受众资源往往成为信息来源，受众参与到原创性新闻生产中来，大大拓宽新闻信息来源，开发一批“公众记者”“市民记者”。受众的信息往往在关注的视角、价值观以及关注的重点和细节与传统媒体大不相同，从而丰富了报道的内涵。最后，受众调查和反馈也是新的编辑流程必然要求，利用网络、手机等多媒体，多渠道获取受众的反应和意见，发挥受众的积极性和创造性。

二、创新多媒体信息的采集、管理、讲述和发布的新闻生产流程

创新新闻生产流程就是要实现多媒体信息的采集、管理、加工与发布，建构一种多元互动、协同分享式的集约化的新闻生产流程，它以融合编辑室为枢纽，呈现出开放、多元、兼容的特点。这需要编辑记者的协同作战，沟通协调，并产生联动效应和化学反应，如图2所示，达到一次采集、多重加工、多平台发布的效果，实现信息资源的多重升值，做到资源整合，提高效率。

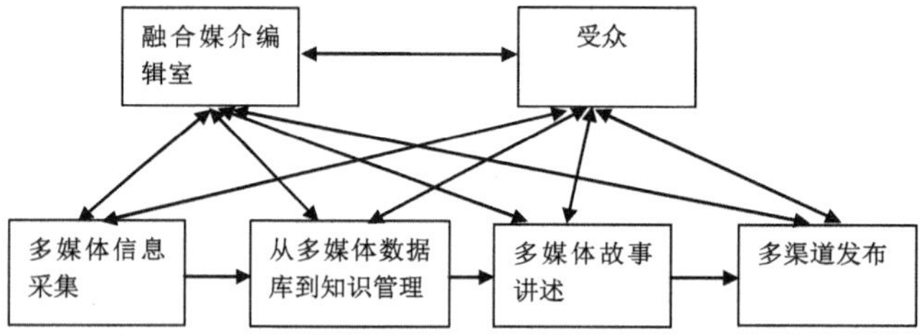

图2　融合新闻生产流程

（一）多媒体新闻资源的采集

未来的记者必须具备能写、能拍、能摄的基本技能，在美国称为“背包记者”，面对突发新闻事件的时候，具备文字、图片、音频和视频多媒体信息采集技能，并且完成多媒体信息包的采集。当然，对于重大的新闻信息的采访是集团协调作战完成的，根据不同的专业特长和技术水平统筹安排，共同完成采集任务，通常来说由经验丰富的文字记者、摄像记者和摄影记者组合而成。学者布鲁斯（Bruce）等人对世界上第一个真正意义上的融合新闻机构《Tampa论坛报》融合新闻中心的从业人员做了深度访谈。访谈者对未来的新闻从业人员的基本技能提出了如下的要求：第一，在该中心工作，从业人员必须首先要有一门技能特别精，但同时又能胜任其他工作，即一专多能；第二，他们强调新闻写作与报道在各种平台中的基础作用；第三，对新技术有着很强适应能力和协作能力；第四，跨平台的人际交流能力；第五，具有融合新闻跨平台的工作经历。

（二）从数据库的信息整合到知识管理

数字技术下的媒介融合所催生出来的内容生产是基于数据库的生产模式，数据库将新闻信息等内容资源进行整合、共享和优化配置，成为内容资源增值的平台。在这个平台上，记者编辑以多媒体手段完成信息采集、加工与发布。数据库管理系统是一个集音频、视频、文字图片、编目、存储管理、检索和发布于一体的系统，该系统不仅是多媒体采集平台，也是经营管理平台。例如《南方都市报》就采用数字化采编管理平台，按照多媒体的运行规律，在采编发的流程中提供可读写、可编发、可搜索、可整合的管理界面，整合报系内容数据库、读者数据库、广告数据库，实现多个数据库的双向互通和信息搜索。同时把新闻发布端前移，把管理端和用户端合二为一，推出开放式“鲜橙”互动网络平台，这个网络平台是融合新闻信息发布及SNS社区互动于一身的多媒体信息交互社区。在这个平台上，记者、编辑、网友等都可以发布消息以及进行人际交流，共同参与新闻生产过程。

在媒介融合时代，不仅要传播信息，而且要解读信息，提高信息产品的品质和价值，加强知识管理。具体来说，就是编辑从信息采集者变为信息合成者，通过信息筛选、意义解读和价值判断，揭示事物之间的相互联系，提高受众的认知力从而更好地理解世界，把有价值的信息资源转化为有效的知识。知识管理的另一个目标是加强员工的合作，消除因文化的刻板成见造成的分歧，建立信任。美国融合编辑室就委任了知识管理专家，协调人们团队合作和获取反馈意见。

（三）多媒体故事讲述

多媒体信息采集完成以后，编辑记者充分利用各种不同媒体的优缺点，做好多媒体的故事讲述。电视新闻具有视觉性、及时性、冲击力和感染力，报纸具有深入解读、可保持、信息量大的特点，网络则具有互动性、及时性和可搜索性。一般来说，对于突发事件，首先为网站提供快讯和图片，为广播制作口播新闻，甚至可以制作成电视现场节目，还为手机用户定制信息，更多的信息和背景资料可以作为报纸的深度报道的素材。例如美国堪萨斯州的劳伦斯世界公司，2001年就开始把属下的报纸、网站和有线电视融合在一起，其总经理安·加纳（Ann Garner）说，对于突发事件，理想的状况是先在网站上传播，因为其速度最快，然后电视视频报道并尽可能增加一些素材，报纸再做更深入报道。为了避免三种媒体出现同质化的报道，有时候安排报纸记者到电视台参加一些对话节目，节目透露报纸上的一些内容，但不是全部①。

(四)多平台发布

融合编辑室都具备一套可以在统一界面上加工、编发文字、图片、音频和视频的数字化管理平台，编辑根据集团内各种媒介的不同介质特征加工整合，以报纸、广播、电视、手机、互联网、户外大屏、移动电视等多媒体渠道发布多媒体信息，满足受众个性化的需求，扩大受众规模，实现新闻信息发布时间的多重设置和新闻内容的相互嵌入，横向拓展和纵向延伸产品价值链。例如，美国华盛顿邮报网站为非传统发布平台制作内容而获得艾美奖，并获得7个视频奖提名中的5个，ESPN（Entertainment and Sports Programming Network，娱乐与体育节目电视网）也通过手机为他们的用户提供体育新闻、比分、统计、内容提要和视频新闻。BBC多媒体编辑部主任彼得·赫鲁克斯（Peter Horrocks）在博客中写道："今天起，BBC广播新闻、网络新闻和电视新闻这三大部门将不复存在，而代之以一个新的编辑系统……新的编辑部结构，将有助于我们提高工作效率，从而在改善BBC新闻方面节约投资。我们将开发更多的新闻需求，例如，将内容制作的平台延伸到手机及移动电视方面，开创个人定向服务，为网络提供声音和视频支持。"②

三、建构集约化、数字化和多元化的新闻生产模式

技术融合和所有权融合导致传统媒体产业之间的进入壁垒逐渐消失，产业间的边界趋于模糊，例如三网融合，网络上互联互通，业务上相互渗透和交叉，形成你中有我、我中有你的媒介生态环境。媒介融合延伸了新闻报道的广度和深度，从而改变了现有传媒市场的版图，使旧的传媒运作架构和盈利模式日益式微，建构了新的集约化、数字化的新闻生产模式，创造了新的产业价值链，成为未来新闻生产的主要目标。

(一)从粗放单一的新闻生产到集约化的新闻生产

传统的媒介产业经营是单一的、线性的经营，未能充分有效地开发和利用

① Stephen Quinn. *The Fundamentals of Multimedia Reporting*, Peter Lang Publishing,inc. New York,2005:100.

② http://www.cyberjournalist.net/news/004495.php. *BBC News Reorganizes into Multimedia Newsroom*, Siber Journalist Net, 2007-11-15.

媒介资源，导致媒介产业盈利模式单一，更多地依赖广告，增加了经营风险。这种单一直线型的新闻生产模式，缺少内部和外部资源的整合，在产业经营上表现为生产、传输、分配、接收各个环节在单一媒体内部的线性流动，成本大，内耗严重，内容生产出现一定的饱和性，一定程度上制约和限制了媒介产业的发展。

传统媒体产业要做强做大，必须加强资源整合，从单媒体经营转向多媒体经营，形成盈利模式共享和互补，从而降低生产成本，增加产业整体效益，拓展生产链，从粗放型生产到集约型生产。特别是以互联网、手机为代表的新媒介的异军突起，加速了传媒产业中不同形态和门类的信息产品在同一操作平台上的渗透和融合，消除企业界限，协同生产尤为必要。协同生产使得采编人员、客户、设备和新闻资源的集约化使用，实现媒介产品的广度、深度开发和多次转化增值，达到生产集约化、经营一体化、经济规模化。例如，凤凰集团的电视媒体、凤凰网、《凤凰周刊》等按照自己的业务目标开展融合新闻业务，实现集约化经营，产品的形态有栏目及其组合、DVD系列、丛书、短信系列服务，不同的媒介产品对信息进行不同程度地挖掘和利用，达到信息的多重升值。浙江日报报业集团与北大方正合作等开发了“数字报刊与跨媒体出版系统”，实现传统报纸、数字报纸、手机报纸、光盘出版及其全部数据库产品一体化生产和多元化出版。

(二)从封闭独立的新闻生产到数字化的融合新闻生产

传统媒体的新闻生产基本有着独立的经营理念、运作模式和细分市场。这种产品单一的运营方式很难应对市场的变化和受众的多元化需求，要通过生产流程的再造与资源的整合，利用不同类型媒介的介质差异，在新闻生产传播上实现资源共享而又产品各异，从而做强做大。在数字化生产以前，文字、图片、音频和视频等不同的产品形态是不能兼容的，数字技术打破了这个壁垒。不同内容的产品内容经过数字化处理和传输，内容生产逐渐走向融合，数字化使媒介产业之间的联动乃至融合成为新的发展趋势。例如报纸、广播、电视和网络、手机之间的联动互补，最终实现数字化的内容生产，形成新的数字化的生产方式。数字化的融合新闻生产的目的是实现内容增值，在生产领域，可以通过集约化生产，降低内容生产成本，提高内容生产效率；在使用领域，同一内容在不同的终端上使用，内容产品的多次使用可以提高内容产品的使用效率，构建融合媒介产业的集合平台。

（三）从专业工作者的新闻生产到全民参与的新闻生产

在传统的媒介生产环境下，受众也在一定的程度上参与内容的生产，但是程度和规模都十分有限。在融合媒体时代，随着网络技术和数字技术的发展，双向互动传播成为可能，传者和受者之间的界限日益模糊，受众既是大众媒介产品的消费者，也是媒介产品的生产者，内容生产主体日益多元化。普通公民借助手机、博客、微博、播客、BBS、SNS社交网站等，发布新闻和表达观点。“草根”记者在重大突发新闻事件的报道中产生了一次次的轰动效应，例如伦敦地铁爆炸、东南亚海啸、克林顿丑闻等，第一时间发布报道的是公民记者而不是专业记者。虽然专业媒介组织在新闻报道中占有主导地位，但是新媒介正在改变大众传播的面貌，个人对个人、个人对多人、多人对多人的传播网络已经形成，传受一体化和全民参与新闻生产成为新的趋势。

总之，以融合编辑室为枢纽的集约化、数字化的新闻生产模式是一种新的新闻生产观，通过报道主体的多元化、编辑管理的多元互动化、报道过程的集体协作化、报道手段的丰富多样化、传输终端的多渠道化，实现协同传播，融合生产，延伸新闻生产链，最终形成一次采集、多种信息整合、多媒体故事生成、多渠道信息发布的新闻生产流程。当然，这种新的新闻生产模式在目前还处于初期的实验阶段，不仅受制于国家的宏观的媒介规制政策，也受制于媒体人的融合新闻理念、融合文化的生成和融合组织的重构。

（原载《当代传播》2011年第1期，作者为石长顺和肖叶飞）

跨媒体经营的路径选择与范围经济效应

跨媒体经营就是横跨平面媒体、电子媒体、网络媒体和移动媒体等两种或两种以上的媒体，通过不同的介质传播文字、图片、音频和视频等多样化信息，为受众提供多元化的阅读视听服务。随着网络技术和数字技术的发展，截至2016年6月，中国网民数量规模达7.1亿，手机网民规模达6.56亿，这成为跨媒体经营的外部环境和市场动因，也促使跨媒体经营成为传媒产业发展的必然选择。

一、跨媒体经营的路径选择

跨媒体经营是一种立体化的经营模式，有利于打造传媒产业的核心竞争力，发挥规模经济与范围经济效应。从受众角度看，单一媒体信息很难满足受众碎片化和多元化的需求，多媒体信息才能满足受众的个性化和互动化的消费体验；从企业的发展景气指数来看，传统媒体竞争激烈，市场空间有限，出现了不确定性，单一媒体的风险指数突增；从企业的效率来看，多媒体经营可以实现成本的节约，发挥资源共享和协同效应，通过"一次制作，多元增值"带来更多的消费者剩余和社会福利，也有利于媒体做强做大。

（一）跨媒体经营的几种类型

如果把媒体分为平面媒体（报、刊、书）、电子媒体（电视、广播、电影）、新媒体（网络媒体、手机媒体、户外媒体等），那么跨媒体经营可以分为横向跨媒体、纵向跨媒体和斜向跨媒体。横向跨媒体就是通过内部生成或者并购同类媒体的经营模式，发挥市场控制力，扩大市场份额，发挥规模经济效应，不过也是反垄断规制的重点。例如，报业集团办出版社或出版社办报刊，报、刊、社相互借助资源和平台，实现资源互补。报刊的一些知名栏目集结出书，报纸开辟读书、书评和连载版，我国的一些知名杂志如《读者》《瑞丽》《世界时装之苑》《故事会》等都是出版社所办。另外，横向跨媒体可以提高企业在新闻纸、印刷和广告谈判中的话语权，减少库存，提高资金的利用率。纵向跨媒体就是将经营领域拓展到供应链上下游，例如电视媒体向上并购影视节目制作公司，向下并购节目包装、推广、营销公司。美国以内容制作为主的时代华纳公司与以渠道播出为主的美国在线的并购，是传统媒体与新媒体的一次联姻。纵向跨媒体可以稳定供应链，节约交易成本，提高管理效率。斜向跨媒体是把业务扩张到不同的媒体领域，发挥协同效应，实现范围经济效应，通过多元化经营分散经营风险，例如央视的《读书》栏目推销书籍，而《百家讲坛》等知名栏目又可以出热销图书，一些著名出版社通过自己的网络媒体和手机媒体扩大发行量，加强与受众的互动等。

（二）跨媒体经营的扩张路径

跨媒体经营的实现既可以通过内生型增长，也可以通过并购等外延型扩张，可以是产权交易，也可能是松散的战略联盟，总之可粗略分为内涵式发展、外延式扩张以及战略联盟等三种扩张路径。内涵式发展就是直接投资到其他媒体领域，扩张市场空间，从单一媒体到多媒体发展，寻求新的增长点。例如，新华社作为新闻信息集散中心，逐步内生扩展到报刊、网络、音像、信息服务、数据库、新闻电视网（CNO）等业务领域，在组织结构、多媒体融合、内容生产、传播模式与管理体制等方面进行战略转型，走上多媒体经营。内涵式发展风险相对较小，但单靠自己的实力扩张速度慢。外延式扩张就是通过并购等资本运作来实现扩展，通过产权交易来迅速改变企业的规模和结构，进行生产要素的优化组合和产业结构的动态调整，促使企业迅速成长，例如美国的新闻集团、迪斯尼等公司就是靠这种方式实现扩张的。外延式扩张要考虑企业的资金实力、经营管理能力以及国家的宏观经济政策等，对于强势媒体来说，通过这种方式可以实现低成本扩张，扩大市场范围和提高竞争优势。战略联盟是基于规避风险、资源互补、共同目标而形成的松散的组织。例如：为了扩大自身话语权，江苏南京电视台等13个城市电视台组成购片和广告协作体；2010年南方广播影视传媒集团与南方报业传媒集团签订了一项战略合作协议，内容涉及新闻、经营、大型活动和新媒体等多个方面；上海广播电视台和宁夏电视台签署了跨地域深度合作的经营协议；湖南电视台和青海电视台也开展了深度合作等。

（三）跨媒体经营与跨地区、跨行业、跨所有制经营的辩证关系

跨媒体经营已经成为新闻界的共识，但是实践中总是面临诸多政策的障碍。跨媒体首先要考虑跨地区经营，否则就是区域媒体，很难做强做大，也形成不了全国性的品牌。近年来，我国还是有不少跨地区经营的案例，例如，《南方日报》与《光明日报》联合创办的《新京报》，上海文广新闻传媒集团、北京青年报社和广州日报报业集团联合创办的财经类日报《第一财经日报》在上海、北京和广州同时出版，艰难打破跨地域的坚冰，成为全国性的跨媒体财经资讯传播平台。跨地域经营是打破横向割据、纵向封锁的市场格局的前提。跨行业经营可以分为文化产业内部的跨行业和与其他产业的跨行业经营，文化产业内部的跨行业经营可以发挥范围经济效应，但是若进军房地产、酒店等其他行业，则要慎重考虑，面临行业不熟悉、管理层次过多、资金链断裂等多重风险。随着我国图书出版的“转企改制”，电视领域的制播分离改革，跨所有制经营成为一种趋势，大量的社会资本必将进入传媒领域。例如，2010年民营的奥飞动漫以9 000万元自有资金收购了广东电视台的嘉佳卡通影视有限公司60%的股权，从而实现了对国有媒体企业的控股经营。国有的天津电视台和上海民营的克顿顾问以及北京同乐电影等5家公司共同成立了一个跨媒体、跨地域、跨所有制的合资公司。这种“国”“民”互动、合作合营的案例在电视剧和电影制作领域更是不胜枚举[①]。

二、跨媒体经营的范围经济效应

跨媒体经营主要是发挥范围经济效应，就是组合多种相关产品的生产比把

① 陆地：《跨界：中国媒体产业经营的五个突破》，《新闻战线》2011年第3期。

这些产品彼此独立地分开生产更为经济。范围经济不仅源于不同产业在采购、生产、销售和售后服务价值链上发挥协同效应，而且在人力资源管理、技术开发和生产要素等多个领域发挥整合效应。

(一)准公共产品的范围经济效应

文化产品是准公共产品，可以一次生产，多次使用，也就是消费上的非竞争性，比如一条信息可以多重开发，在不同载体上传播，或者从不同角度进行传播，从而使信息增值。在报纸上是文字信息，在电视上是图像信息，在CD光盘上则是声音信息，发挥了范围经济效应。在这一点上，文化产品有别于竞争性和排他性的私人产品，只能一人消费而不能共同消费。例如“第一财经”频道、频率和日报可以资源共享，实现财经信息资源的多重利用，达到多次增值的目标。也就是说，一旦共同要素资源为生产一种产品而投入，无须增加太多的费用就可以用于其他产品的生产，降低了生产多种产品的成本，即成本劣加性，产生了范围经济效应。

(二)节约运营成本的范围经济效应

跨媒体经营的成本节约不仅存在于物理生产相关的硬件系统，而且存在于整合营销等软件系统。物理生产的成本节约不但包括原材料、研发活动、生产过程、设备使用、产品装配、厂房等硬件系统的节约，而且包括数据库、客户管理、公关营销、分销发行等软件系统的节约。分享这些系统分摊了固定成本，改变了产品的成本构成，提高了企业的核心竞争力。研究表明，在不同的发展阶段上，为传媒产业带来最大利润的价值支点是：最初是内容产品的品质，接下来是市场拓展的规模，到现在则是全方位客户价值的挖掘，这便进入了范围经济的范畴[①]。也就是说，伴随着产品线的深度延长和产品线的广度拓展，企业发挥了集约化经营优势，整合不同媒体的各种资源，提高资源使用率，发挥范围经济效应。

(三)资源互补的范围经济效应

资源互补出现在不同的方面，首先是信息的采集、制作、销售、发行等资源互补。例如，牡丹江传媒集团对广电和报业等媒体资源进行了第二次整合，成立了新闻总社，把《牡丹江日报》和广播电视的时政类节目归口，把通讯社

① 喻国明：《从规模经济到范围经济——现阶段传媒竞争战略的新趋势》，《当代传播》2007年第6期。

的功能与集团化的平台有机结合起来，旨在实现对意识形态内容的统一管理，实现采编分离，实现新闻信息采集成本最低化和利用的最大化①。其次是广告和营销资源互补，跨媒体经营的广告的交叉效应，通过套装广告、打折广告和组合广告等营销方式，可以使客户以较低的投入获得多媒体的规模性发布，达到更好的宣传效果。例如有的跨媒体打出“网络媒体+平面媒体+电视媒体+发布会+主题活动+户外媒体”等的广告套餐，进行跨媒体营销。

（四）战略协同的范围经济效应

战略协同是指在工艺技术、劳动力、供应商等不同业务方面战略协同，或在管理方法、销售策略等经营管理方面战略协同。传媒产品是内容和渠道互补的产品，不同的传媒有着相似的受众和赢利方式，协同效应存在于生产资源、广告资源、网络资源和其他经营资源，是对有形资源和无形资源的整合，实现对核心资源和优势资源的多层次和多形式的深度开发，延伸了产品价值链。如南方都市报报系提出多媒体新闻采集储存、多通道信息编辑发布、多平台流程融合、多平台信息共享的理念，通过利用品牌、核心技术、服务、营销占领相关市场，通过企业的优势资源、卓越的营销理念和管理模式为立体化服务做好基础，呈现出更大更强的竞争优势和赢利能力，满足受众的相关消费需求。另外，一些畅销书拍成影视剧，知名的影视剧又促进书的出版，如《指环王》《哈利·波特》的巨大成功，都是文学与电影的战略协同。

（五）品牌共享的范围经济效应

进入21世纪以来，企业的发展已经从产品营销进入到品牌营销的高级阶段，与此同时，我国的传媒产业也步入了品牌竞争的新阶段。品牌经营的一个重要战略就是品牌延伸，品牌延伸就是利用已经获得成功的品牌推出新的产品，使得新产品投放市场能够获得原有品牌优势的支持。强势品牌可以成为无形的资产，在新产品创新扩散中发挥着重要作用，“第一财经”就是走品牌扩张的路线，先是电视、广播，其次是报纸，此后会是网站、通讯社。

三、跨媒体经营的战略转型

虽然跨媒体经营具有范围经济效应，但是也将考验传媒产业的内容生产能

① 严三九，樊凡：《牡丹江新闻传媒集团发展与改革的产业经济学分析——写在牡丹江新闻传媒集团实施“二次创业”之际》，《现代传播》2010年第12期。

力、传播能力和经营能力。跨媒体经营要积极对媒体资源进行数字化改造，在内容、渠道、资产和品牌等方面进行深度联动和优势互补，消融不同媒体的界限，从资源管理、流程再造、人才储备、经营理念和产品开发诸方面进行改造，实现跨媒体经营的战略转型。

首先，跨媒体经营要围绕自身的核心资源和能力，打造好主业，寻求与主业战略性资源相匹配的跨媒体经营。主业就是媒体的核心资源，要对核心资源进行深度开发和利用，构建良好的产品价值链，在多媒体平台间建立相互联系，加快内容的增值，满足受众的多样性需求。西方跨媒体集团都有自己的核心竞争力，例如，时代华纳拥有《时代》《财富》等杂志和CNN有线网络，新闻集团拥有卫星运营商直播卫星电视（Direct TV）和福克斯电视网，全球近200种报纸，迪士尼集团则拥有主题公园、迪士尼电影公司和电视网ABC和ES-PN等。

其次，跨媒体经营要实现流程再造，从单一线性的流程转变为多元互动的跨媒体流程。跨媒体经营流程包括多媒体信息采集、多媒体信息加工、多媒体平台管理、多媒体故事生成和多媒体渠道发布，整合信息资源、作者资源和市场资源，建立数字化的资源加工系统，最终实现内容资源的一次制作，多次使用，多渠道传播，全媒体发布，实现范围经济效应。西方国家许多跨媒介集团建立融合新闻编辑室，不仅有多媒体专业编辑，而且设有故事生成编辑、资源管理编辑、新闻流编辑等管理型编辑，加强横向与纵向互动，通过多媒体信息的策划、组织、编辑和管理，构建数字化、网络化和互动化的跨媒体新闻生产线，提供一揽子产品与服务，满足受众的多元需求。

再次，跨媒体经营要建立数字化的信息资产管理中心，实现不同媒体之间的信息无缝对接。要构建一套数字化的信息资产管理软件系统，支持不同类型数据的采集、创建、管理、归档、检索、传递和输出等工作，这种基于数据库技术的数字化储存和管理，要打通采编系统、资料系统、管理系统、客户系统等信息通道。例如，浙江日报报业集团和北大方正电子有限公司等联合研制的“数字报刊与跨媒体出版系统”，可以和报纸印刷出版的正常流程无缝整合，很好地适应日常生产的复杂多变的报纸生产环境和不同工艺。

最后，跨媒体经营要注重范围不经济现象，处理好规模经济与范围经济的关系。跨媒体经营是实现企业核心竞争力的扩展、移植和再造，但是也可能造成范围不经济现象：首先，空间上的分散生产造成运输、仓储、装卸、信息交换和跨地区管理等成本上升；其次，跨媒体经营要经营好主业，否则生产多种产品造成企业规模太小，出现范围不经济，包括资金投入能力、土地要素的限制等；再次，多种产品的生产管理复杂化、开拓市场多样化、技术工艺多样化、专用设备和生产线多、职工对技术工艺不熟悉等原因，造成成本的上升，特别是因规模扩大造成管理混乱、文化冲突、官僚主义和低效率，出现规模不经济。

总之，从经济学上说，如果一种产品发展的市场空间有足够大，且企业的管理水平相当高的时候，企业就不会转入范围经济而实施专业化经营[①]。换句话说，当企业范围经济的边际利润超过规模经济的边际利润时，企业在享受已有的规模经济的同时，转而追求范围经济，即从事两种或两种以上的产品生产，反之，则追求规模经济，从事专业化生产。

（原载《新闻研究导刊》2012年第3期）

① 黄修权，顾银宽：《论新经济环境下企业的规模经济与范围经济》，《管理世界》2004年第7期。

传媒产业融合：动因、路径与效应

产业融合是不同产业或者同一个产业内的不同行业在技术融合的基础上出现了相互交叉、相互渗透，逐步融合成具有新的产业属性或新的产业形态的动态发展过程，进而推动产业的变革与社会生产发展。产业融合是产业发展的必然趋势，不仅出现在传媒产业，而且出现在金融产业和其他信息产业。欧盟委员会在1997年的“绿皮书”中将产业融合定义为产业联盟与合并、技术网络平台和市场三个角度的融合①。格林斯腾从产业变动的角度认为，产业融合作为一种经济现象，是为了适应产业增长而发生的产业边界的收缩或消失，并把产业融合分为替代性融合和互补性融合②。产业融合是对产业分立的否定，不仅对产业组织产生了影响，而且对经济、生活和社会也产生了深远的影响。

一、传媒产业融合的动因

数字与信息技术将传媒带入一个不可逆的永久性的转变之中，一方面是媒介形式等方面的融合，另一方面是迅速膨胀的媒介资源又试图不断地将潜在的

① European Commission. *Green Paper on the Convergence of the Telecommunication, Media and Information and Information Technology Sectors, and the Implications for Regulation towards an Information Society Approach*. Brussels: European Commission, 1997.

② Greenstein S. & Khanna T.*What does Industry Convergence Mean?Competing in the Age of Digital Convergence.Boston*,The President and Fellows of Harvard Press, 1997:201-226.

受众市场进行前所未有的细分。随着信息技术和网络技术的发展，不同产业之间可以提供相同或相似的产品，产业边界或交叉处出现了技术融合、业务融合，导致了产业边界的消失与模糊。这种产业边界从固化到模糊或消失是一个动态的过程，首先出现在电信、广播电视和新闻出版等信息产业。另外，政府放松规制、企业之间的竞合关系与对效益的追求、技术的创新扩散、企业跨行业的并购、市场需求的驱动，共同推动了产业融合的发展。

（一）技术创新是产业融合的根本动因

首先，技术进步使传媒产品和服务的专属性和差异性降低，改变了产品的特性与市场需求，降低了产业之间的进入壁垒。特别是网络技术和宽带技术的发展使各种媒介呈现出多功能一体化趋势，例如三网融合的技术能够提供语音、图像和数据等多媒体综合信息服务，技术的通用性促进了电信产业与广播电视产业之间的融合。

其次，技术进步改变了原有产业生产的技术路径和经营方式，新技术使不同产业的生产技术、工艺流程、成本结构等变得十分相似。这种替代性或关联性的技术、工艺或产品渗透、扩散到其他产业，反过来，产业融合又进一步促进融合技术的发展。对于传媒产业来说，随着数字内容采集技术和编辑技术的发展，媒介融合时代的业务流程都是多媒体信息采集、多媒体故事生成、多平台发布、多渠道增值的流程，不同产业之间形成了相似的新闻生产流程。

再次，发生在多个产业边界之间的技术进步，往往形成了不同产业之间的通用技术平台，这个平台成为传媒产业共同的或者相似的技术平台，即以互联网为中心的非专用性的数字化新闻采编与产业运作平台。技术创新就是把新产品、新过程、新系统和新装备等形式在内的技术向商业化转化，从而形成了不同产业间通用的技术平台。技术的通用性消除了不同产业之间的技术进入壁垒，导致产业间生产方式和技术边界的趋同[①]。产业融合就是以数字技术融合为基础，为适应产业增长而发生的产业边界的收缩或消失[②]。

（二）企业之间的竞争合作关系与对效益的追求是产业融合发生的重要原因

首先，企业之间的协同竞争产生比原来各自独立竞争更好的经营效果，因为企业之间的竞争合作使更多的资源在更广阔的范围内合理地支配和利用，生产的产品和服务更加具有竞争力和市场空间，如报网融合、台网融合、广播电

① 郑明高：《产业融合：产业经济发展的新趋势》，中国经济出版社2011年版，第91页。

② 周振华：《信息化进程中的产业融合研究》，《经济学动态》2002年第6期。

视融合和报纸杂志融合等，信息资源以不同的形态在不同的媒体中呈现。其次，企业为了追求范围经济效应而进行多元化和多品种经营，把更多的成本分摊到更广泛的产品当中，传媒产品的成本弱增性特点使其能够以较低的边际成本销售产品。例如，“第一财经”就把经营领域拓展到广播、电视、报纸、网站等，改变了企业的产品成本结构，降低了生产成本。再次，产业融合后新的产品和服务提供了更加广阔的市场空间，改变了市场需求，也改变了市场竞争状况和价值创造的过程，特别是一些交叉产品与服务，刺激了市场需求。例如，传统媒体产业与互联网产业交叉处的新产业形态成为新的经济增长点，2010年网络出版的产值超过传统出版达到1 038亿，以及网络视频和手机电视的迅猛发展，等等。

产业融合包括三种形式：产业渗透、产业交叉和产业重组。产业渗透指发生在高科技产业和传统产业的边界处的产业融合；产业交叉是指通过产业间的功能互补和延伸实现产业融合，往往发生在高科技产业的产业链自然延伸的部分；产业重组主要是发生在紧密联系的产业间，往往是某一个大产业内部的子产业[①]。

这三种融合方式都可以促进资源整合，提高信息资源的综合利用率和集约式开发，提高企业的经营效益。媒介融合的语境下，企业选择多元化生产的路径与方法，不断创新传播手段与方法，生产多种产品，提供多种服务，提高生产效率。

(三)政府放松规制是产业融合的外部条件

放松规制就是政府放松对自然垄断或其他产业的进入退出、价格等方面的行政或法律的监管，是对规制失灵的一种矫正。也就是说，放松规制就是政府使不同的产业之间可以相互进入、渗透和竞争。放松规制的原因主要是技术的发展导致自然垄断的消失，特别是技术的发展使市场不断扩大。放松市场进入规制可以吸引新的厂商、扩大供给和满足不断增长的需求，形成可竞争性的市场。放松规制的第二个原因是规制失灵。规制失灵导致行政部门规模的庞大，行政支出与规制费用的不断上升，财政赤字的不断增加，规制的巨大成本导致反规制运动，用规制失灵去替代市场失灵不是明智的选择。

放松规制可以加快不同产业替代品之间的竞争，这种替代品之间的竞争被

① 胡汉辉，邢华：《产业融合理论以及对我国发展信息产业的启示》，《中国工业经济》2003年第2期。

称为结构性竞争产业。这需要不同产业做出投资、生产、价格和服务等新的决策与改变，例如铁路、公路和航空等运输部门，西方国家首先放松这类产业的规制，并取得了良好的效果[①]。卡恩对美国的放松规制做了实证分析，放松规制使大量的新企业参加，竞争加剧，降低了收费水平，使服务多样化，使企业提高效率和有活力，降低了收费水平和使服务多样性，扩大了需求和投资，从而使经济增长率得到提高。传媒产业的放松规制可以降低产业门槛，使传媒产品与服务多样化，提高产业竞争力。

（四）企业跨产业的并购是产业融合的推动力

跨媒体并购在西方成为一种常态，1996年《美国电信法》允许电信与有线电视互联互通、彼此进入，形成了美国电信和有线电视产业之间的并购浪潮。AT&T（American Telephone & Telegraph，美国电话电报公司）作为美国最大的长途电话公司，1999年收购了美国第二大有线电视公司TCI（Telecommunication Inc.，电信有限公司），继而又用540亿美元收购了美国第四大有线网络公司Media One（第一媒体）集团，进军有线电视和市话市场。美国本地电话公司US WEST（大陆电视公司）公司以108亿美元收购了有线电视公司Continental Cable Vision（联邦西部电信公司），进入有线电视市场。有线电视公司康卡斯特也完成了几次大的并购，进入互联网接入市场，2002年与美国电报电话公司（AT&T）旗下的宽带公司合并，从而成为美国规模最大的有线电视运营商。康卡斯特公司除了节目集成和传输业务以外，进入产业链的上游内容创意和生产领域，2011年又从通用电气（GE）获得了全国广播公司—环球影业公司的控股权，成为真正的跨媒体传媒集团。

随着经济全球化的发展，跨国并购成为促进产业融合的另一个因素。国际贸易、跨国投资和战略联盟等国际合作都需要一个开放、公平和自由的环境，而信息化和数字化为跨国公司的一体化生产创造了条件。跨国公司的技术开发、投资、生产、制造、贸易和售后服务等融于一体，为跨国企业的全球化提供了重要的技术支撑。一般来说，每个跨国公司的生产和发展就是国际金融资本融合、产业融合的过程，跨国公司和大企业集团在全世界范围内的扩张，把传统的“国家生产”变为“公司生产”，跨国公司成为推动产业融合发展的主要载体。

① 马云泽：《规制经济学》，经济管理出版社2008年版，第258页。

(五)受众的需求是产业融合的内在要求

市场需求的扩大是产业融合的推动力。一方面，随着社会经济的发展，人们更加追求方便快捷、满意舒适、低成本高效率的消费方式，人们的需求向高端化发展。这种消费结构的变化为产业融合产生新产品、新业务提高了市场基础。一定程度上说，产业融合是需求结构变化的产物。另一方面，产业融合的技术结构、产品结构和资产结构等供给方面的变化，也引导了需求结构的变化，需求变化使得企业不断谋求发展，促使企业转型升级。

媒介融合时代消费者在商品消费和信息接受上呈现出新特征，这些特征的出现必然要改变传统的商品和信息的生产形态。这些特征包括规模化、分众化、多样性需求和便捷性需求等[①]。2012年美国报业协会分9个焦点小组对美国几个城市进行了跨平台使用报纸的调查，主要是调查美国报纸读者通过纸媒、笔记本电脑、智能手机和iPad平板电脑等四个平台阅读报纸的情况。受访者平均具有1.8个平台，54%的受访者称自己超过2个平台。这种需求状况及其变化是产业融合的指标器，受众的需求融合导致了供给融合，供给互补性和替代性导致业务融合形成差异化的产品和服务，通过引导顾客消费习惯和消费内容实现市场融合。特别是数字技术的发展，生产者与消费者、产品与服务紧密地联系在一起，改变了原有产品的市场需求，最终促使产业融合化。

二、传媒产业融合的路径

产业融合是主导技术、运行平台、组织结构、生产流程、商业模式和管理制度等全面调整与变迁的过程，而我国当下的传媒产业结构与媒介融合下的技术、市场、需求不相容，人为造成条块分割、地区分割和行业分割的局面，阻碍了企业的成长，也损害了消费者利益。我国传媒产业融合要在政府、市场和企业等多元因素的推动下共同演进，发挥市场在资源配置中的作用。

(一)传媒产业融合的演进路径:经历了技术融合、业务融合到产业融合的过程

产业分立时代存在着进入与退出壁垒，即存在着产业边界。随着不同产业之间的技术创新扩散，消除了不同产业之间的技术性壁垒，使得不同产业之间形成了共同的技术基础，为消费者提供相似或相同的产品，产业边界模糊化，

---

① 王菲:《媒介大融合——数字新媒体时代下的媒介融合论》，南方日报出版社2007年版，第18页。

产业融合形成[①]。在产业分立时代，报刊出版、广播电视和电信产业都有自己的产业边界，表现在各自的不同的载体、信息传播方式和接收终端，形成了各自的产业价值链。随着多媒体技术和通信技术的发展，不同的网络都能够提供多元化的信息服务，消费者可以通过一个终端上网、看电视和打电话，以及获取各种在线信息咨询、娱乐、教育和商务功能，这种替代性产品和服务的出现导致了不同产业之间的业务出现延伸和拓展，形成了新的业务融合市场，并出现了需求和消费的融合。例如，美国1996年颁布电信法以后，本地电话运营商开始运营长话业务，长话运营商可以提供无线以及互联网接入服务，有线以及互联网服务公司推出VOIP电话服务，降低运营成本，提高了效率。业务融合促使原有产业的生产技术、业务流程、管理组织等发生了变化，资源可以在更大的市场范围内进行配置，扩大了业务范围，使产业之间的竞争不断增强，并促进了产业之间的并购与重组，最终导致产业融合。

（二）传媒产业的融合路径：横向融合、纵向融合和混合融合

西方资本主义国家进入垄断以来，经历了六次较大规模的企业并购浪潮：横向并购（1897—1904）、纵向并购（1916—1929）、多元集团化时代（1954—1965）、杠杆收购时代（1981—1989）、超大型并购时代（1992—2000）、跨国并购时代（2004—2007）[②]。

从并购特点来看，前四次主要发生于产业内部，而第五次和第六次并购浪潮发生于不同产业内的企业之间，突破了传统产业分立时代的企业竞争合作关系。但是，我国现阶段的融合主要出现在传统媒体与手机媒体、网络媒体之间的融合，报刊出版与广播电视之间，有线电视和电信之间的融合并不多见。因此，要加强传媒跨产业的并购与重组，形成产权交易市场，促进产权交易。我国传媒产业并购路径可以模仿图1进行，即在传统的传媒产业剥离可经营性资产的基础上，实现不同产业之间的并购与重组。

① 于刃刚，李玉红：《产业融合对产业组织政策的影响》，《财贸经济》2004年第10期。

② 李曜：《公司并购与重组导论》，上海财经大学出版社2010年版，第28页。

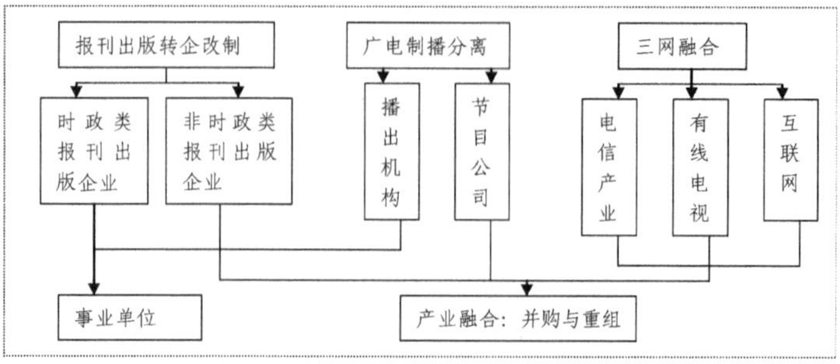

图1　我国传媒产业并购路径

传媒产业所有权融合就是沿着其产品和服务的生产经营链条的纵向或水平方向并购其他企业，不断拓展业务，扩大经营范围，通过企业交易内部化，降低交易成本，使自身生产、技术、资金等迅速扩大，发挥规模经济、范围经济效应，从而增强企业的竞争优势。

我国传媒产业融合可以分为横向融合、纵向融合和混合融合三种途径。首先是横向所有权融合与规模经济效应。横向融合是横向扩展企业的经营范围，发挥规模经济效应，当企业的内部管理成本小于市场交易成本时，就适宜扩大规模，发挥规模经济效应。规模经济有两个模型，一个是工厂模型，一个是公司模型。工厂模型是从设备、技术、生产工艺过程等角度提出的，因此可以称为生产技术规模经济，其形成原因是技术经济规律。公司模型是从经营管理的角度提出的，因此又可以称为经营管理型规模经济，其形成原因是公司的经营管理①。其次是纵向所有权融合与范围经济效应。纵向融合是在原有的业务基础上，形成产供、产销或供产销一体化，是企业在供应链两个方向上扩展经营业务的一种战略行为。新古典经济学家认为，企业纵向一体化是为了追求范围经济，降低生产成本，规避交易风险；企业能力理论学家认为，异质资源形成的核心能力是企业竞争优势的来源，企业可以通过一体化或者外包来获取额外的收益②。纵向一体化可以减少交易成本，削弱供应商或顾客的价格谈判能力，提高自身的竞争力。再次是跨媒体所有权融合与范围经济效应。范围经济不仅源于不同产业在采购、生产、销售、广告和售后服务价值链上发挥协同效应，而且在人力资源管理、技术开发、品牌分享和生产要素等多个领域发挥整合效应。

① 张晖明，邓霆：《规模经济的理论思考》，《复旦学报（社会科学版）》2002年第1期。

② 徐斌：《纵向一体化选择的动因：理论与模型》，《经济问题探讨》2010年第1期。

（三）传媒产业融合的形成路径：并购与重组

并购与重组是产业融合的重要渠道。兼并就是通过产权交易获取其他企业的产权，从而使被并购企业丧失法人资格，获取被并购企业的控制权的经济行为；而收购则是一家企业通过现金或有价证券购买另一家企业的股票或资产，获取该企业的全部资产或者某项资产的所有权，或者该企业的控制权。并购与重组的具体形式包括：一是全资兼并。如2009年时代出版以2 572万元现金收购安徽人民出版社100%股权。二是控股收购。支付的方式包括现金支付、股票互换和混合支付等手段。如安徽出版集团以其所持有的印刷出版等文化资产，认购科大创新定向发行股份，成为上市公司第一大股东，从而实现出版业务的整体上市。三是整体合并。如2008年江西出版集团与中央一家出版社联合重组了中国和平出版社有限责任公司，江西出版集团控股80%，通过资产为纽带实现跨地区的整合和文化资本跨地域流动。四是合资新建。如2011年凤凰传媒与天舟合资组建了江苏凤凰天舟新媒体发展公司，前者控股51%，后又收购厦门创壹软件有限公司51%股权，开发相关教育软件，致力于打造图书、动漫、网游和玩具等全产业链经营模式。五是合资收购。如英国的EMI（Electric and Musical Industries，电子与音乐工业公司，简称百代唱片）公司和前进国际公司共同投资3亿英镑，收购了英国的第二大连锁店瓦特斯通连锁书店，组成了HMV（His Mastet´s Voice，他主人的声音）媒介集团等。

三、传媒产业融合的效应

产业融合是对传统的产业分立时代的技术边界、业务边界和市场边界的突破，为了适应产业增长而发生的产业边界的收缩或消失，狭义上局限于以互联网为标志的计算机网、通信网和广播电视网的三网融合。广义上讲，不同产业之间的相互交叉、相互渗透和相互融合，形成新的产业形态和产业体系，产业融合推进产业的变革与社会生产的发展，产生复合经济效应[①]。

（一）拓展产业链，实现价值增值效应

产业融合以后，传媒产业价值链由原来的单向线性的价值链向交叉立体的价值链转变，新的价值链由内容策划、内容生产、内容集成、传输和终端组成的复合型的价值链，价值链的经营围绕内容生产向跨媒体、跨行业的价值链延

① 厉无畏：《产业融合与产业创新》，《上海管理科学》2002年第4期。

伸，形成跨越报刊出版、广播电视、互联网和电信产业的多层次的价值链，新的产业链具有更高的附加值和更大的利润空间。例如，三网融合产业链是由服务链条上各环节无缝链接组成，融合了原来的传统的纵向产业链和最新的技术、最高端的服务、最先进的网络、最优质的业务的综合产业价值链。产业链的纵向或横向延伸，在传递环节和传递规模上都有拓展，意味着产业链上下游都有巨大的机遇。

产业融合和产业核心竞争力具有内在的一致性，产业融合促使广播电视的娱乐业务、电信的通信业务和计算机的数据业务等出现了融合，不同产业都具有传递数据、文本、音视频等相似的功能，市场融合、需求融合、供给融合，促使了资源在不同产业之间流转，提高了竞争效率。产业融合导致产业链的重构与整合，这就需要形成基于新的产业链的竞争合作机制、沟通协调机制、利益分配机制和监督激励机制等相关运营机制，促进产业结构的调整和升级。

(二)改善产业绩效,实现节约成本效应

产业融合使业务流程、生产组织等方面进行全面的整合和协调，对企业的管理和流程进行再造与创新，实现资源共享，节约了交易成本和生产成本，从而使产品和服务等成本出现结构性的缩减。产业融合可以改善共同资产的闲置或利用不充分状况，实现了财务协同、业务协同、管理协同、研发协同等效应。传媒产业拥有共同的基础设施资源，原来的专业平台向非专业平台转变，低带宽向高带宽转变，使传媒内容作为生产要素可以共享，例如报纸、图书和广播电视的生产要素，往往也可以作为网络媒体、手机媒体和阅读器等新载体的生产要素，可以实现作为生产要素的立体开发。产业融合改变了产品的生产特点与市场竞争状况，从而改变了原有产品的市场需求和服务质量，在竞争中促进了市场结构合理化。例如，美国计算机、通讯、半导体以及其他电子产品行业融合发展的绩效明显好于其他融合不明显的产业，产业绩效与技术融合呈现出正相关性；美国信息产业内部的相互融合和信息产业对传统产业的融合，对经济的贡献率在20世纪后五年平均达到33%以上，给美国的“新经济”带来了巨大的增长效应[①]。

(三)产业间的竞争协同效应

产业融合产生了许多新产品和服务，使新的参与者进入新市场，进入融合

① 钱小林：《产业融合理论分析》，《湖南科技学院学报》2011年第2期。

产业的企业不断增多，例如电信运营商、IT企业、互联网企业都进入传媒领域，增加了产业竞争性。产业融合使产业之间的并购与重组增多。一方面，产业内的企业数量逐渐减少，提高了市场集中度；另一方面，其他企业的进入又降低了市场集中度。这种促进竞争又趋于垄断的互逆趋势形成了有效竞争的市场结构，达到了竞争活力和规模经济的一种平衡。另外，产业竞争还表现为在位企业与替代品企业之间形成了持续的竞争，例如纸质报纸与手机报、IPAD报之间的竞争，传统音乐与数字音乐之间的竞争，传统出版与数字出版的竞争，传统电视与手机电视之间的竞争，不同产业之间的资源、技术、物质和人力不断的交换和互动，促进了产业融合。

传媒产业融合的协同效应主要是实现资源共享。传媒产业的共享资源有硬件资源和软件资源，硬件资源包括资本、基础设施、制作设备、场地等资源，软件资源包括人力资源、技术资源、客户资源、信息资源、知识资源和创意资源等。美国的康卡斯特（Comcast）是最大的有线电视网络运营商，三网融合以后，通过并购与重组等资本运作的方式成为美国第二大互联网服务供应商和第三大电话服务供应商，这种不同产业之间功能互补和产业链交叉融合出现了协同效应。

（四）产业结构优化升级效应

产业融合使产业结构体系和各产业的关联发生了很大的调整，传统产业之间的资源得到重新整合利用，使经济发展得到乘数效应。产业融合使纵向分立的产业结构向横向分层的产业结构演进，市场结构由高度区域垄断向全国性的垄断竞争转变，产业内的竞争向产业间的竞争转变，这就改变了同质化的同位竞争，交叉竞争日益激烈，形成了有效竞争的市场结构。产业结构的调整是建立在信息化带来的资源利用效率的提高和网络经济效果扩大的基础上重新均衡的过程，使产业结构向高度化、合理化方向发展。高度化就是资源从生产力低的部门流向生产力高的部门导致的不同生产力部门比重的变化对总生产率的影响；合理化就是资源在不同部门之间的流动降低了经济的非均衡程度，改善部门之间的联系而对总生产率的影响。产业结构升级就是资源在各产业间的再配置，包括存量再配置和增量再配置[①]。对于我国传媒产业来说，产业融合是结构性的，将重塑传媒产业乃至信息产业的结构形态。其中，吸收性新产品延长融合相关方产业的生命周期，提高整个产业的收入，体现了产品结构或特定的

① 吕铁，周叔莲：《中国的产业结构升级与经济增长方法转变》，《管理世界》1999年第1期。

行业结构的升级，拓展型产业融合意味着填补空白，拓展巩固上下游关联企业，最终形成融合型的产业新体系。产业融合打破了行业和区域之间的界限，减少产业之间的进入壁垒。产业结构优化升级使产业从低技术水平向高技术水平演进，由低附加值向高附加值演进，由不断衰退的产业向具有优势地位的产业演进，由劳动密集型产业向资本和技术密集型产业演进。

（五）促进产业创新效应

迈克尔·波特认为，国家竞争力的核心是产业竞争力，产业竞争力的关键是能否形成竞争性环境和推动创新，产业融合促进技术和技能创新、产品和服务创新、流程和管理创新。产业融合后的新技术、新产品、新服务具有数字化、智能化和网络化的特点，具有较高的产业成长性，客观上提高了消费者的需求层次，改变了人们的消费方式，刺激了市场需求，提高了产业的规模效率、资源的配置效率和利润率。另外，产业融合的创新还出现在价值链和产业链的创新方面，促进经济持续发展，产业结构升级[①]。产业竞争力在一国的聚集，最主要是依靠产业结构的转型能力，实现产业结构的高度化和合理化。产业融合促进了传统产业创新，进而推进产业结构优化与产业发展；产业融合促使市场结构在企业竞争合作关系的变动中不断趋于合理化[②]。而我国的传媒产业重复建设多，市场分散，产业规模小，市场集中度低，严重影响了传媒产业创新。

（六）促进消费，实现经济一体化效应

产业融合导致消费者的个性化、多元化和综合化的消费需求，促进企业逐步向小批量、多品种的供给模式过渡。产业融合的新产品和服务的发展，满足了人们更高层次的消费需求，促进了消费，从而带来了就业增加和经济发展。传媒生产者需要创造并能够满足各种需求并开发新的市场，从而规模经济在企业战略中的地位被范围经济所取代。另外，产业融合促进区域经济的一体化发展，使产品一体化、生产要素市场一体化，打破区域之间的壁垒，增加区域之间的联动，加速区域之间的资源流动和配置，使区域之间产生贸易活动和竞争效应，使区域之间的不同经济主体在生产、消费、流通和贸易等领域发生创新扩散效应，提高区域经济效率。新的产品、新的市场、新的生产方法、新的供给来源、新的产业组织，这种创造性的破坏过程包含不断破坏的旧结构并创造

① 胡永佳：《产业融合的经济学分析》，中国经济出版社2008年版，第171-208页。
② 陈柳钦：《论产业融合》，《实事求是》2007年第3期。

出新结构的“产业突变”[①]。

我国的传媒体制不能适应产业融合的发展要求，正如唐绪军教授认为，我们要从理论上认识传媒体制改革的必要性，市场经济的基础是商品交换，其实质是产权交换。清晰界定产权是建立市场经济的前提条件。我国传媒产业要建立现代企业制度，培养市场主体，从而使生产关系适应生产力的发展[②]。为了打破分散经营、无序竞争的传媒格局，传媒产业融合需要新的制度供给，传媒规制框架和顶层设计需要随着产业融合的发展而改变，推动政府在传媒规制中的角色调整，放松经济性规制，加强传媒可经营性资产的“转企改制”，促进已转企改制的企业之间的并购与重组。政府保证传媒公共产品和服务的供给，健全公益性传媒事业的治理结构，确保传媒公共服务均等化。当然，传媒产业融合容易造成垄断，要在基于区域市场和产品市场的基础上防止市场垄断，保护信息资讯的自由流通和舆论生态的多样性，产业融合要保护本地的文化和本地的节目，防止过度商业化对公共利益的影响，这些都需要通过深化体制改革和制度创新来实现。

（原载《现代传播》2014年第1期，

原题为《传媒产业融合的动因、路径与效应》，作者为肖叶飞和刘祥云）

① 约瑟夫·熊彼特：《经济发展理论——对于利润、资本、信贷、利息和经济周期的考察》，何畏，易家详等译，商务印书馆1990年版，第73-74页。

② 唐绪军：《要从理论上认清报业体制改革的必要性》，《中国报业》2010年第5期。

媒介融合引领传媒产业变革

随着数字技术和网络技术的发展，传媒领域出现了内容、组织、渠道和终端的融合，不同媒介产业之间的边界日益模糊，新闻生产深度融合，这些改变着传媒的生态环境。在媒介融合和放松规制的驱动下，一些传媒产业通过并购、重组和整合等方式，建构一个跨地区、跨媒介、跨行业和跨所有制的媒介集团，实现集约化、数字化和多元化的融合新闻生产。媒介融合引领传媒产业的经营管理方式的变革、产业重组和融合以及政策规制的变迁。

一、媒介融合引领传媒产业经营管理的变革

媒介融合首先发生在新闻生产领域，传统媒介产业的新闻采集、组织架构、经营策略必须进行重构。新的融合新闻生产模式是一次采集、多种信息整合、多媒体故事生成、多渠道信息发布的新闻生产，实现协同传播，融合生产，这种模式将引领传媒产业经营管理理念的三种转型。

(一)从单一媒体向多媒体、从粗放型生产向集约型生产转型

在新媒体层出不穷、传统媒体的市场份额不断减少、受众碎片化的形势下，单一媒体生产和粗放型经营已经不能适应新的传媒生态，媒介融合加速了传媒产业中不同形态和门类的信息在同一操作平台上的渗透和融合，消除了产

业壁垒，强化了协同生产，使得采编人员、客户、设备和新闻资源能够集约化使用，为形成大传媒产业、降低生产成本创造了条件。由于传媒产品具有公共商品的属性，规模经济存在于传媒产业当中，随着公司产品的消费者规模扩大而使平均生产成本降低，便产生了规模经济效应①。一些跨国传媒集团把文本、图片、音频、视频、动画等产品进行横向联结，分销到各地，通过组织结构扁平化，实施全媒体运营，实现规模经济。

（二）从"内容提供商"向"内容运营商"、从"内容为中心"向"用户为中心"转型

在媒介融合时代，单一产品无法满足市场的变化和受众多元化的需求，任何人、任何地点、任何时间获取任何想要的信息成为融合新闻生产的内在驱动力。媒体要善于内容运营，建构融合新闻生产集合平台，对不同的媒介产品信息进行不同程度地挖掘和利用，达到信息深度开发和多重升值，提高内容产品的使用效率，形成规模化和差异化的产品体系，实现生产集约化、经营一体化、经济规模化。"用户为中心"必须提高用户使用媒介的便捷性、参与媒介的互动性和内容服务的个性化。

（三）从二次销售向多次销售、一种盈利模式向多种盈利模式转型

传统的媒介产品销售模式就是二次销售，一边是受众，一边是广告商。融合媒体时代要以报纸、广播、电视、手机、互联网、户外大屏、移动电视等多媒体渠道发布多媒体信息，实现新闻信息发布时间的多重设置和新闻内容的多重价值增值，扩大受众规模，提升媒介的影响力。销售模式从二次销售到N次销售的模式升级，充分挖掘内容信息资源和受众资源，盈利模式从二八法则向长尾方向发展，利用新媒体在长尾市场拓展利润空间。例如，烟台日报传媒集团对产业架构进行调整，他们初步形成了包括纸质报、手机报、多媒体数字报、电子纸移动报、户外视屏等比较完备的全媒体产品方阵，在发展战略上，集团以报刊出版为主业，核心业务、成长业务、新兴业务梯次配置。

二、媒介融合引领传媒产业的产业重组和产业融合

数字技术和网络技术使传统媒介产业之间的边界从清晰变为模糊，这些变化将推动传媒、电信、出版、娱乐、信息、文化等产业之间相互渗透和融合，并在全球形成了大规模的并购、重组和融合浪潮。这是一场全新的产业变革，

① 吉莉安·道尔：《理解传媒经济学》，李颖译，清华大学出版社2004年版，第11页。

包括内容生产的融合、技术与网络终端的融合、受众市场的融合以及所有权的融合，对传媒产业链、产业分工、产业结构和产业体系都是根本性改变，将出现许多新产品和新服务，带来新的经济增长点和促进整个传媒产业的发展。

(一)媒介融合引领产业链向横向延伸和纵向拓展

媒介融合将改变以前的单一封闭的产业价值链，在内容生产和网络传输上实现融通，形成网络化的产业集群。例如，随着媒介融合的发展，新闻集团、迪斯尼等西方传媒集团，把原材料供应商、内容提供商、渠道运营商等纵向整合在集团内部，把传统媒体、新媒体、娱乐产业等横向整合在一起，减少交易成本和经营风险，形成产业集群，开拓新的产品和市场，通过品牌、广告、销售等联结点把纵向和横向产业链整合在一起，实现资源共享和价值增值。又如，上海东方传媒集团旗下的星尚传媒公司就横向延伸产业链，发挥规模经济效益，其产品包括传统媒体的星尚电视、杂志和报纸，新媒体的星尚网、电子杂志和手机电视、手机报，媒体活动的星尚大典、展览、论坛、文化节和嘉年华，品牌产品的星尚榜、星尚书系、专卖店、影院和日用品等，形成了品牌产品集群，横向拉长拉粗产业链。上海东方传媒集团不仅包括星尚传媒公司，还有第一财经公司在内的十个传媒公司。

(二)媒介融合引领传媒产业从资源整合到产业重组

如果说前几年的报业联盟和地方电视台之间的广告联盟是策略性的资源整合的话，近几年的不同媒介的跨地区、跨媒介、跨所有制的兼并和重组，可以说是实现了真正的产业融合。例如，牡丹江新闻传媒集团是广电集团和报业集团重组而成的，拥有广播、电视、报纸、杂志、网站等多种媒体资源，实现了跨媒体的融合，产业涵盖影视动漫制作、出版发行、网络传输及增值业务、广告、网站运营、公共信息服务、印务、传媒教育、文化旅游、快送和饮品等多个领域，整合节目生产资源、广告资源、网络资源，构造媒体运行新机制和产业发展新框架。又如，我国一些出版传媒、电广传媒等传媒上市公司，更是加快从产业运营向资本运营转变、从单媒体运营向跨媒体和跨地区运营转变、从内生型增长向外延型扩展转变，实现产业结构的调整，达到产业融合。

(三)媒介融合引领传媒产业与电信、文化产业融合

随着媒介融合的发展，传媒业、通信业和文化产业分立的局面将得到改观，新闻出版、广播影视、娱乐、广告、文化产业等将被整合成大的文化产

业，向“超媒体”的方向发展，实现信息跨行业共享、资源跨行业配置、文化跨行业交流，形成以传媒产业为核心的关联产业集群。国家《文化产业振兴规划》提出在全球范围内统筹我国文化产业发展，坚持以结构调整为主线，加快推进重大工程项目，扩大产业规模，增强文化产业整体实力和竞争力；推动跨地区、跨行业联合或重组，培育骨干文化企业，甚至形成“文化航母”。

三、媒介融合引领传媒产业的规制政策的变革

技术的融合促进了新闻生产方式的变化和媒介产业的融合，然而，产业的融合需要合理的制度设计和规制政策，西方国家在促进公平竞争和维护公共利益、促进传媒业的发展和维护消费者的利益等双重目标下，在规制的理念、范式、内容和手段等方面进行了调整，包括放松市场准入、重塑市场主体、加强公平竞争、调整内容规制等，以迎接媒介融合的挑战。

（一）放松结构规制，调整行为规制

在数字化和融合化的趋势下，西方国家不同程度地放松了结构规制。例如，1996年《美国电信法》放松了媒介所有权、有线电视与电信相互持股、外资进入、许可证等方面的限制性措施，并导致了媒介市场的跨媒体、跨行业的兼并和整合，产业结构步入寡头垄断阶段。新法规的颁布考虑的主要因素是经济因素，西方媒介产业兼并与收购的基础是：认识到媒介产业的未来前景，感受到技术融合的趋势，觉察到拥有多种发行渠道的“协同效应”，放宽的管制政策，为媒介交易供给经费的资本（包括创历史高价的股票价格）的可用性①。但是为了防止垄断，影响公众的接近权以及报道的公正性和内容的多样性，结构规制仍是重要的内容。例如，法国禁止同时拥有2个全国性电视台的执照，禁止对全国性电视台拥有49%以上的表决权；美国不仅禁止4家电视网的合并，而且禁止对2家以上电视台的支配导致联合视听率超过39%。

（二）统一规制机构，允许对等进入

随着数字化、网络化的迅速发展，广播电视产业和电信产业出现融合的趋势，英国、美国、加拿大、澳大利亚等大部分西方国家都已经建立了统一的电信和广播电视的监管机构。例如，加拿大建立了融合的管制机构——加拿大广

① 艾莉森·亚历山大等：《媒介经济学：理论与实践》（第三版），丁汉青译，中国人民大学出版社2008年版，第69页。

播电视电信委员会（CRTC），对融合业务进行管理，制定互联互通规则，保证公平竞争和普遍服务。西方国家规制改革的目标是，降低市场壁垒，允许广播电视产业与电信产业的互联互通、对等进入，电信产业、有线电视产业、互联网产业等通过资产重组和并购，实现技术、资本和市场的互动前进，形成新的产业体系和市场结构。新的融合规制理念就是促进和维护竞争以及机会均等，以降低服务价格和提高服务质量；对频谱资源进行有效配置，以鼓励投资和创新；提高信息传播产业对经济增长的贡献；促进内容的多样性和观点的多元化表达。我国的三网融合的目标也是在网络上互联互通、无缝覆盖，业务上相互渗透交叉，经营上相互竞争合作，向受众提供多样化、个性化和多媒体化的服务，这些将使传统的产业形态和竞争机制发生深刻的变化。

（三）内容和传输分别监管的原则

西方国家在放松准入规制的同时，加强了内容监管。内容监管多从维护社会主流价值观和基本伦理，保护未成年人、少数民族和弱势群体的利益，维护文化的多样性和多元化等视角出发，通过经济性规制、社会性规制和行政性规制等渠道加以监管。在传输网络方面，为了适应新技术的发展和市场竞争的需要，在新的制度安排下，美国的FCC（美国联邦通信委员会）在广播电视业和通信业之间实施纵向融合与横向分离的方针。纵向融合指广播电视业与通信业在传输网络、服务和运营主体等层次上出现的融合趋势；横向分离是指在纵向融合的基础上，分离出物理网络运营商、网络服务供应商、内容分配商、平台运营商和内容生产商等新的产业环节，以提高竞争和维护消费者的利益。

总之，媒介融合是在技术发展和受众需求变化的双重作用力下产生的，成为传媒产业发展的一种必然趋势，将促使传统媒体从单一媒体向多媒体转变，从粗放式经营向集约化经营转变，从单一产品价值链向多媒体产品价值链转变，形成全媒体理念和整合营销模式。当然，政府也应该放松准入规制，合理配置资源，加强公平竞争，提高服务质量，实现促进产业发展与维护公共利益、提高效率和保障消费者权益两个规制目标。

（原载《中州学刊》2010年第6期）

基于SCP范式的传媒产业融合分析

产业融合是在技术进步、放松规制、企业并购等多重因素的作用下产生的，技术进步导致了产业之间的边界消失，不同产业相互渗透和融合而成为一个更大产品和服务范围的新产业。技术方面，特别是三网融合，即电信、有线电视和互联网等互联互通、双向进入，提供全业务运营的电话、上网、电视、数据等一揽子服务；政府放松规制，降低进入壁垒，促进不同产业之间的竞争和融合；而企业为了追求更高的利润，占有更大的市场份额，通过并购实现多元化经营，这些促进了产业融合。下面从产品和服务的专用性和不可替代性减弱、不同传媒产业之间边界消融出发，运用SCP（Struture-Conduct-Performance，市场结构—市场行为—市场绩效）产业组织理论动态，分析传媒产业融合带来的市场结构、市场行为和市场绩效的影响。

一、传媒产业融合的市场结构

SCP范式的产业组织结构理论认为，产业结构决定产业内的竞争状况，决定产业的竞争行为以及发展战略，并最终决定了产业绩效，即改变产业绩效可以通过调整产业政策改变产业结构来实现。传媒产业融合使产业结构从低水平状态向高水平状态演变，促使产业结构优化，促进经济发展。

（一）传媒产业从技术融合到产业融合

传媒产业融合经历了下面几个阶段：首先是技术融合。数字技术的发展打破了介质壁垒，各种技术所带来的功能趋于一致。例如，有线电视、电信和互联网技术都能够提供多媒体信息服务，技术使发送端和接收端出现了功能一体化趋势，各种网络互联互通，电脑、电视、手机和平板电脑等多屏功能合一。其次是业务融合。技术进步带来了业务融合，例如原来专用的信息平台被打破，媒体的运作方式也发生了根本的变化，《烟台日报》、成都传媒集团等建立多媒体编辑室，使传统的业务实现融合，通过多媒体信息采集、多媒体故事生成、多渠道发布实现业务的整合。再次是市场融合。业务的融合带来了市场的融合，受众对于多媒体信息的需求融合，要求随时随地获取全媒体信息资源。例如，手机媒体市场的融合，手机报、手机电视、手机出版等都整合在一个终端，传统媒体、新兴IT企业、电信运营商等都可以进入该市场。最后就是产业融合。不同产业之间通过并购、重组等手段实现产业融合，产业之间由无竞争走向竞争，并在竞争中谋求合作。

（二）我国传媒产业的市场结构

我国传媒产业目前处于产业分立的状态，部分融合也是增量方面的融合，也就是传统媒体与互联网等新媒体之间的融合，而基于存量方面的报刊出版和广播电视之间的融合出现了梗阻，传媒产业与电信产业之间融合也未出现，没有出现全国性的市场，而区域性的垄断却有增无减。目前我国区域性的单一媒体传媒集团有47家报刊集团、38家出版集团、25家广电集团，除了成都传媒集团之外，我国真正的跨媒体传媒集团不多。

按照欧美市场结构的测量方法，行业中前几位的企业的总收益（或市场占有率）占总行业的比例，如果CR4≥50%，或者，CR8≥75%，那么，这个市场就被认为是高度集中的。美国司法部和联邦通信委员会采用赫芬达尔-赫尔希曼指数（缩写为HHI）作为反托拉斯的依据，它是用某特定市场上所有企业的市场份额的平方和来表示。2001年，美国电视、报纸和出版产业的市场集中度CR4分别是31%、48%、77%，跨媒体集中度CR4是49%、CR8是66%，市场集中度很高。我国2010年出版报纸1 939种，营业收入是729亿元，增长16%，其中前5位的报业集团分别是广州日报报业集团（39亿元）、成都传媒集团（31亿元）、解放日报报业集团（26.8亿元）、南方报业传媒集团（24.5亿元）、山东大众报业集团（20.2亿元）等，集中度测算结果显示我国的报纸是低集中度的竞争性市场。如果用广告收入为标准测量我国的广播电视市场结构，2010年我国的广播电视广告收入1 079亿元，央视、上海、湖南、浙江、北京、江苏等广播电视集团列前6名，广告收入分别是170亿、46亿、43亿、32亿、31亿、30亿元。集中度测量结果显示市场结构是低集中度的，是竞争性市场结构。如果从广播电视的收视份额来测量，结果相似。我国出版产业的市场结构，如果从出版企业的码洋（全部图书定价总额）的占有率来看，我国出版集团的占有率最高的是中国出版集团（6.5%），以下依次是吉林出版集团（3.9%）、江苏凤凰出版集团（2.7%）、中国国际出版集团（2.7%）等。通过测算，我国出版市场的HHI指数介于150—200，是低市场集中度，这也充分说明我国的传媒产业地域分割、行业分割的特点，资源配置效率低，综合竞争力弱。如果测量我国跨媒体的市场结构，我国2010年传媒产业总产值5 808亿元，扣除移动增值业务的1 853亿元，为3 955亿元左右。传媒产业是国家第四大支柱产业，如果以3 955亿元为基准，测量前几位传媒集团的集中度，发现跨媒体集中度更低。例如，2009年传媒集团收入靠前的是几个大的出版集团，凤凰出版集团、浙江出版联合集团、湖南出版投资控股集团以及山东、中原、江西和安徽等出版集团分别列前七位，销售收入分别是120亿、96亿、75.8亿、72.9亿、72亿、63亿、56亿等，再把央视列入前8位的传媒集团进行测算，结果显示市场结构是低集中度的竞争性市场，这是由于我国缺乏真正的资本雄厚的跨媒体集团，具体传媒产业市场集中度数据如下表。

我国传媒产业的市场集中度

类别	CR3	CR4	CR5	CR8	HHI	市场类型
报纸	13.28%	16.64%	18.91%	26.33%	150—200	竞争性市场
广电	23.81%	25.78%	28.65%	35%	300—400	竞争性市场
出版	13.1%	15.8%	18.2%	23.7%	150—200	竞争性市场
跨媒体	9.8%	11%	12.9%	17.7%	70—100	竞争性市场

（三）产业融合对市场结构的影响

传媒产业融合是一个从产业分立到融合的动态发展过程，产业融合使产业边界出现了消融，降低了进入和退出壁垒，不同产业之间出现了相互竞争和合作的趋势。产业融合对于市场结构的影响是一个双向互逆的过程，产业融合使得其他产业进入了对方市场，降低了各自的市场集中度。但是，产业融合促使不同产业之间的并购与重组增多，品牌影响力小、盈利能力差的企业将退出市场，产业集中度不断提高，形成了跨行业、跨媒体和跨地区的有效竞争，产业结构从低技术水平向高技术水平、从低附加值向高附加值、从竞争性市场向垄断竞争性市场演进。

二、传媒产业融合的市场行为

传媒产业融合促使市场结构升级，使生产要素从低市场绩效的部门向高市场绩效的部门流动，使产业之间的竞争更加激烈。例如，三网融合以后，电信产业凭借良好的市场运营经验、强大的资金流和完善的销售网络，可以进入报刊出版发行行业和广播电视节目制作行业，加强了市场竞争。产业融合促使跨行业的并购与重组，出现了跨媒体的传媒集团，提高了市场竞争力，出现了全国性的传媒市场，这种竞争与垄断相反方向的趋势促进了有效竞争和规模经济的平衡。

(一)跨媒体的并购与重组不断增多

随着我国文化体制改革的不断深入，除了新闻时政类的报刊出版单位之外，都要实行“转企改制”，成为企业法人。广播电视实行制播分离，国家控制并管理播出机构和新闻时政类节目的制作，可以实行市场运营的资产全部剥离成市场主体，成为企业公司；非时政类报刊出版企业、非新闻类广播电视节目制作公司、电信产业、有线电视和互联网等各行业、各媒体之间将加强并购与重组，建立新的跨媒体传媒集团，建立全国性的公正、公平的市场。例如，江西出版集团出资80%控股中国和平出版社，江苏新华发行集团兼并重组了海南新华书店，吉林出版社和中华工商联出版社合资成立新的公司。这些传媒集团通过并购与重组提高了核心竞争力，凭借资本的力量打破了地区分割的局面，扩大了产品和服务范围，发挥规模经济和范围经济效应。

(二)跨媒体传媒集团之间的竞争不断增强

产业融合之前，竞争主要是产业内各传媒集团之间的竞争，是低效率的恶性竞争，但是大部分通过行政性垄断获取超额利润，唯一竞争比较激烈的是北京、上海和广州等大城市的报刊市场，全国30多家卫视市场，而大部分传媒由于地域分割和行业分割使彼此各处于区域垄断地位，相互没有竞争。产业融合以后，跨行业和跨媒体的竞争加强，最终表现为跨媒体的传媒企业集团之间的直接竞争。例如，在美国，三网融合改革以后，AT&T电信公司、康卡斯特有线公司、Direct TV等卫星直播公司在上网、数据业务、电视信号等全业务领域展开竞争。康卡斯特是美国最大的有线电视运营商、第二大互联网接入商和第三大电话服务供应商，迪斯尼集团、新闻集团、维亚康姆集团等跨媒体集团展开新闻综合业务的竞争，他们都是兼具报刊、出版、广播电视、电影、广告、新媒体等媒体的大公司，展开更高层面的有效竞争。产业融合促使广播电视的娱乐业务、电信的通信业务和计算机的数据业务等出现了融合，不同产业都具有传递数据、文本、音视频等相似的功能，传媒产品和服务不再具有专属性，促使了资源在不同产业之间流转，提高了竞争效率。

(三)产业融合使产业间的资源配置效率不断提高

产业融合打破了部门、行业和媒体之间界限，使产品不断差异化和多样化，刺激了消费需求，例如传媒企业、电信公司和IT企业都进入新的传媒产业，手机电视、IPTV、网络视频、数字出版等新的传媒业务不断增长。同时，产业融合对于产业之间的关联、产业区域布局、产业结构的演变等都发生根本的变化，产业之间和地域之间的贸易效应和竞争效应，加速了资源的流动，促进了劳动力、资本、技术和信息等生产要素市场一体化发展，也加快了产品和服务市场的一体化，促进了经济发展。原来生产率的提高主要靠生产要素的投入，但是受到资源和环境的双重约束，现在生产率的提高主要靠科技进步、内生经济的发展和产业结构的转换，实现生产方式从粗放型向集约型转变。

三、传媒产业融合的市场绩效

我国传媒产业的发展与经济大国不相称，而且对于我国发挥文化“软实力”没有起到很大的促进作用。美国的版权产业的出口量第一，美国的信息产业融合对国民经济的贡献率占三成以上。我国的传媒产业规模较小，资源分散，国际化水平低，全国层面的市场集中度低，这制约了我国传媒产业做强做大，造成大量的重复投资和低水平建设，也损害了消费者利益。大量的研究表明，传媒产业的市场集中度和产业绩效具有正相关性，也就是说可以通过产业融合提高产业的绩效，因为产业融合导致传媒产品和服务的生产和销售的费用长期结构性的缩减。我国传媒产业融合在以下几个方面有利于产业绩效的提高。

（一）传媒产业融合使单一线性的产业链向立体交叉的产业链过渡，产业链的整合将产生“1+1+1>3”的效果

融合产业链由多媒体内容制作、集成、传输和发布等产业链组成。产业链的融合产生了新产品和新服务，使各产业的产值在原有的基础上不断增加，即产生了增值效应，原来产业之间的交易费用减少，服务的效率提高，促进了产业结构升级和转换。

（二）传媒产业融合改变了传媒生产流程，融合新闻生产提高了信息的利用率，降低了生产成本

传媒产品具有准公共产品的属性，第一次生产需要投入大量的资源，但是可以发挥多层发布和多元升值的作用。融合新闻生产流程就是一种多媒体信息的采集、加工、管理、讲述和发布的新的新闻生产流程，通过多信息采集实现了资源共享，通过多平台发布实现多元增值，提高了产业绩效。可以说，信息资源的采集与使用既可以作为图书、报纸、期刊等传统出版物的投入要素，也可以作为网络、阅读器和手机等新媒体的生产要素，利用信息技术平台发展新闻综合业务，降低了生产成本。

（三）传媒产业融合的资产通用性和协同效应提高了绩效

传媒产业的资产通用性非常明显，报刊出版、广播电视和互联网等传媒产业在硬件和软件方面都可以实现资源共享。如硬件方面，制作设备、场地、基础设施等，软件方面包括人力资源、资金、信息资源、技术资源、销售渠道和创意资源等，产业融合使这些公用资源发挥着重要的作用，这种专用平台向非专用平台、专用资产向非专用资产过渡，将降低我国传媒产业的重复建设，提高资源利用效率。

总之，原来条块分割的状态造成产业资源分散，竞争力弱，资源消耗严重等问题。例如，截至2012年12月，我国报纸1 937种、期刊9 851种、出版社580家、音像制品出版单位380家、广播电台251家、电视台272家、广告经营单位16.8万家，数量庞大，但规模有限，而传媒产业融合有利于促进产业结构升级，从地方垄断的产业结构向全国性的竞争性产业结构转变，有利于建立高级化、规模化和集约化的传媒产业。当然，对于传媒产业融合来说，还要防止垄断，在言论自由、多样性、新闻的地方性、外部性等方面加强社会性规制，促进传媒产业健康快速发展。

（原载《北方经济》2013年第1期）

第二编

“互联网+”

DI ER BIAN

" HULIANWANG + "

“互联网+”五篇文章分别论述了“互联网+”时代报纸杂志、广播电视、图书出版、电视剧产业等不同传媒产业的商业模式与发展战略，试图探寻一条“互联网+”背景下的传统媒体的生存法则与发展路径。“互联网+”是以互联网为基础设施和实现工具的经济发展新形态，即充分发挥互联网在生产要素配置中的优化和集成作用，将互联网的创新成果深度融合于经济社会各领域之中，提升实体经济的创新力和生产力。传统媒体的“互联网+”思维就是要发挥互联网在生产要素配置中的优化和集成作用，对市场、用户、产品、价值链乃至商业生态进行重新审视，借助各种平台、渠道与终端，以用户需求为核心，生产并提供定制化、针对性、多元化的传媒产品与服务。

互联网颠覆了传统媒体产业链，传统媒体需要对传播方式、组织架构、业务流程、播放平台、商业模式等进行改造与重构，例如，融资领域的众筹出版、众筹新闻生产，新闻策划领域的大数据分析与定制化新闻生产，营销领域的微信、微博、客户端等平台，新闻生产领域的“中央厨房”式的融合新闻生产。在“互联网+”时代，传统媒体的广告增长遇到“天花板”，需要创新商业模式。与此同时，也需要创新战略，依托“互联网+平台”战略，形成以平台战略为核心的媒体融合发展新格局；依托“互联网+版权”模式，变内容优势为产品优势，变内容产品为知识产权，拓展产业发展空间；依靠“互联网+终端”战略，实现各类屏幕之间的“无缝连接”；依靠“互联网+服务”战略，打造融新闻、文化、生活、服务、娱乐于一体的综合服务矩阵。

“互联网+”时代传统媒体的商业模式与战略转型

近年来，面临经济下行的压力与新媒体对广告的分流，我国传统媒体的广告收入出现下降趋势，其中都市类报纸的广告收入与发行量更是出现“断崖”式下降，广播电视的广告收入的增速也明显低于GDP的增长速度。与此相反，我国的网民规模不断扩大，截至2016年1月，中国网民规模达6.88亿，中国手机网民规模达6.20亿，2015年网民每天上网时长近4小时。2014年，互联网广告收入达到1 540亿元，首次成为第一大广告媒体。根据艾瑞的数据，2015年，互联网广告收入达到2 093亿元，同比增长35.9%。在互联网等新媒体不断蚕食传统媒体蛋糕的背景下，传统媒体需要加强“互联网+”思维，实现战略转型。

一、传统媒体的“互联网+”思维与融合新闻生产

近年来，我国网络基础设施建设不断推进，“宽带中国”战略顺利实施，4G网络全力升级。在新的传媒技术环境下，传统媒体要强化“互联网+”思维，实现从传统媒体到新媒体的转型升级。

(一)从“+互联网”思维向“互联网+”思维转变

随着互联网的发展，传统报刊所依赖的纸质介质、发行渠道以及广播电无

线、有线和卫星传播渠道被互联网解构，这一切都需要对传统媒体的组织架构、业务流程、传播渠道等进行改造，实现从传统媒体向新媒体的转型。以前传统媒体对互联网的认知是“+互联网”的思维，以传统媒体为核心，把互联网当成传播的新渠道和新平台，传统媒体的内容搬到报纸网站与广播电视网络台，互联网成为延伸传统媒体影响力、传播力的工具。在Web4.0的背景下，“互联网+”思维要发挥互联网在生产要素配置中的优化和集成作用，对市场、用户、产品、价值链乃至商业生态进行重新审视。传统媒体要转型升级为“新媒体”，借助各种平台、渠道与终端，以用户需求为核心，生产针对性的传媒产品。

（二）将互联网思维与技术融入传媒的融资、生产、营销与播出等产业链

在融资领域，众筹成为互联网时代融资的新渠道，阿里巴巴的“娱乐宝”与百度的“百发有戏”在电视剧与电影项目的众筹方面进行了有益尝试。用户参与项目众筹不仅获得投资收益，同时也参与到项目生产。例如，电影《小时代3》《狼图腾》与电视节目《中国梦之声》等众筹影视节目，以及募得36万元的网游小说《全职高手》、募得22万元的漫画绘本《咦，被发现了呢》等出版物。

在生产与制作领域，大数据成为挖掘用户兴趣的主要依据。一些影视节目通过大数据分析选择题材、优化剧本、挑选演员，如热播网络自制美剧《纸牌屋》就是基于大数据分析选择剧本、导演、演员等。大数据也成为传统媒体根据用户的需求定制内容的重要依据，通过大数据进行个性化与智能化推荐，提高新闻内容推送的精准度，提升用户体验。

在营销环节，微信、微博等社交媒体的“病毒化”传播、精准化营销发挥了至关重要的作用。例如，《好妈妈胜过好老师》的作者尹建莉通过博客的育儿内容打动众多妈妈粉丝之后，将粉丝吸引到了自己的博客上，通过他们进行书籍的传播与营销。在传播终端领域，以云计算数据中心为平台，信息在传播过程中，每个人都可拥有一台由计算机网络联结而成的无边无际的计算机，实现“多屏合一”的云传播平台。

（三）“互联网+”背景下创建一次采集、多元生成、多端传播的融合生产机制

融合生产机制需要构建适合多种终端的一体化“中央厨房”式采编平台，在同一平台进行多媒体内容的采集、储存、制作、发布，多平台互联互通、资

源共享，形成多渠道、全媒体分发流程，通过文字、图片、视频等多种方式对某一事件进行立体、全面呈现。例如，北京广播电视台建立全台网新媒体中心，汇集了新媒体编辑平台、制作平台、管控平台、内容储存系统、播出系统，可提供网络广播电视、IPTV、互联网电视和手机电视等多屏服务[①]。

传统媒体依靠专业优势，不仅可生产具有思想性、专业性的内容，而且可增强用户的参与度与互动性，通过与用户互动，增强媒体的服务意识，变作品为产品，满足用户的细分化需求。例如，南方报业集团聚合平面媒体、门户类网站、垂直类网站、官方微博、微信公众号、手机报、户外媒体等产品，2015年“南方+”客户端成功上线。“南方+”客户端在新闻模块设置了新闻首页，开设时事、经济、观点、文娱、生活、城市六大新闻栏目，全面提供第一手权威信息、原创报道和深度分析，从“报网融合”走向全媒体、全端口融合。

（四）“互联网+”背景下实现“一次采集、一次创收”到“多次发布、多元创收”的盈利模式

我国传统媒体基本遵循“二次销售”的盈利模式，主要依靠广告创收，在“互联网+”时代需要营造新的收入增长点。首先，围绕“内容+平台+终端+用户”打通全媒体产业链条，以优质内容为基础，“+”上电子商务、手机游戏、在线教育、医疗健康、智能家居等多种新兴的业务形态，在产业布局上，打通上下游产业链，最终构建起一个跨媒体生态系统，将优质内容变现。其次，把传统媒体资源转化成互联网环境下的资源，把影响力转移到“线上”，把收入模式转移到“线下”，把“二次售卖”变成“多维销售”，把单一的广告模式变为协同利润模式，实现资源平台化，收入多元化。再次，进入其他行业，通过其他渠道获取利润。例如，羊城晚报报业集团大力打造创意产业园，园区内汇集了包括YY、酷狗在内的众多优质互联网企业；浙江日报报业集团积极开拓游戏产业和养老产业；上海报业集团、河南日报报业集团等进军金融业；湖北日报报业集团等进军房地产业；SMG（Shanghai Media Group，上海传媒集团）和湖南广电进军投资业和电视购物业。

二、传统媒体“互联网+”战略的商业模式

传统媒体需要构建从传统媒体向全媒体转变的商业模式，改变“早转找死、不转等死”的悲观情绪，获得“互联网+”时代的盈利方式与生存空间。

①万仕同：《量力借力合力 重构生产流程》，《新闻前哨》2014年第9期。

(一)“互联网+”时代传统纸媒的商业模式

1. 付费墙模式。传统媒体对网上数字内容采取收费模式，即付费墙模式。这种模式风险较高，容易失去大部分受众与广告。这种模式需要具有独特价值的内容来吸引受众，圈定忠实的受众，最好能够垄断市场。例如，自2009年5月12日，默多克宣布对报纸网站停止“免费午餐”以来，新闻集团旗下报纸包括《泰晤士报》《华尔街日报》《星期日泰晤士报》《世界新闻》等先后宣称都将设立“付费墙”，对在线内容实行付费阅读。

2. 捆绑订阅模式。这是传统媒体针对数字内容的促销手段。例如，报纸订户每月增加一定量的费用后就可以阅读网站与移动终端的内容，这种模式鼓励读者订阅纸质报纸，同时有效地增加数字平台的流量，让受众全面接触各种形态的媒体产品。例如，美国俄勒冈的《本德公告报》纸质版订阅费为每月10.5美元，纸质版加数字内容的订阅费为每月11元，数字内容单独订阅费为每月8元，多花0.5美元就可以浏览该报全部数字内容对于读者有较强的吸引力。

3. 残缺吸引的支付模式。这种模式就是免费开放绝大部分新闻内容，对于最有竞争力的独家新闻、独特栏目长期维持收费状态。这种模式比付费墙模式更能够维持网站常态访问量，通过连载故事或突发新闻吸引受众，推动数字内容盈利。这种模式中小型报纸经常采用。例如，英国的《太阳报》《每日电讯报》等都采取这种模式，但是效果不佳，影响广告收入，最近一些报纸又取消了收费。

4. 电商模式。传统媒体通过自己庞大的受众资源和数据库资源，实现用户转换，提供除新闻信息之外的多种产品与服务，实现电商化的盈利模式。例如，《新京报》《京华时报》等与阿里巴巴推出“码上淘”业务，让读者通过扫描报纸上的二维码来购买商品，《钱江晚报》推出“钱报有礼”电商网站、微信商城，《温州日报》运行电商平台“温都猫”。《杭州日报》将传统报刊发行企业向现代物流服务企业转型，旗下“每日送”公司把同城物流配送上升为战略核心业务。《燕赵都市报》在淘宝平台开办“《燕赵都市报》1号店、2号店”，专门销售河北的特色农产品①。

5. 数字发行与广告相结合的模式。这种模式通过扩大纸质版与数字版受众的数量，提升广告的影响力，促进广告创收。例如，报纸发行量中，《今日美

① 黄楚新，王丹：《传统媒体电商化的优势及策略》，《新闻战线》2015年第13期。

国》《纽约时报》等报纸的数字版发行量都大于纸质版，以数字版内容吸引受众的注意力。一些报纸停止发行印刷版，通过数字内容换取广告收入。2012年，美国著名的《新闻周刊》停止了印刷纸质版杂志，减少成本，成为全数字版刊物。

6.移动收费模式。美国审计媒体联盟2012年度调查显示：美国绝大多数纸媒发行商已发布了某种类型的移动版，87%的发行商已经发布了iPad APP，85%有iPhone APP，75%推出了Android APP。2012年，APP服务基本免费。从2013年6月开始，部分报纸开始采用收费模式，如《纽约时报》对其移动客户端用户收费，普通用户每天只能免费阅读三篇文章。但这种模式也存在着诸如冲击纸媒发行、受众数量减少、内容收费是否得到用户的认同等问题。

（二）“互联网+”时代广播电视的商业模式

1.在线电视与广告相结合的模式。广电媒体通过自己创办的网络广播电视台吸引年轻的受众，同时，通过广告的跨屏播放增加广告收入。英国BBC成立在线门户网站“iPlayer”，通过互联网传送新闻、娱乐和教育节目，以简便的用户体验和流行的节目内容吸引受众。中国网络电视台全面部署多终端业务架构，建设网络电视、IPTV、手机电视、移动电视、互联网电视等集成播控平台，通过部署全球网络视频分发系统，已覆盖超过210个国家及地区的互联网用户，建立了拥有全媒体、全覆盖传播体系的网络视听公共服务平台。

2.视链模式。这种模式是影视节目与电子商务的结合体，在智能电视终端中表现得更为突出，媒体参与电商的利润分成。随着Video Out（视链）技术的正式商用，机器已经能够完成所有人工识别、匹配、链接工作，为“所见即所买”的批量化奠定了技术基础。例如，2015年《何以笙箫默》中开辟“边看边买”渠道，观众看到剧中的商品，通过手机天猫客户端扫描台标，便可进入“边看边买”页面。东方卫视将电子商务引入真人秀节目《女神的新衣》，观众可以直接购买节目中出现的服饰。在这种模式当中，广电媒体要培养消费习惯，增强用户体验，达到“观购合一”的效果，提高线下购物或PC端购物的体验。

3.会员收费模式。这种模式主要应用于视频网站，即广播电视台的客户端与网站可以通过独特的内容吸引受众交费。乐视网、爱奇艺等视频网站采取会员制度，对一些热门电影采取收费制度，会员分为VIP、黄金、白银等不同等级。芒果TV推出15元、80元、150元三档付费点播业务，通过微信、支付宝、芒果币等三种方式进行支付。优酷推出周卡、月卡、季卡、半年卡和年卡等会员卡，为会员提供免广告的演唱会直播、包月片库、观影券赠送等各种服务。

三、"互联网+"时代传统媒体的战略转型

传统媒体的介质、渠道、平台、终端等都有先天的局限性，需要借助互联网与移动互联网平台与路径，实现战略转型。

(一)传统媒体依靠"互联网+平台"战略，形成以平台战略为核心的媒体融合发展新格局

例如，上海报业集团抓好三类平台的集聚和培育：一是优化已有平台，包括集团旗下解放网拥有的国家一类新闻网站资质，提升党报党刊在互联网上的生产和传播效率。二是借力成熟平台，比如借微信、微博和运营商这三个平台。报业集团旗下各报刊共开设微信公众号135个、APP和安卓客户端18个、微博21个。微信公众号、客户端、微博、手机报等四类新媒体项目覆盖活跃用户总数超过4 900万。三是自建新平台，建了"上海观察、澎湃新闻、界面"三大新平台项目。"上海观察"主要满足党报读者的新媒体阅读需求，是党报扩展报道领域、改进文风的试验；"澎湃新闻"进入中国互联网第一时政平台方阵；"界面"主打商业与财经资讯服务。又如，在云计算技术的推动下，央视构建支撑全业务集成、全方位运营、全媒体服务的新媒体集成播控平台，充分发挥电视的内容和节目优势，建构覆盖电脑、手机、智能电视、户外电视、社交平台等多屏幕、多平台、多终端的"一云多屏"的全媒体传播体系。

(二)传统媒体依托"互联网＋版权"模式，变内容优势为产品优势，变内容产品为知识产权，从而拓展产业发展空间，延伸产业链

"知识产权"概念正在替代"版权"成为文化创意产业的核心动力，这也是产品经营意识和版权运营意识贯通的一种体现。传统媒体要强化内容版权保护力度，建立知识产权法律化、市场化运行机制，推动版权交易进入快车道。在广电领域，如何打造"现象级"节目，实现从版权到IP（知识产权，包括商标权、专利权与著作权）的变现，将创意内容与市场对接，是各大广电媒体的新策略。例如，湖南卫视《爸爸去哪儿》节目版权已经延伸到电影、出版物、动漫产品等，浙江卫视《中国好声音》网络独家播放版权达到5亿元，《新京

报》每年提高门户网站或者聚合类新闻客户端使用其内容的版权使用费，《北京青年报》也加强了版权的管理，2015年起诉新浪网侵犯其9篇文章的著作权，并获得经济赔偿。

（三）传统媒体依靠“互联网+终端”战略，实现各类屏幕之间的“无缝连接”，使得用户可以通过多屏终端获取信息

跨媒体信息发布的融合终端主要有三大类：即网络终端（电脑）、移动终端（智能手机、Pad）和电视终端（IPTV、互联网电视）。传统媒体通过庞大用户群体的数据共享和数据挖掘，根据用户需求和收视行为抢占4G时代各种终端的入口。例如，“央视影音”客户端累计下载已超过4亿次，覆盖PC、手机、iPad、智能手表四屏，提供央视及地方电视台140多路电视频道直播和2 700多个电视栏目点播服务，把“央视影音”打造为网络视频主入口，最终将其建成具有强大直播点播功能、丰富海量内容资源、多屏互动便捷服务“三位一体”的超级视频客户端，成为中央电视台电视平台之外的新型传播应用平台。在广播客户端方面，阿基米德FM、蜻蜓FM、考拉FM、喜马拉雅FM等广播客户端成为广播媒体的另外一个重要的端口与平台。其中，蜻蜓FM覆盖新闻、交通、音乐、经济、娱乐、相声、教育、都市、体育、小说、外语、故事、戏曲等3 000多个电台频道，可以帮助传统电台搭建互联网收听的直播流，并且保证直播流的稳定播出。

（四）传统媒体依靠“互联网+服务”战略，为用户提供更全面的文化服务，打造融新闻、文化、生活、服务、娱乐于一体的综合服务矩阵

互联网思维下的传媒，不仅是信息发布平台，也不仅是内容集成平台，还应该是综合服务平台。例如，北京歌华有线电视不仅提供时移回看、智能点播、多屏互动等服务，还能够提供游戏娱乐、远程教育、预约挂号、电视购物、查阅股市等多种服务，增加电视缴费、电力缴费乃至手机充值等“电视支付”等综合服务。一些广电媒体除了播出、广告、节目音像发行等传统领域，业务涵盖了网络播出点播、多终端点播、IPTV、移动网络终端、APP应用、艺人经纪、智能电视、商业演出、移动传媒增值业务、互联网智能机顶盒、衍生产品和主题公园等综合服务。

传统媒体的战略转型是长期的复杂过程，也是实现生存与发展的必经之路。内容生产方面，要形成一次采集、多渠道发布的融合新闻生产的机制；组织架构方面，要形成面对多终端、多平台的管理层次与管理职权；产业链方

面，要利用内容优势，多平台传播，多重升值；平台方面，利用微博、微信、客户端等平台占据各种互联网终端；商业模式方面，形成包括广告在内的多元盈利方式。面对互联网“狼来了”，传统媒体首先把自己变成“狼”，才能再与之共舞。

（原载《新闻战线》2016年第13期）

“互联网+”时代广播电视的商业模式与转型升级

在“互联网+”时代，传统广播电视媒体的传播渠道、收听方式、互动模式被互联网解构，广告收入面临极大的下行压力，而互联网广告收入继续保持30%以上的快速增长。在这种形势下，广播电视需要对传播方式、组织架构、业务流程、播放平台、商业模式等进行改造与重构，发挥互联网在生产要素配置中的优化和集成作用，对用户、市场、产品、价值链乃至商业生态进行重新审视，通过“互联网+”思维实现从传统媒体向新媒体的转型升级。

一、“互联网+”时代广播电视的传播特点

互联网对传统广播电视的影响是颠覆性的，从传播理念、视听方式、产业价值链到生产流程都发生了深刻变化。广播电视要将互联网思维融入新闻采集、编辑、制作、营销与播出等生产过程，通过各种渠道与平台，不断与用户互动，整合用户的需求，生产针对性、个性化的传媒产品。

（一）传播方式：从看电视到用电视、从线性传播到互动点播

在“互联网+”时代，传统广播电视的线性传播、“我播你看”的传播方式已经退出了历史舞台，广播电视要为用户提供高清、互动、海量、丰富的收视新体验。首先，从看电视到用电视，拓宽电视的功能，不仅提供时移回看、智

能点播、语音操控、多屏互动等功能，还能够提供游戏娱乐、远程教育、预约挂号、电视购物、查阅股市等多种功能，增加电视缴费、电力缴费乃至手机充值等“电视支付”功能。其次，从线性传播到互动传播，用户可以点播、回看电视节目，通过弹幕、评论、分享等手段，强化广播电视的互动与反馈功能。

在网络视频的竞争下，传统有线电视改变传播方式，打造全媒体内容、全终端服务融合平台，实现与其他运营商的互联互通，构建云平台，为新媒体、数字电视、文化产业、现代服务业等业务提供有效支撑。除了直播、点播、回看、时移、数据传输等功能之外，有线电视还提供互联网接入、在线游戏、电子商务、远程教育、远程医疗、电视会议、在线支付等业务。例如，歌华有线推出了智能机顶盒终端“歌华云盒”，提供高清直播、时移和回看业务等交互应用，同时内置WiFi，能够提供互联网接入和家庭无线网服务。

(二)传播理念:从受众到用户、从作品到产品

受众代表的是单向传播的被动接受者，传播者占据主导地位。受众的媒体参与度低，使用性差。用户的理念则是以使用者为核心，将用户体验作为新兴电视产品生产的出发点与检测点①。传统的广播电视要强化用户意识，把吸引用户、集聚用户、发展用户作为重要手段，不断开发更加适应用户需求的新闻产品与服务。例如，一些电视新闻客户端基于数据挖掘捕捉用户兴趣，根据用户的搜索数据和反馈信息，进行智能化的推荐、内容的定制与推送，为用户节约成本，提高用户的新闻资讯阅读效率。

作品是从传播者的角度着眼，产品则是从使用者的角度考虑。广播电视具有内容优势与专业优势，不仅要生产具有新闻性、思想性、专业性的内容，而且要增强用户的参与性、选择性和互动性，提高服务意识，变作品为产品，满足用户的细分化需求。利用数据挖掘技术，根据用户的搜索行为、观看时长与评价结果等消费数据，判断用户的消费习惯，建立客户服务数据库，提供不同的产品与服务，直击用户的消费点，增强用户的黏性。例如，“呼啦”客户端是一款湖南卫视出品的移动互联网社交应用软件，强化了湖南卫视播出内容的关联性，实现了各类节目、剧集、大型活动与观众之间的互动以及其客户端用户之间的互动，进而实现了从吸引电视观众向运营电视用户的转换。

---

①田维钢:《互联网+广播电视的几个悖论——基于互联网基因的一种分析》,《现代传播》2015年第12期。

(三)传播思维:将互联网思维融入广播电视节目的产业链

广播电视要将互联网思维融入产业链，从投资融资、选题策划、生产制作到播出营销，发挥互联网在产业价值创造中的作用。在融资方面，作为利用互联网平台开展公众募资活动的方式——众筹，给广播电视行业带来了极具活力的融资模式。广播电视与电影项目众筹具有需求测试、社交互动、营销推广、线上线下资源整合等功能，起到项目“孵化器”的作用。例如，阿里巴巴“娱乐宝”是影视节目的众筹平台，用户投资可以享受剧组探班、明星见面会等娱乐权益。东方卫视《中国梦之声》节目，通过此平台获得1亿元的总投资额度，成为首家联手增值服务平台的电视媒体，让用户参与到电视节目的制作和传播分享的全过程。第一财经《创客星球》节目邀请创业者、设计师等现场展示自己的创意和产品，然后投资人通过电视屏幕上的二维码扫描等方式登录《创客星球》众筹平台完成投资。

在影视节目创作方面，大数据分析已成为电影与电视剧的题材选择、剧本优化、主创挑选、内容生产、受众预估等生产创作“利器”。例如，热播美剧《纸牌屋》就是基于大数据分析来选择剧本、导演、演员。在营销环节，社区、微博、微信、客户端等新兴传播平台，“粉丝经济”与社交网络等在营销领域发挥了至关重要的作用。例如，《爸爸去哪儿》《奔跑吧兄弟》《小时代》《重返20岁》等电影，因粉丝用户的传播获得超高票房，以微信、微博为代表的社交媒体的精准化、病毒式营销也逐渐得到客户和商家的认可。

(四)传播产业链:从单一产业链向多元产业链转变

我国广播电视基本遵循着“二次销售”的盈利模式，以内容产品获得受众的注意力资源，而把注意力资源卖给广告商，通过“二次销售”盈利。在“互联网+”时代，广播电视依靠免费内容、出售广告时段的经营模式要有所改变，应转向以全媒体、用户、数据、产品为核心的全媒体经营模式，营造新的收入增长点。首先，围绕“内容+平台+终端+用户”打通全媒体产业链条，以优质内容满足用户需求。其次，把线下的优质资源转化成互联网环境下的资源，把影响力转移到“线上”，把收入模式转移到“线下”，把“二次售卖”变成“多维销售”。同时，与门户网站、电子商务平台、网络视频公司等合作，把单一的广告模式变为协同创收模式，实现收入多元化。再次，产业布局上，打通上下游产业链，既向上游内容制作产业链延伸，又以优质内容为基础，向下游动漫、游戏以及各种衍生产品拓展，将优质内容变现。

二、"互联网+"时代广播电视的商业模式

在互联网的挑战下，广播电视需要改变对广告的依赖，探索多元化的商业模式，以消费者体验服务为核心，实行多屏幕、多渠道的平台战略，有效利用不同终端建立消费者的黏性和忠诚度，把广播电视的观众转化成用户①。

1.跨屏广告模式。广电媒体要充分发挥跨屏广告的价值，利用在线视频吸引年轻的受众，通过扩大受众群体增加广告收入，形成与传统广电广告的互补态势。例如，中央电视台建立全媒体、全覆盖传播体系的网络视听公共服务平台，率先推进广告经营融合，台资产管理中心全面代理台里面新媒体广告业务，逐步打造具有中央电视台特色的新媒体广告产品体系。一方面，跨屏互动广告产品，依托优质栏目开展线上线下互动传播；另一方面，台网捆绑广告产品，打通电视、PC、移动终端，设计与之匹配的跨媒体广告产品，为客户提供整合传播方案。

2.视链模式。这种模式是影视节目与电子商务的结合体，在智能电视终端中表现得更为突出，广播电视参与电商的利润分成。在这种模式当中，广电媒体要培养消费习惯，增强用户体验，达到"观购合一"的效果，提高线下购物或PC端购物的体验。例如，优酷土豆与阿里巴巴达成战略合作，实现双方数据和平台的融合，形成"屏幕即渠道、内容即商铺、数据即链接"的新商业模式。影片《非诚勿扰2》与珠宝品牌潮宏基合作，当影片中出现一些首饰时，观众鼠标停在上面可以链接到网购页面。《何以笙箫默》播放时，观众通过手机天猫客户端扫描台标，便可进入"边看边买"页面，挑选商品。《舌尖上的中国》与天猫合作，受众可以在手机上边看边买节目中的食材。商业视频网站较早探索从广告向电商服务的转型，将广告直接链接到电商平台，观众在观看节目时，点击视频中相关产品即可一键购买。

3.推出支付服务，拓展付费业务。广播电视台对收看自己创办的网络广播电视部分节目实行收费。这种模式风险较高，容易失去很多受众，需要具有独特价值的内容与服务来吸引受众，圈定忠实的消费者。随着移动支付的快速增长，各类视听新媒体业务陆续推出支付宝支付、网银支付、快捷支付、手机话费支付、微信支付等各种支付方式，不仅提升了用户体验，还推动了付费业务

① 王晓：《"互联网+"时代传统电视媒体的融合转型》，《中国广播电视学刊》2015年6期。

的发展。例如，乐视网、爱奇艺等视频网站采取会员制度，分为VIP、黄金、白银等不同会员等级，对一些热门电影采取收费制度。优酷推出周卡、月卡、季卡、半年卡和年卡等会员卡，为会员提供包月片库、演唱会直播、观影券赠送、宽带加速、观影团等各种服务。

4.开展电商服务，布局T2O（TV to Online）模式。广播电视通过自建或联手第三方搭建平台，将自己庞大的受众资源向用户资源转换，打通广告和销售过程，实现电商化的盈利模式。广播电视T2O模式还渗透到电影票、旅游门票、餐饮等领域，市场规模加快扩大。例如，东方卫视将电子商务引入真人秀节目《女神的新衣》，观众可以直接购买节目中出现的服饰。2014年，中央电视台发现之旅频道联合全国几十家地方电视台推出食品电商平台“发现GO”，探索“电视+电商”新商业模式，将电视观众的注意力转到电商平台，并打造出一个可供持续开发的“品牌形象”。广西电视台“美丽天下购”栏目引入100多种广西名优特产进驻，通过T2O线下销售展示、线上支付的模式，率先成为“媒体电商”①。T2O模式中，扫描二维码或台标可直接进入商品购买页面，比进入电商首页、自行搜索的模式更为便捷，更体现用户思维。

5.开发衍生品，延伸产业链，发挥“长尾效应”。随着衍生市场进一步发展，广电媒体产业链条不断扩展。除了播出、广告、节目音像发行等传统领域，节目版权经营逐步延伸到多层次、多渠道、多平台，涵盖了网络多终端点播、IPTV、移动网络终端、APP应用、艺人经纪、智能电视、商业演出、移动传媒增值业务、互联网智能机顶盒、衍生产品和主题公园等。芒果TV积极布局手机游戏和衍生品市场，其中《爸爸去哪儿》手机游戏前两季总下载量超过2.6亿次。爱奇艺PPS、优酷土豆等视频网站联合互联网电视集成平台，推出各种互联网电视机顶盒、智能电视机等硬件。苏州广播电视总台重点打造“无线苏州”APP，目前有7大商业模式：广告产品植入、移动电子商务、手机游戏运营、软件技术输出、电子票务分佣、VIP信息定制和运营商流量分成。

三、“互联网+”时代广播电视的转型升级

在“互联网+”时代，广播电视要利用大数据、云计算等新技术，发挥内容优势，借助互联网的介质、渠道、平台等资源，实现转型升级。

① 北京市新闻工作者协会编，梅宁华、宋建武主编：《中国媒体融合发展报告（2015）》，社会科学文献出版社2015年版，第148页。

（一）采取"互联网+内容"的战略，实现内容的多元升值

广播电视具有内容优势，但是传统广电的终端用户规模较小，用户体验难以满足，需要把传统内容重新包装与重组，以适应各种互联网平台与终端，借助互联网平台扩大传播效果。首先，节目平移战略。把广播电视节目平移到自办的视音频网站，形成自办的网络平台，增加受众的评论与分享功能。其次，借船出海战略。与门户网站、专业视频网站建立合作关系，利用他人平台，增强节目的渗透力与影响力。再次，造船出海战略。通过官方微博、微信公众号、微视等社交媒体应用和客户端等强大传播平台，把节目内容精准送达用户，增强内容的渗透力与传播力。广播电视要探索以用户为中心的全渠道服务模式，打通传统广电受众群和新兴媒体用户群，不断扩大内容传播的覆盖面，扩大产品的用户规模。

（二）采取"互联网+平台"战略，形成以平台战略为核心的媒体融合发展新格局

广播电视需要借助客户端平台、电商平台、微信社交平台，构建节目内容的整合传播机制。例如，一些电视台的节目、频道、频率开设微博、微信和二维码，形成与受众互动的社交平台，通过节目信息、话题传播、受众互动扩大影响力，为重点节目定制摇一摇、边看边聊、投票、话题、竞猜等多种互动功能，形成了跨屏互动。一些电视台通过微博、微信矩阵，把碎片化的节目内容进行渗透化传播，其中微信公众号已经成为广播电视使用最便捷的新媒体平台和用户入口，如央视新闻、央视财经、央视体育微信公众号颇具影响力。

移动客户端已经成为广播电视融合发展最活跃的新兴媒体互动平台、传播与经营微平台。各级广播电视台将客户端作为新平台重点建设，纷纷建立频道频率客户端、节目客户端和新闻客户端，形成了客户端矩阵；一些省台与城市台客户端的影响超过了当地，覆盖全国，作为新的经营平台，取得了显著成效。中央电视台有中国网络电视台、央视影音（Cbox）、央视悦动、央视新闻、央视体育，以及焦点访谈、中国手机电视台等41个客户端组成集群。其中，"央视影音"视频客户端累计下载量达到4亿次，提供央视及地方电视台140多路电视频道直播和2 700多个电视栏目点播服务，抢占4G时代网络视频入口。全国地方市级以上电台节目已分别融入中国广播、蜻蜓FM、阿基米德、考拉FM等客户端，这些客户端能够提供直播、点播服务。

（三）采取“互联网+终端”的发展策略，形成了“一种内容、多种媒体、多重终端”的传播战略

跨媒体信息发布的融合终端主要有三大类：即电视终端（IPTV、互联网电视）、网络终端（电脑）、移动终端（智能手机、Pad），广播电视要构筑实体端、移动端、PC端、Pad端相互转换、相互补充、协同创新的多元化终端，构建线上线下一体化发展的内容传播体系。例如，“央视云和大数据平台”构建支撑全业务集成、全方位运营、全媒体服务的新媒体集成播控平台，同时也是央视智能化生产运营、分发传播的开放平台，建构覆盖电脑、手机、平板电脑、智能电视、户外电视、社交平台等多屏幕、多平台、多终端的“一云多屏”全媒体传播体系，根据用户需求和收视行为推出个性化的定制服务。

各省级广播电视台积极向电视机、台式电脑、平板电脑、手机及其他移动智能终端等各种平台提供节目和信息，实现了内容资源跨屏共享、多屏整合的运营机制，为融合业务发展和用户拓展提供了保障。比如，湖南广播电视台完成对金鹰网与原芒果TV两大平台的整合，建成了以芒果TV为统一品牌的视听新媒体平台，覆盖并打通互联网电视、手机电视、视频网站、IPTV等各新媒体业务与平台，全面对接电视机、台式电脑、平板电脑和智能手机等多个终端，实施自有版权的节目只在芒果TV播出的独播战略。上海广播电视台打造云平台，对接2 200万IPTV用户、200万互联网电视机OTT（互联网电视）用户、3 000万手机电视用户、3 000万风行网日活跃用户，开拓视听内容的四屏应用。

（四）采取“互联网+版权”的发展策略，建立IP（Intellectual Property，知识产权，包括商标权、专利权与著作权）法律化、市场化运行机制

随着版权融合管理的不断完善，广电媒体的节目内容优势进一步扩大，版权收入在广电媒体创收中的比重将不断提升。广播电视依托“内容＋版权”模式，使内容产品具有知识产权，发挥内容资源的增值效应，创造新的利润增长点，从而拓展产业发展空间。例如，如何打造“现象级节目”，实现从版权到IP的变现，将创意内容与市场对接，是各大广电媒体的新策略。湖南卫视《爸爸去哪儿》节目版权已经延伸到电影、出版物、动漫产品等；《中国好声音》网络独家播放版权达到5亿元，其开创的“节目+投资分成”商业模式向其他节目延伸。

近年来，广播电视台普遍加强了节目内容转播权和网络版权的确权和管理，一些有实力的台组建了媒资中心，推进媒资业务扩展与应用工作，优化版

权管理，提升版权在新媒体的价值。中国国际广播电台设立了国广环球传媒控股公司，以台属全部媒介与文化领域可经营性资产为基础，从事媒介资源整合和媒介服务业务的投资开发，搭建起广播、视频、新媒体、平面媒体、译制等产业集群。湖南广播电视台打造产业运营平台芒果传媒集团，下辖快乐阳光（芒果TV）、快乐购、天娱传媒、金鹰卡通等8家子公司，涉及渠道、影视制作、游戏、电商等各个层面，成为湖南广电打造创意内容生态圈的主导力量。上海文广集团成立版权资产中心，将原来的版权中心与媒体内容资产中心合并，加强规范版权经营。

为了实现转型升级，广播电视台要建立融合新闻生产机制，创建一次采集、多元生成、多端传播的模式，构建适合多种终端的一体化“中央厨房”式采编平台，打通传统编播平台与其他终端之间的围墙，在同一平台进行多媒体内容的采集、储存、制作、发布，多平台互联互通、资源共享，形成多渠道、全媒体分发流程。例如，北京广播电视台建立全台网新媒体中心，汇集了新媒体编辑平台、制作平台、管控平台、内容储存系统、播出系统，可提供网络广播电视、IPTV、手机电视和互联网电视等多屏服务。广播电视只有在内容生产、流程再造、传播渠道、商业模式等方面协同共进，才能实现真正的转型升级。

（原载《声屏世界》2017年第7期）

“互联网+”时代电视剧产业链的重构

截至2016年1月，中国网民6.88亿，手机网民6.2亿，人均每周上网时长约26小时。互联网成为个人使用与企业应用的重要载体，“互联网+”成为国家的重要战略。“互联网+”是创新2.0背景下的互联网发展的新业态，是互联网思维与传统产业融合发展的新经济形态，为传统产业的改革、发展与创新提供广阔的网络平台。在台网融合和多屏互动的“互联网+”时代，电视剧产业要运用互联网思维、技术与平台，将互联网基因融入电视剧产业链，促进投资、制作、营销、播出等电视剧产业链的重构与整合，实现电视剧产业的转型与升级。

一、“互联网+”时代电视剧融资：众筹

“众筹”作为互联网新型股权融资形式，是人们利用互联网平台开展公众募资活动，是互联网为传统产业带来的新的融资渠道。与传统电视剧融资方式不同，“众筹电视剧”是电视剧项目发起人通过众筹平台，向互联网用户筹集资金，并根据资金额度在经济或文化方面给予回报的一种筹资模式。“众筹电视剧”将项目所需要的资金、观众与营销有机地结合起来，统筹了需求监测、营销推广、社交互动、线上线下资源等因素，对项目起到“孵化器”的作用。

“众筹”为电视剧与电影行业带来了极具活力的融资模式，具有低门槛、

多样性、创意性与大众化的特点。例如，阿里巴巴的“娱乐宝”、百度的“百发有戏”，普通网民出资100元即可参与投资电影或电视剧项目，项目组从而进行预售、营销和锁定票房转化率。众筹网、京东众筹、淘宝众筹、云筹网、人人投等是国内具有较高知名度与融资能力的众筹平台，提供众筹、营销、发行一体的服务平台，满足筹资金、招演员、找场地、征剧本等需求。但是，“众筹”在法律环境、盈利模式与平台建设等方面尚需完善。

众筹电视剧具有多重意义。在融资方面，用户花100元就能成为电视剧投资人，具有投资低门槛和高收益的特点；在营销方面，观众因积极参与电视剧的融资，从而拥有忠实的消费者与积极的投资者的双重身份，电视剧也提前绑定了这部分受众；在受众方面，有利于观众了解文化产品，参与电视剧的创作与生产，让电视剧回归大众本位，促进大众文化消费。《待嫁老爸》是第一部登上众筹平台的电视剧，通过众筹网发起了众筹项目，并把探班电视剧的拍摄现场与明星互动作为回报，实际上是对粉丝的一种宣传与对市场的一种监测。《妇女生活》在股权众筹平台“大家投”进行融资，把总投资6 000万元中10%用于众筹。《铁血淞沪》通过东方网海派筹进行融资，打造了全新的互联网金融模式。

二、“互联网+”时代电视剧内容生产：大数据分析与开放性剧本

电视剧产业具有强大的内容制作优势，如果与大数据、云计算等互联网技术相融合，将互联网思维融入电视剧的题材选择、剧本优化、内容生产、主创挑选、受众预估等创作过程，会进一步提高核心竞争力。

（一）利用大数据指导电视剧的受众定位

与传统的电视剧收视率采样调查相比，互联网时代搜索引擎的关键词、社交媒体的话题热度、网络视频的播放量、购物网站的消费行为等大数据，可以获取用户的消费行为、消费心理、消费档次等消费信息，以及用户的年龄结构、教育程度、收入状况等基本信息。电视剧需通过大数据挖掘，捕捉用户兴趣，进行正确的市场定位，满足用户审美期待。作为反映白宫生活的政治题材片，《纸牌屋》基于Netflix网站储存的3 000万用户大数据，通过专业技术人员对用户收视偏好的分析，确定最具市场价值与舆论影响力的“中年男性专业人士”为主要的受众群体，并帮助制作团队根据受众反馈进行相应调整和修改，

这突显了大数据预测的精准性与灵活性。

(二)观众参与电视剧的故事设计与情节构造

在互联网时代，观众已经融入电视剧的故事设计当中，观众可以自由创作、彼此分享，进而为剧本创作提供有利的素材及依据，而电视剧项目方通过为观众设立专门的网页或贴吧，可将热议的情节吸纳到剧本中。比如，制片方通过网络媒体推出剧情接龙、情节设计、人物塑造、结局预测等活动，激发观众的创作热情，并将观众有创意的剧情融入电视剧的创作中，以增加观众的黏合度，打造开放的电视剧本。例如，电视剧《情定爱琴海》制作方一共拍摄了三个不同版本的结局，最终的版本通过网络投票的方式，把选择权交给受众。电视剧不仅体现导演、编剧等主创人员个人艺术观、价值观，而且为了取得更好的收视率，越来越迎合受众的需求，对观众热议的话题与喜爱的桥段等加以分析、吸纳，以期获得更好的经济效益[①]。

(三)优秀网络文学的IP(知识产权)成为电视剧的版权来源

近年来，网络IP则越来越受重视，电视剧内容具有越来越多的互联网气质与网络文化特征。在2015年台网共同热播的电视剧中，很多改编自网络热门小说。在《芈月传》《琅琊榜》《何以笙箫默》《花千骨》《暗黑者》等超级大剧市场号召力下，各家影视公司纷纷大规模采购网络IP，网络小说售出影视改编版权的价格也迅速翻番上涨。2016年，IP网络剧继续发力，《鬼吹灯》《盗墓笔记》《秦时明月》《老九门》《三生三世十里桃花》《诛仙》《示铃录》《法医秦明》等近百个网剧项目纷纷启动。

(四)“互联网基因”题材成为电视剧热门题材来源

在互联网时代，电视剧的题材与情节构造更多考虑年轻人的审美方式与接受习惯，一些具有互联网基因的热门元素逐渐进入电视剧领域，如《幻城》《诛仙》《微微一笑很倾城》等梦幻、玄幻、魔幻、奇幻、科幻题材电视剧。而长期霸占电视荧屏的家庭混战伦理、抗日神棍传奇、女性狗血苦情等刻板老套的题材逐渐式微，互联网基因题材赢得了众多的观众。例如，《古剑奇谭》由单机游戏改编成古装剧，《秦时明月》由动漫产品改编为电视剧，其他诸如穿越、科幻、段子喜剧、吐槽等互联网基因题材也陆续呈现。如东方卫视周播剧《新婚公寓》，亮点是美式段子剧；湖南卫视的《三体》，属经典科幻题材；浙

①唐朱勇：《全媒体时代国产电视剧的生产变革探析》，《现代视听》2015年第2期。

江卫视周播剧《最好的选择TAXI》，翻拍自同名穿越日剧；从网络反向输入电视台的《暗黑者》，是自带吐槽的神经探案剧。

(五)“网络民意”成为电视剧制片方选择演员的重要标准

以前在电视剧导演、演员创作团队选择上，电视剧项目组会根据观众构成特征与相关收视数据选择最佳的创作人员。在这个流行“网红”的时代，符合网络民意的演员选择更是成为收视的重要保障，如《琅琊榜》的胡歌与《花千骨》的霍建华，新版《射雕英雄传》也根据网友意见选演员。除了传统数据外，项目方还根据视频播放量、微博传播力、微信讨论度等相关网络数据，了解受众对于某个演员或导演的“网络民意”，根据相关数据选择合适的演员及创作团队，甚至设立相应的投票机制，由受众为候选演员投票来直接选择剧中人物的扮演者。

三、“互联网+”时代电视剧的营销：社交媒体营销与T2O模式

互联网重构了观众与电视剧的关系，颠覆了以电视剧为中心的话语霸权。观众通过微博、微信等社交媒体表达自己的喜好，评论剧中的故事、台词、表演、情节等，边看边评论、边吐槽成为流行的新观剧模式。

(一)微博、微信等新兴媒体成为电视剧的重要营销平台

微博、微信等新社交媒介平台的出现，为人们提供了分享观剧感受的广阔空间，人们在互联网上跨媒介观看电视剧，可以一边观剧一边发表评论，与网友讨论、分享观剧感受，对电视剧场面情节、叙事结构和人物性格进行解读，观看电视剧不再是“家庭活动”而是“社会活动”。近年来，《甄嬛传》《红高粱》《新神雕侠侣》《何以笙箫默》等电视剧都曾引发网络热议。《武媚娘传奇》在微博上借助“胸器”营销，乐视网平台开播48小时播放量就突破1.2亿。热播电视剧《何以笙箫默》同期阅读量高达46.9亿，讨论数318万[①]。另外，剧组演员通过微博、微信等媒介上传恶搞、卖萌、自嘲等形式的剧照与拍摄趣闻，拉近了明星与粉丝之间的距离，增强了观众参与热情。“弹幕”是近年来十分流行的一种“观剧行为”，也是一种营销手段。受众在观看视频的过程中能随时发表评论，并将即时观看此视频的评论以滑动而过的字幕显示出来，从而增加了观看者之间的互动。

---

① 曾一果：《新观众的诞生——试析媒介融合环境下观剧模式的变化》，《中国电视》2015年第3期。

(二)电视剧寻求与电商合作,尝试T2O模式

这种方式指观众在收看节目时，打开手机直接扫描节目的LOGO，就能购买节目同款定制的产品。这种模式基于电视剧和电商平台的紧密联系、深度融合，在互联网电视与网络视频上广泛应用，被业内称为“电商剧”。2015年电视剧《何以笙箫默》试水T2O模式，观众用天猫商城的客户端扫一下东方卫视台标就能购买剧中商品，实现“边看边买”。电视剧《虎妈猫爸》中赵薇的包包或衣服同款就卖爆。都市题材的影片《咱们相爱吧》，里面的衣服、用品，观众一旦被打动，就可以边看边买。这种商业模式成功案例不多，但依然被业内看好，主要基于三点理由：第一，都市生活题材的电视剧由于贴近城市人们的生活，易受城市观众喜爱并能产生流行时尚效应，堪称电商剧的宠儿，一旦电视剧热播，受众往往会追捧剧中人物的服装、配饰等商品并产生购买行为，因此T2O模式可以制作、销售剧中商品或衍生品，打造下游产业链，提高电视剧的收益率；第二，通过粉丝经济来加强与观众的互动，粉丝规模的扩大及产生的消费行为增强电视剧的传播力与影响力；第三，充分利用互联网平台和技术，促进电视剧的文化、艺术与商业等跨界融合，能让T2O这一新的经济模式具有很大的发展空间[①]。在未来发展中，随着电视观众消费习惯的转变、电视剧与电商合作机制的完善，T2O模式会逐步成熟，形成较为稳定的市场效应。

在T2O电商剧模式中，电商平台从观剧中获得流量入口和一定的购买转化率，从而获取渠道收益；品牌商家则通过电视剧的广告植入提高品牌知名度、美誉度，并通过电商平台获取销售收入；电视剧方根据与商家的合作协议，获取分成收益。美国电视剧《混乱之子》是多屏合一的典型电商剧，在播出的同时有专门的APP（手机客户端）与电视剧配套。在编剧阶段，电视剧和APP上就植入了120多个商品的热点链接，观众可以通过APP看剧和购物，点击商品链接后，就能进入购物社区，可以下单购买，还可以看到其他观众对商品的评价。

(三)互联网时代“病毒式”话题营销

这种方式似乎要比发布会、打广告、推通稿等常规营销方式更高效而有趣。比如《芈月传》围绕芈月和三个男人不同但都刻骨铭心的情感做话题推广，《伪装者》《琅琊榜》借助“基腐”话题在微博上创造了转发盛况。PPS网

① 郑旭：《互联网+视阈下我国电视剧的T2O之路》，《今传媒》2015年第11期。

站在获得《爱情公寓2》的网络独家播映权后，通过规模浩大的网络海选，选择出20名网友在第二季中现身表演，形成了网络话题，增强了观众的注意力。《纸牌屋》专门注册Twitter和Facebook账号，通过在社交媒体上的铺展和整合，极大增强了观众的参与感和口口相传效应，促使了访问量与分享量的不断攀升。《步步惊心》热播时，策划了"《步步惊心》和《宫》女主角你更喜欢谁"的投票活动，还有同名网络游戏、搞笑花絮视频集锦等营销活动。

(四)影视、游戏互动传播的新营销模式

影视与游戏的互动传播就是打通两个领域的资源，影视作品改造为手游、页游、端游等各种游戏产品，影视剧可以从游戏产品中获得新的收入，提高知名度，或者网络游戏产品改造为影视作品，游戏产品通过电视剧获得充分曝光，减少经营风险。例如，影游互动的经典代表《花千骨》《秦时明月》，凭借游戏作品的天然用户基础、超强IP、庞大粉丝量的优势，促进电视剧的热播，同时，影视热播带动游戏影响力急速提升。

(五)"付费收看"成为电视剧营销的助推器

2015年下半年，爱奇艺、优土、腾讯等相继在电视剧领域进行付费尝试，付费用户将获得更加多元化、定制化与个性化的用户体验。2015年12月，爱奇艺率先宣布付费会员突破1 000万，让人看到了付费市场的巨大潜力。若按照月均20元的收费计算，视频网站会员收入将大幅提升，"付费收看"成为新的营销模式与收入增长点。

四、"互联网+"时代电视剧的传播：多屏互动与多轮播出

互联网使得电视剧的传播突破了时空限制，电视剧的收看从线性单向的收视行为进入受众为主体的新收视时代。在多屏互动背景下，电视剧播出要适应各电视台和视频网站的受众特征，寻求最佳的播放平台，从而提高盈利水平。

(一)电视剧进入多屏播出时代

在互联网时代，用户习惯利用碎片化的时间通过手机或者平板电脑看电视剧。电视媒体原来建立的以客厅为中心的消费习惯已经被打破，取而代之的是电视屏、手机屏、PC屏、平板电脑等多终端的媒介消费渠道，特别是移动终端已成为各类媒体竞争的"战场"。电视剧产业要充分借助互联网构建内容传播

平台，打通线上线下的用户群，不断扩大内容传播的覆盖面，形成“一种内容、多种媒体、多重终端”的播出形态。

“一剧两星”的政策大大影响了电视剧企业的盈利能力，不仅大部分电视剧一轮播出价格有所下降，乃至部分精品剧的二轮播出价格也有所降低。电视剧作为一种内容产品，内容的跨媒体传播只要很少的边际成本，通过多渠道、多频次传播是实现盈利的必经之路。以爱奇艺、优土、腾讯、乐视、搜狐为代表的互联网巨头纷纷将“宝”押在视频上，传统电视剧制作公司与视频网站形成呼应，力争国产电视剧成为网剧的新期待与新亮点。

（二）电视剧通过多轮播出发挥“长尾经济”效应

电视剧的需求正在从少数主流市场转向需求曲线尾部的大量利基市场，面向特定群体与平台播出电视剧发挥着“长尾经济”效应。电视剧的首播一般选在央视或者省级卫视，二轮播出一般是地方电视台或地面频道，但是二轮发行价格较低，网络成为二三轮播出的关键环节。一些“首轮”播出获得认可且未被买断播映权的电视剧，进行多轮播出，电视剧的效益实现了最大化。例如，《士兵突击》《奋斗》《潜伏》《祸居》《黎明之前》等都是先有良好的口碑，继而带动二三轮网络热播。

传统电视媒体观众覆盖面广、规模庞大、接触方式简单、忠诚度相对较高，而网络视频平台的交互性强、可选择性高、资源更加丰富，因此网络平台与电视平台的联合，使得资源形成优势互补，共同提高了电视剧的社会影响力与传播力。网络与传统电视同步播出，形成叠加效应；网络抢先播，积聚网络影响力，可以为电视播出提前预热；多平台播出打造立体化传播攻势，延长电视剧的传播生命力。比如搜狐视频热门IP网剧《他来了，请闭眼》成功“反向输出”到东方卫视；《古剑奇谭》网络播放量逼近100亿次，刷新了电视剧的播放量级。

互联网改变了电视剧行业，电视剧行业在版权获取、选题制作、营销发行、多屏播出、衍生品开发等方面要融入互联网思维，加强产业链的重构，借助互联网平台、技术与载体，达到一次生产、多屏播出、多元盈利的效果。

（原载《新闻知识》2016年第11期，作者刘祥平和肖叶飞）

"互联网+"语境下出版产业的商业模式与发展策略

根据中国互联网络信息中心的第37次调查，截至2016年1月，中国网民规模达6.88亿，其中手机网民规模达6.2亿，网民的平均周上网时长约26小时，手机阅读、网络文学、在线教育等成为重要的互联网应用。随着互联网的快速发展，传统出版所依赖的纸质介质、发行渠道被互联网解构，这就需要对传统出版的生产流程与传播渠道等进行改造，发挥互联网在生产要素配置中的优化和集成作用，把互联网思维应用到创作、生产、传播和营销过程中，实现"互联网+"时代的战略转型升级。

一、互联网与出版产业价值链的融合

移动终端的普及，读者对数字阅读的认可与依赖，都对纸质图书出版形成威胁。传统出版要将互联网的思维、理念融合到出版产业链，从投资融资、选题策划、生产创作到发行营销，发挥互联网在出版产业价值创造中的作用。

（一）互联网在出版融资方面的应用：众筹出版

在融资领域，互联网为传媒产业带来新的融资渠道。众筹作为互联网新型股权投资形式，指人们利用互联网平台开展公众募资活动。最近几年，众筹为电影与电视剧行业带来了极具活力的投资模式，例如，百度的"百发有戏"、阿里巴巴的"娱乐宝"，普通网民出资100元即可参与投资电影或电视剧项目。

众筹出版是出版产业利用互联网融资的重要手段，是出版项目发起人通过众筹平台，向互联网用户筹集资金，并根据出资额度在经济或文化方面给予回报的一种出版模式。众筹出版本质是利用社交网络进行出版融资的行为，即通过社交平台，让粉丝赞助出版经费，让一些有市场前景的出版项目得以顺利出版发行的过程，是对出版过程中"出版角色关系的重塑"①。众筹出版将出版项目所需要的资金、读者与营销有机地结合起来，统筹了需求测试、营销推广、社交互动、资源整合等因素，对出版项目起到"孵化器"的作用。众筹出版按其回报方式分为股权众筹、债券众筹、回报众筹、捐赠众筹等不同类型。

我国具备较高知名度与融资能力的出版众筹平台有众筹网、京东众筹、淘宝众筹、追梦网等。现在大部分众筹项目主要是大牌作者以及社交媒体上拥有众多粉丝的出版项目，如募得36万元的网游小说《全职高手》、募得22万元的漫画绘本《咦，被发现了呢》、京东众筹首发的《周鸿祎自述：我的互联网方法论》等②。但是，众筹出版在法律环境、盈利模式与平台建设等方面存在一些问题。

（二）互联网在出版选题策划方面的应用：大数据分析与定制化服务

在大数据时代，编辑依据个人经验决定出版物的选题策划缺乏精准性和针对性。出版商利用大数据挖掘技术，根据用户、产品、阅读行为、消费特征等海量数据，通过大数据分析判断读者的消费习惯和阅读品位。出版机构要建立客户服务数据库，主动策划，针对不同的用户，进行个性化、定制化服务，提供不同的阅读产品及服务，还可以主动进行推送服务，直击用户的消费点。

国外一些出版社根据Facebook、Twitter等社交媒体的网站数据信息以及热点词汇与话题确定选题，策划出来的出版项目往往受到市场热捧。一些出版社将作者的作品通过网络向公众发布，选题是否立项由网络公众投票的方式决定，并根据读者评价对作品的内容与框架进行修改。如亚马孙的众包出版平台Kindle Scout（金读侦察）项目，其将书稿发布于平台上供读者评论，若获得读者的认可，则Kindle Press（金读出版）予以出版，并与作者签约，预付实体书版税，还可能开发电子书、有声书形式，为作者带来更多版税③。

---

① 黄河，刘琳琳：《出版众筹运作方式及发展路径》，《中国出版》2014年第20期。

② 徐琦，杨丽萍：《大数据解读国内众筹出版的现状与问题》，《科技与出版》2014年第11期。

③ 任健，郭杨潇：《互联网出版的三种新业态》，《重庆社会科学》2015年第10期。

（三）互联网在出版创作生产方面的应用：众包出版与淘众式出版

在互联网语境下出版产业要全新定位出版商、编辑、作者和读者关系，实现从作品到产品、从读者到用户的转变，通过数据挖掘捕捉用户兴趣，满足用户需求。在出版领域，出版商要根据用户的浏览记录、阅读习惯，结合受众阅读兴趣进行出版创作，提升用户体验。

众包出版是互联网应用于出版创作领域的新业态。众包模式下，作者自主选择加入写作或其他的创意，以提供的创意被认可和任务完成而获得满足感，这改变了读者只能被动接受的不平等传播状态。例如，"起点中文网"的一些连载文学作品，会发起投票或根据读者留言来撰写后续故事的情节和人物的命运。众包出版还可以将生产创作任务交给非特定的受众，聚合社会力量完成内容的生产任务，缓解出版社的人力资源和创意资源的压力。由中信出版社出版的《史蒂夫·乔布斯传》中文版就采取众包翻译模式，成为众包出版的典型案例。

淘众式出版指专业出版机构对知识型网络社区生产的碎片化内容资源进行筛选、提炼、编辑与审校，最终将其高质量的内容制作成出版物的新兴互联网出版模式。它是互联网思维与出版创作相结合的新业态，是社会化内容生产的知识型网络社区与专业出版的编辑知识技能的有机融合。一方面是对网络社区知识资源的再开发与再利用，另一方面是传统出版社出版适合读者需求的出版物。例如，由知乎网与中信出版社强强联手出版的《创业时，我们在知乎聊什么?》，由500万知乎用户精挑细选出近百篇知乎上的创业问答，分享创业路上的荣耀与隐忧。

（四）互联网在出版营销方面的应用：社交媒体营销

微博、社区、微信等新兴平台，已成为出版机构必不可少的营销手段与渠道。微博让书业信息传播及时而针对性强，可在第一时间发布新书消息。出版商借助微博的号召力、粉丝的忠诚度，说书、评书、聊书、荐书，通过转发、评论扩大图书传播影响力，进而带动图书销售量。

微信作为时下最热门的社交信息平台，已成为重要的营销渠道。一些出版社与出版营销人员开通了个性化微信进行图书宣传，以公众号社群将意见领袖、用户、参与者高度黏合，围绕目标读者进行图书的开发、推广、销售。

社区已是出版人、读书人、写书人和爱书人聚集的网上俱乐部。例如，天涯社区、新浪社区和豆瓣等，由于它针对性强，互动性好，可以针对新书在论坛中自由发帖，制造话题，引起关注。

社群是基于共同价值观和兴趣而形成的圈子。在微信等自媒体平台兴起后，以亲子阅读和教育为主题的社群迅速崛起，围绕社群进行图书的营销，并衍生到线下或线上的培训、各种亲子活动，社群营销全线贯通了产品、渠道和终端。2015年，具有自媒体联盟属性的妈妈社群电商“大V店”，累计上架图书2 100多种，他们采取“电商＋社群”的方式，图书销售额超过一亿元。知名互联网知识社群“罗辑思维”通过微信渠道，独家在售图书60余种，年销售码洋也超过了亿元。

二、出版产业“互联网+”的商业模式

商业模式是传统出版“互联网+”战略的核心，是传统出版凭借内容资源实现赢利的重要途径，也是出版企业是否能够实现“互联网+”战略、培育新的经济增长点的关键。“互联网+”语境下出版产业有如下几种商业模式：

1. 网络付费模式。付费模式需要具有独特价值的内容来吸引读者，提供的信息具有权威性与不可替代性，从而圈定忠实的受众。这种模式的代表是中国学术期刊网及施普林格等各种数据库出版物，其读者对象往往是教育、科技、商业、政府部门的专业人士。此模式通常将文件制作成PDF、CAJ等格式，需要付费才能下载阅读。一些电子图书、电子报纸、电子杂志也需要付费阅读。例如，新闻集团旗下报纸先后宣称都将设立“付费墙”，包括《泰晤士报》《华尔街日报》《世界新闻》《星期日泰晤士报》等对在线内容实行付费阅读[①]。

2. 电商模式。传统出版凭借自己庞大的受众资源、应用平台和数据库资源，通过用户转换，实现电商化的盈利模式。以亚马孙、当当网、卓越网等为代表的网上书店，读者可以根据自己需求，或付费下载电子版，或购买纸质版。数字出版物通过网上书店进行网络直销，此模式适合于同时具有纸质版和数字版的出版物。2015年，我国的电子图书、电子期刊与数字报纸的销售收入近百亿元。近年来，我国传统报纸也在加强电子商务的业务，《新京报》《京华时报》等与阿里巴巴推出“码上淘”业务，让读者通过扫描报纸上的二维码来购买商品，《钱江晚报》推出“钱报有礼”电商网站，《温州日报》运行电商平台“温都猫”。

① 肖叶飞，王业明：《数字出版的商业模式与产业链重构》，《编辑之友》2011年第7期。

3.“免费内容+广告”模式。该模式的思路是通过用户的免费阅读与使用，获得很高的点击率，从而获得广告收入，其中的代表形式是博客出版以及网络上大量的免费电子图书。报纸发行方面，《今日美国》《纽约时报》等报纸的数字版发行量都大于纸质版，以数字版内容吸引受众的注意力，促进广告创收。一些报纸停止发行印刷版，通过数字内容换取广告收入，如2012年美国著名的《新闻周刊》停止发行纸质版杂志，《新闻周刊》成为全数字版刊物。

4.移动收费模式。移动收费就是通过为受众提供移动终端的产品与服务收取费用，包括四种类型：一是直接收费，知网、万方、维普、龙源等需要付费下载；二是手机服务收费，如手机铃声、手机报、手机小说以及手机游戏，利润提成由网络运营商、技术提供商与出版商共同商定；三是专门的读书频道和一些原创文学网站的残缺吸引的收费模式，如起点中文网、腾讯的读书频道等。以起点中文网为例，对网上作品采取前半部分免费、后半部分收费的形式。国外中小型报纸免费开放绝大部分内容，对于最有竞争力的独家内容则收费。四是电子书网站的收费，对付费阅读的图书，在前半部分试读之后，是否付费继续阅读全文，由读者自行决定①。

5.O2O（Online To Offline）模式。这种模式就是线上交易与线下体验消费相结合的商业模式，包括两种情况：一是线下到线上，用户通过线下实体店体验并选好商品，然后通过网上下单来购买商品；二是线上到线下，用户在网上预订或购买服务，再到线下实体店购买服务。例如，天舟文化投资北京决胜网教育科技，决胜网是基于O2O的泛教育产品导购平台，拥有20多万入驻商家，1 000万以上的注册用户，覆盖3至22岁年龄段的学生及其家长与老师，包括早教、K12教育、非K12教育、职业教育全产业链，打造全国性教育线上线下资源互动（O2O）平台。随着大规模在线开放课程的建设，“爱课程网”的“中国大学MOOC（Massive Open Online Courses，大型开放式网络课程，简称“慕课”）”、清华大学“学堂在线”、上海交通大学“好大学在线”以及多个高校、互联网企业开发的各种类型大规模在线开放课程平台纷纷上线，带动在线教育的发展。

三、出版产业“互联网+”的发展策略

传统出版“互联网+”发展策略，就是要利用大数据、云计算等新技术与

① 王冰：《移动互联背景下数字出版的商业模式分析》，《出版广角》2015年第9期。

新平台，发挥传统出版的内容优势，借助互联网的介质、渠道、平台、终端等资源，实现传统出版的转型升级。

(一)“互联网+平台”的发展策略

传统出版的介质、平台、终端等都有先天的局限性，需要将优质内容与互联网平台相结合，特别是要借助客户端平台、电商平台、微信社交平台，促进出版产业整体转型升级。例如，中文传媒借助互联网平台，布局互联网新业态，加快推进“中国好课堂”在线教育项目，在互联网文化娱乐、教育培训领域加快并购重组，不断拓展和延伸产业链。时代出版与深圳天源迪科签署战略协议，共同合作开发大数据挖掘、语义分析、搜索优化等技术，在数字出版、移动互联业务运营、增值电信业务的市场推广及其他领域展开合作，增强公司在新媒体领域的竞争力。

中南传媒与中广传播开展战略合作，创新教学平台及电子书包应用系统业务合作，积极开展“睛彩中南空中教学项目”。凤凰传媒基础教育出版拟建设包括基础内容、网络平台和电子书包在内的基础教育数字化项目，将建成教育数字化平台。新华传媒以手持移动阅读终端作为切入点，投资数字发行平台暨阅读器项目，通过整合阅读资源，开发衍生产品，逐步完善基于数字出版内容运营平台体系。

(二)“互联网+终端”的发展策略

在互联网时代，用户更多利用碎片化的时间通过手机或者平板电脑阅读。传统出版充分借助新技术构建内容传播平台，构筑实体端、移动端、PC端、Pad端、电子书相互转换、相互补充、协同创新的多元化终端，构建线上线下一体化发展的内容传播体系，打造具有自主知识产权的手机APP和应用商店模式，方便用户的购买、阅读和分享，不断扩大内容传播力，形成了“一种内容、多种媒体、多重终端”的全媒体出版。

时代出版与浙江移动共同开发手机阅读业务，双方以时代出版提供的作品在手机阅读平台上产生的信息费为基础进行结算，收益双方分成。华闻传媒积极布局新媒体业务，2015年募集资金总额不超过39亿元用于移动视频项目、互联网电视项目及影视剧生产和采购项目。中文在线是一家从事网络文学与数字出版的上市公司，对来源于版权机构、作家的正版数字内容，网站进行内容的聚合和管理，面向互联网、手机、手持智能终端等新兴媒体提供阅读产品，通过版权衍生产品开发等方式提供数字内容增值业务。

（三）“互联网+版权”的发展策略

传统出版要变内容产品为知识产权，依托“内容+版权”模式，建立IP法律化、市场化运行机制，从而拓展产业发展空间，延伸产业链。拥有丰富版权资源的出版商利用线下资源与线上业务的高效对接，发展移动阅读、在线教育、O2O书店、新媒体等新业务，发挥内容资源的增值效应，创造新型利润增长点。

广西人民出版社在出版社原有网站的基础上，打造出一个全新的以“爱情”为主题，集内容版权收集、图书推介、在线阅读、版权经营于一体的原创文学网站——麦林文学网。该文学网站运营以后，成为版权生产基地，源源不断地提供版权。广西人民出版社则经营这些版权，转授给影视动漫机构、手机运营商、手持电子阅读器制造商等战略合作方，成为版权代理基地。《如果可以这样爱》《爱·盛开》等10多部小说因此售出了影视版权。

中文在线完善网络文学IP全产业链布局，自有的原创文学网站“17K小说网”“四月天小说网”，建立了稳定的数字内容获取渠道，打通了图书、影视、游戏等多种传播渠道的文化传播产业链，加强了公司核心竞争力和可持续发展能力。中文在线还与荣信达就网络文学IP的开发、制作、发行和投资等方面进行多种形式的合作，构建起了贯穿数字内容生产、加工、运营、发布、使用等数字出版的全产业链，形成了覆盖全媒体出版业务的体系。

（四）“互联网+国际化”的发展策略

“走出去”是传统出版的重要发展战略，也是传播中国文化、维护中国形象的重要途径。近年来，许多出版上市公司通过版权贸易、并购与重组等资本运营方式实现国际化战略。

例如，凤凰传媒子公司凤凰教育收购美国童书生产商Publications International（简称“PIL”，出版国际有限公司）、JRS Distribution（简称“JRS”，JRS分销公司）100%的股权，这两家公司是世界领先的童书生产商，主要从事以童书出版（内容创意）和电子有声读物设计开发为主的儿童产品的设计、生产和销售。中文传媒以总价26.6亿元并购北京智明星通科技有限公司，智明星通是一家国际化的互联网综合平台企业，着力打造面向海外市场的“流量入口—发行平台—游戏与应用产品”的互联网产品生态系统。皖新传媒拟以增资方式获得中国外文局旗下新世界出版社34%股权，拟携手国图公司共同收购法国凤凰书店，把凤凰书店打造成中国在海外的外宣窗口和交流平台，并探索开启海外文化基地和文化宣传站点可持续盈利的新模式。

（原载《中国出版》2016年第20期，
原题为《互联网思维下出版产业商业模式研究》）

"互联网+"时代美国报业跨平台运营的内容策略与商业模式

随着新媒体的冲击、金融危机以及青年读者的大量减少，美国报纸的广告收入下降速度惊人。2014年，报业全行业广告收入下跌4%，仅为199亿美元，不足10年前的一半。其中印刷版广告收入降低了4%，降至164亿美元。美国报业公司的收入组成包括广告、发行和其他收入，其中广告收入占57%，发行收入占36%，其他收入占6%。广告收入的下滑在类别上差别不大，其中零售广告下滑5%，全国广告下滑6%，分类广告下滑5%。2015年，日报发行量遭遇了2008年经济危机以来最惨重的下跌。日报平均发行量下跌7%，纸质报纸平均发行量下跌9%，数字内容平均发行量增长2%。同时，星期天版报纸平均发行量下跌4%，纸质版下跌5%，数字内容增长4%。无论是日报还是星期天版，报纸的总发行量都维持了2014年以来萎靡不振的状态。

随着手提电脑、智能手机与iPad平板电脑等多媒体平台的日益普及，美国报业在探索新的内容策略和商业模式，通过新闻产品的数字化、互动化和社区化来盈利，阻止不断恶化的财务状况。

一、美国报业的经营现状

美国报业广告收入连续五年下滑，也是连续20个季度下滑，虽然在线广告收入不断增长，但是仍然没有抵消纸质版广告收入下降的损失，而且美国报纸广告收入下降的趋势并没有出现停止的势头。特别是2012年，包括广播电视在内的其他媒体因为汽车、金融和消费等产品广告的反弹，广告收入有所上涨，而美国报业广告仍处于暴跌的状态，2012年上半年报纸印刷版广告收入减少了8亿美元，同比下降7.7%，而报纸在线广告收入仅仅增长3 200万美元，同比上涨2%，减少量与增加量的对比是25∶1。发行量方面，据美国报业协会统计，截至2012年9月30日，611种工作日日报的在线和纸质版的发行量下降了0.3%，529种周日报发行量同比则上涨0.6%，说明报纸多平台的发行量比较稳定，关键是如何把多平台阅读转化为盈利模式。

二、美国报纸受众的跨平台使用情况

随着三网融合的发展，通过多平台浏览新闻成为获取新闻的主要方式，报纸多平台读者的构成、阅读偏好、使用情况如何，成为美国报业下一步制定内容策略和商业模式的基础。2012年美国报业协会分9个焦点小组对美国几个城市进行了跨平台使用报纸的调查，主要是调查美国报纸读者通过纸媒、笔记本电脑、智能手机和iPad平板电脑等四个平台阅读报纸的情况，受访者平均具有1.8个平台，54%的受访者称自己超过2个平台。

通过多平台阅读报纸已经很普遍了，报纸作为内容提供商有需求和消费市场，关键就是怎样通过平台来收费，建立商业模式。调查显示，在四种平台当中，80%的读者仍然使用纸质版，67%的读者使用数字版，例如，过去一周接触报纸的受众中，80%通过纸质版、60%通过电脑、26%通过智能手机、12%通过平板电脑等阅读报纸。受访者当中，4%的人通过四种平台阅读、17%的人通过三种平台阅读，33%的人通过两种平台阅读，46%的人通过一种平台阅读，其中男人在智能手机和电脑方面阅读报纸方面领先于女人①。

报纸为什么获得大家的青睐？据美国报业协会的问卷调查，60%的人认为报纸提供了大量的当地新闻，48%的人认为喜欢报纸的深度和细节，38%的人认为报纸的新闻可靠，还有部分受众认为喜欢读报的惬意的方式。通过手机或互联网阅读报纸的受众认为，这种方式更加方便快捷，可以在等待甚至工作的时候阅读新闻，可以跟别人分享新闻，以及进一步搜索新闻，可以从各种角度看一条新闻。阅读纸质版的读者更喜欢当地的新闻与长文章，以及当地的通告和优惠券，而通过智能手机和平板电脑阅读的读者更喜欢爆炸性的新闻、短一

① http://www.naa.org/Topics-and-Tools/Miscellaneous/Research/2012/Newspaper-Multiplatform-Usage.aspx.

点的文章以及相关视频等，其中苹果公司的在线报纸更加具有吸引力、下载更快和更具有观赏性。这些数据说明，报纸的公信力、深度和聚合功能是受众喜欢报纸的理由，也是报纸的核心竞争力。

三、美国报业跨平台的内容策略

美国报纸的忠实读者并没有减少，而是转移了平台。纸媒仍是部分受众的阅读市场，是多元化终端之一。或许随着纸质版发行量的继续减少，纸质版将成为经济学当中的长尾。在多平台的背景下，报纸作为信息提供商，要对信息进行深加工，提供多媒体形态的信息，例如数字报、电子报、手机报、iPad版报纸，报纸不仅包括文本和图片形式，而且要增加视音频和动漫等多媒体形式，使受众随时随地获取多媒体信息。

通过多平台进行内容营销是报纸的生存法则。例如，英国《金融时报》和美国《华尔街日报》为了方便受众阅读，降低购买成本，推出三种销售模式，即单一纸质媒体订阅式、“纸质版+数字版”模式、全数字版模式（通过手提电脑、台式电脑、平板电脑和智能手机阅读）等，用户在网上付费以后，还可以在安卓（Android）手机、iPad和Kindle（金读）平台上阅读。2010年美国新闻集团专门为iPad发布了电子版报纸《日报》，通过苹果网络商店出售，订阅价为每周99美分。

通过社交网站进行内容营销。引入社交媒体或者社交元素是美国报纸采取的内容策略，例如几百家报纸都开通了推特账户，甚至设置不同的账户，实现精确的信息投放。Facebook（脸书）在美国有1.4亿活跃用户，占美国人口一半以上，而Twitter（推特）也有3 000万以上的活跃用户，报纸通过社交网站研究网络受众的年龄结构和特点，开发丰富多彩的新闻，让受众得到更好的用户体验，可以在线或离线体验报纸的内容，提高内容的用户黏性和经济价值，对社交媒体的介入有利于培养潜在的读者、拓展新闻营销、重构新闻采集生产的流程等。

根据不同的平台呈现不同的数字化的内容，例如通过网站新闻发布、社交网站传播、RSS（Really Simple Syndication，简易信息聚合）订阅、手机阅读和电子邮件寄送等方式营销。在台式电脑上，由于大屏幕和多功能，重大新闻基本是以专题报道的形式呈现，还有大量的背景资料和统计数据，甚至配发照片、音频和视频等，加上深度评论，利用多种元素整合新闻内容。而在平板电脑上，例如，新闻集团的日报提供海量信息，不堆砌内容，内容层次分明，操作说明简单，页面顶部是滑动条引导浏览，还增加了许多功能，信息好友分享、播放视频、语音读报、玩各种游戏等。美国50%的报纸都增加了iPad的应用程序，试图通过新技术增加互动功能、搜索功能、定制功能等。

四、美国报业跨平台的商业模式

美国报纸的忠实读者并没有减少，其原因是通过跨平台读报。例如，2012年上半年，美国报纸发行量止住下跌趋势，《纽约时报》包括数字订阅在内，发行量一年内增加了73%，其中数字订阅80万，纸报订阅78万，美国报业基本建立付费订阅、广告和电子商务等商业模式，让网络消费者或者网络新闻聚合器阅读的人付费。

付费订阅模式。对网络版付费是报纸解决纸质版发行量下降、广告减少和成本上升的重要手段。据美国的发行审计局统计，2012年付费报纸数字版总数增加了15%，美国有300多家报纸对数字版本进行收费。例如，甘尼特报业集团80家报纸有70家对数字版进行收费，麦克拉奇集团旗下的30多家报纸也开始对网络版进行收费，《华尔街日报》数字版订户54万，订阅费占营业收入的22%，《洛杉矶时报》也开始对网站的完全阅读权限收费。

对于苹果公司这样拥有海量用户的终端商来说，如何跟报纸分成确实是一个难题。苹果公司iTunes（苹果商店）商店的注册用户多达1.6亿，苹果建立了一键订阅功能，方便受众订阅报纸。苹果还可以采取不同的订阅方式，例如长期订阅、按周付费、特版购买等，但是要收取高达30%的费用，并掌握了核心客户资源，这让报纸非常苦恼。苹果的竞争对手谷歌则推出了One Pass（一次通过）数字内容网上支付系统，该系统销售内容，只需付给谷歌销售收入的10%，让报纸具有定价权，并获取用户的数据，用户可以使用一个账户在多个终端上购买多个内容提供商的内容。

广告模式。为了吸取早期报纸免费给网站提供新闻的教训，报纸开始在数字版上嵌入广告，广告的形式多种多样，有插入广告、页面底部弹出广告以及整页广告，广告的形态包括文字、音视频等。在线报纸的读者教育文化程度高，消费潜力大，报纸需要根据不同的受众进行跨平台的精确广告营销。

电子商务模式。美联社联合100多家报纸和20多家零售商提供电子优惠券服务，嵌入多平台报纸阅读当中，消费者可以获取附近商家的优惠信息，而零售商则推送附近商店的特价信息。报纸与零售商的合作是为了各自在激烈的市场竞争中脱颖而出，便利店、药店、大型购物商城、酒店和杂货店等非传统的零售终端都积极介入这种合作，这种合作确实提高了报纸的销量。

总之，在“互联网+”的时代，受众通过多平台阅读报纸成为趋势，数字化转型能否成功，在于报纸能否通过多平台营销内容以及建立商业模式，而有两点对于美国报业来说不容乐观。原因有二：一是“内容为王”还是“渠道为王”；报纸的未来会不会掌握在苹果、谷歌等技术公司手上，报纸只能获取一杯羹。二是数字版受众最终会不会取消纸质版报纸的订阅，最终使报纸的数字化转型成为纸质版报纸自掘坟墓？

（原载《青年记者》2013年第2期，
原题为《美报业跨平台运营内容策略与商业模式》，作者为李娟和肖叶飞）

第三编

三网融合

DI SAN BIAN

SAN WANG RONGHE

媒介融合的技术基础是三网融合，三网融合使电信与广电在技术、市场、业务等多个层面出现交叉与融合，电视、手机和电脑“三屏合一”，都具有音视频、数据传输、通信、互联网功能。“三网融合”包括《三网融合产业链重构与整合》《三网融合时代有线电视网络的竞争格局与运营战略》《三网融合时代美国有线电视产业的运营与监管》《视听新媒体时代有线电视产业链与竞争格局分析》四篇文章，论述了三网融合对有线电视、视听新媒体的影响以及美国对三网融合的政策规制与运营监管。

在网络竞争方面，有线电视、各种固网与移动网络运营商共同构成寡头竞争局面，有线电视与三大电信运营商是数字电视、IPTV以及互联网电视的网络运营主体，中国电信、中国移动、中国联通等是手机电视、Pad、PC等各种移动智能视频终端的网络运营主体，中广传播以及各种广电机构是移动多媒体广播电视和公共视听新媒体的网络运营主体。在视听新媒体方面，网络视频、IPTV、互联网电视、手机电视、移动多媒体广播电视等各类以互联网为核心的视听新形态，形成了传统广播电视与视听新媒体交叉融合、互补替代的竞争格局。

美国1996年颁布了电信法，允许长话公司、本地电话公司和有线电视公司双向进入、互联互通，从此美国电信产业、有线电视产业、直播卫星产业、无线广播电视产业形成了有效竞争的市场结构，特别是电信产业和有线电视产业相互并购与重组，形成跨媒体公司，在数字化视频、互联网接入、网络电话、视频点播、高清电视等方面提供“一揽子服务”，形成了寡头垄断的市场结构。

三网融合产业链重构与整合

产业链理论是从哈佛管理学院的迈克尔·波特教授的“价值链理论”延伸出来的。产业链是指在一定地域范围内，同一产业部门或不同产业部门某一行业中具有竞争力的企业，以产品为纽带按照一定的逻辑关系和时空关系，形成的具有价值增值功能的链网式企业战略联盟。产业链是产业层次的表达，同时也是产业关联的表达，关联度越高，资源配置的效率越高。产业链中的企业不是一般的市场交易关系，而是长期的战略联盟关系，是从战略供货到核心战略领域的全方位的合作，是一种利益共享、风险共担的新型合作关系。产业链之间能否长期运行并不断壮大，关键取决于合作企业之间的竞争定价机制、利益协调机制和沟通信任机制[①]。

一、三网融合产业链重构

产业链是产业价值实现和增值的根本途径，体现了产业价值的分割。随着产业链的发展，产业价值在不同部门的分割转向在不同产业链之间的分割。产业链的价值创造的内在要求是生产效率大于内部企业生产效率之和，协作乘数效应，同时，交易成本小于内部企业之间的交易成本之和（分工的网络效

① 蒋国俊，蒋明新：《产业链理论及其稳定机制研究》，《重庆大学学报（社会科学版）》2004年第1期。

应）[1]。三网融合产业链由设备制造、内容制作、内容集成、网络运营和用户等节点组成，形成相互依存的分工合作关系，各个环节承担不同的价值创造职能，形成以价值增值为基础的关联企业组成的企业联盟。产业链形成的内部动力因素是降低交易费用、风险规避、创造和利用社会资本，外部动力因素是区位优势、技术进步和政府产业政策[2]。

（一）三网融合产业链重构

对于电信与广电产业来说，三网融合之前是处于产业分立的状况，通过不同的网络提供差异化的服务，形成各自的完整的产业链，产业进入壁垒森严。三网融合使产业链出现了裂变和分化，每一个节点从垄断的格局向寡头垄断或自由竞争的格局转变。三网融合表现为技术上趋向一致：网络层上可以实现互联互通，形成无缝覆盖；业务层上互相渗透和交叉；应用层上趋向使用统一的IP协议，在经营上互相竞争、互相合作。三网融合使电信与广电在技术、市场、业务等多个层面出现交叉与融合。三大网络通过技术改造，能够提供包括语音、数据、图像、视频等综合多媒体业务，使原本单一线性的产业链变成相互依存、优势互补和资源整合的立体产业链。具体来说，三网融合以后，一网传播转变为全网传播，促使电视、手机和电脑“三屏合一”，都具有视音频、数据传输、通信、互联网功能，致使产业链分工呈现复杂化和多元化的趋势，产业链从单兵作战的运作方式向合作共赢的方式转化，三网融合的产业链（见图1）[3]，将降低信息流动和运行交易成本，促进产业形态的创新，最终促进文化产业和信息产业的发展。三网融合消除垄断，带来全方位、全业务的竞争，是对市场结构的最重要的影响。竞争将改变垄断的思维定式、服务意识，提高垄断的低效率，降低垄断的高成本，这种竞争带来的改进称为竞争效应[4]。

---

① 吴金明，邵昶：《产业链形成机制研究》，《中国工业经济》2006年第4期。

② 游振华，李艳军：《产业链概念及其形成动力因素浅析》，《华东经济管理》2011年第1期。

③ 曾剑秋：《网和天下——三网融合理论、实验与信息安全》，北京邮电大学出版社2010年版，第125页。

④ 刘颖悟：《三网融合与政府规制》，中国经济出版社2005年版，第90页。

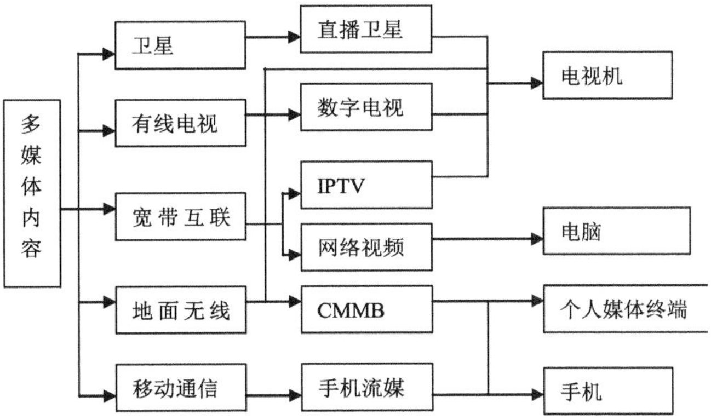

图1　三网融合产业链分工

(二)三网融合电信产业链重构

电信产业链是以电信运营商为核心，由网络设备商、网络运营商、内容服务提供商、系统集成商、终端生产商、软件开发商、用户等上中下游多个节点共同组成的企业同盟，每个节点紧密联系，互相作用，创造出协同效应。三网融合之前，传统的电信产业链比较简单，“网络设备提供商—电信运营商—用户”，主要的业务是语音和网络接入。随着信息技术的发展，电信产业链进一步拓展和延伸，从基础电信业务向综合数据业务发展，提供多媒体综合信息服务。新的产业链以网络运营商为核心，是一个开放的产业链。具体来说，首先，电信运营商可以利用自己良好的网络设备和市场服务经验，使用本地宽带专网传输播放广电提供的IPTV内容，这打破了过去封闭的广电有线电视的播放传输系统，必将提高资源利用率，增加资产收益，同时对有线电视运营商的利益形成巨大冲击。其次，电信运营商可以从事除时政类节目之外的广播电视节目生产制作、互联网视听节目信号传输、转播时政类新闻视听节目服务、除广播电台电视台形态以外的公共互联网音视频节目服务、手机电视分发服务等。也就是说，电信运营商可以设置节目制作部门或者独立子公司进军广电领域，或与此类节目制作公司合作，进军广电业务。不过电信的原有业务也面临着广电的竞争，例如宽带业务、语音业务等，但IPTV和手机电视的内容集成和监控由广电媒体负责。总之，三网融合以后的电信运营商可以使用捆绑业务（如宽带、固话、IPTV、手机电视、增值服务等）来拓展用户（见图2）。

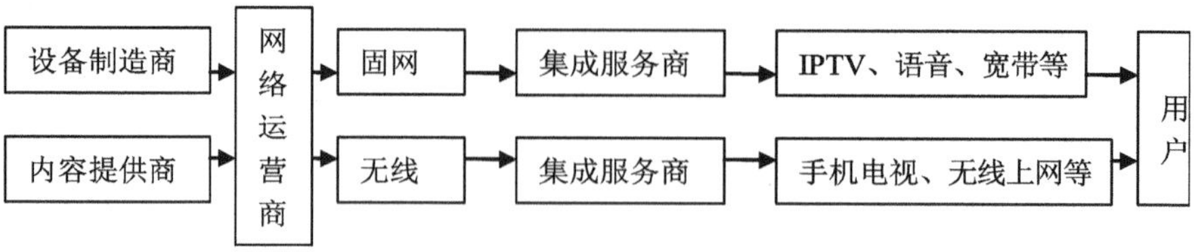

图2　三网融合电信产业链

(三)三网融合广电产业链重构

三网融合之前，广电的产业链是单向线性的结构，产业链由节目策划、制作、播出、传输和接收等节点构成，三网融合以后，如图3所示，节目的制作和网络传输引入竞争。在内容制作方面，在制播分离的背景下，电信运营商和社会制作机构将进入非时政新闻类节目的内容制作领域，内容竞争将更加激烈。网络传输方面，电信运营商可以传输IPTV等视频业务，而且电信运营商是互联互通的全程全网，即业务在发起端通过终端设备、传输链路、交换设备以及相应的信令系统、通信协议和运行支撑系统的共同协作，到达接收端，实行全程全网。但是，广电网络的分散性与语音业务和数据业务的跨越时空的特点相冲突，因此广电网络下一步要加快数字化和双向化改造，加快省内整合、并购融合和跨省发展，建成覆盖全国3亿家庭、有线无线结合、支持物联网功能和业务的下一代全程全网NGB（Next Generation Broadcasting Network，下一代广播电视网）网络。

三网融合对于广电运营商也有诸多利好，首先，符合条件的广电企业可经营增值电信业务、比照增值电信业务管理的基础电信业务、基于有线电视网络提供的互联网接入业务、互联网数据传送增值业务、国内IP电话业务等，但有线宽带、VOIP（Voice Over Internet Protocal，即网络电话）、固定IP市网电话等属于电信的红海业务，进入难度很大。其次，从国家信息安全的战略考虑，国家把IPTV、手机电视这两项业务的内容集成、运营管理和播放控制全交给了广电，使其建立可管可控的内容平台，这些成为广电的战略资源。目前广电部门已经在编制规范和目录，包括EPG（Electronic Progaram Guide，电子节目导航）、用户端、计费、版权等管理，例如IPTV平台将分为两级架构，央视的中国网络电视台（CNTV）组织建设中央总平台，而央视与地方电视台联合建立试点地区分平台。再次，广电运营商可以把握IPTV、数字电视、互动电视和手机电视等核心业务，寻求SP（Serivce Provider，服务提供商）和CP（Content

Provider，内容提供商）开展合作，拓展增值业务，包括视频点播、网上购物、电视游戏、可视电话、电视支付、休闲娱乐、网络交易、电视医疗、信息咨询、实时交通、电子报纸杂志、电视教育、电视会议、电视理财、家庭多媒体管理以及物联网等，使增值服务成为广电新的利润增长点，提升有线运营商的ARPU（Average Revenue Per User，每用户平均收入）值。

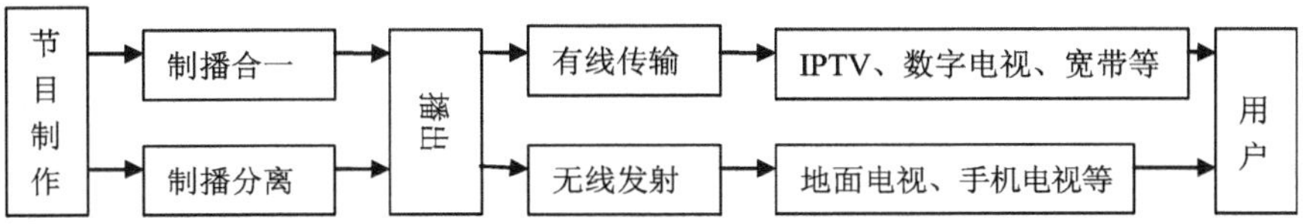

图3　三网融合广电产业链

二、三网融合产业链分析

三网融合以后，从设备制造商、内容与服务提供商、软件与系统集成商、网络运营商以及终端厂商等产业链多个环节深刻变化，电信在传输领域处于优势地位，而广电在内容供给方面处于优势。处于产业链首端的是内容生产商，往往集研发与生产于一身，居于产业链末端的是消费者，最接近终端用户的是网络运营商，而在内容生产与网络运营之间还存在一个产品集成与交易的中介环节，即内容集成商。三网融合产业链的建设比以往任何时候都重要，每一个环节要建立基于规模经济、范围经济和网络经济的可竞争性市场。

(一)内容服务提供商分析

三网融合以后，内容提供商除了将版权出售给传统的广电媒体以外，还将增加到互联网和手机等终端，可以跨屏提供音视频综合服务。分发渠道的增加意味着内容资源的竞争更加激烈，也使内容提供商成为最具有增长性的行业，真正实现“内容为王”。内容服务提供商包括如下几类：第一是内容制作商，涉及广电媒体、传媒娱乐、互联网诸多行业，包含电视台、节目制作公司、各种数据提供商等，电信运营商和广电运营商也会加入除了时政新闻之外的内容生产领域，甚至传统的IT企业、互联网和出版企业也加入其中，形成新的内容产业格局。第二是内容服务分销商，即利用双向互动内容生成平台，经过快速处理、整合、管理、审核和编目等环节，通过内容推送平台向不同区域的运营商推送不同格式内容。比如杭州华数的互动电视内容输出、百事通的双向平台和内容库输出、天威视讯旗下专门经营内容分发的天华世纪传媒、拥有内容库的乐视网等。第三是内容集成商，即通过集成、包装、销售广播电视内容的厂商集合。例如央视网、SMG和华数集团分获首批三张互联网电视牌照，它们既是节目制作商，又是节目集成商，数字广电内容由拥有牌照的广电企业集成后，存放在当地电信运营商的服务器中，由提供集成播控平台的广电企业进行监控管理，通过节目排单、直播或点播内容管理、数据版权管理和计费管理、用户权限等手段完成整个业务链的运营管理。

(二)网络运营商分析

我国三网融合主要是在网络运营商领域引入竞争机制，电信运营商可以运行IPTV业务，而广电运营商可以接入互联网业务，还包括诸多增值业务，打破垄断，形成可竞争性市场，具体来说就是形成“3+1”竞争格局，即三家电信运营商加上广电运营商。相对于电信运营商来说，广电网络市场化程度低，地方割据，目前采取非对称双向进入政策，等广电网双向升级改造以后，逐步对等进入。网络运营商负责网络基础设施的建设和维护，利用各自基础骨干网、宽带接入网、内容分配网等承载网络，在全国范围内建立完整的承载网，能高效承载互联网接入、音视频业务、高速数据接入和话音等三网融合业务，同时可管可控，将三网融合业务传送给用户。

(三)软件提供商和系统集成商分析

三网融合要注重网络安全、信息安全、数字版权保护等，特别是数据、增值业务、节目等内容的发展会带来数据和交换中心的更新换代和升级，需要强化网络建设和内容管理，这些给三网融合的软件系统和系统集成服务业务带来了发展机遇。例如，面向市场、面向客户的广电运营支撑系统是基于下一代业务支撑体系NGB，需要软件提供商的支撑，包括统一的客户管理；渠道协同与统一的客户体验；融合的产品和业务管理，支持个性化；全程全网资源动态管理；对广电业务平台、城域网、接入网的端到端的集中监控、集中管理和集中维护；端到端的运营过程自动化等。系统集成就是通过结构化的综合布线系统和计算机网络技术，将各个分离的设备、功能和信息等集成到相互关联的、统一和协调的系统之中，使资源达到充分共享，实现集中、高效、便利的管理，系统集成应采用功能集成、网络集成、软件界面集成等多种集成技术。例如，广电综合客服系统集成，包括统一客户管理、市场营销管理、统一产品管理、服务开通、计费管理等功能，实现从以产品为中心转向以客户为中心，从向客户提供产品转向提供系统服务和全面解决方案转变。

(四)设备提供商分析

设备提供商可以分为基础网络设备提供商、宽带接入设备提供商、终端设备提供商。首先，三网融合的基础设备前期的投入非常大，特别是广电和电信的数字化和双向化改造的设备投入，实现城镇化光纤到户，提高宽带网络的覆盖范围、业务的承载和支撑能力。基础设备提供商处于三网融合产业链的中上游，主要为运营商提供设备、服务，是三网融合率先受益的行业，例如亨通光电等光纤和光缆制作商等。其次，宽带接入设备提供商需要提供简单、高效、轻松的信息接入方案，包括业务接口、传输接口和管理接口等，以满足终端客户的信息接入需求。再次，三网融合带来了手机、电视和电脑等电子终端功能融合，在智能化、数字化和网络化时代，终端产品的功能将日益强大，除接入互联网以外，可以融合电子商务、音视频通信、家庭娱乐、安全监控等多功能于一体，这些给移动互联网终端和互联网电视终端厂商带来机会。

三、三网融合产业链整合

产业链整合是产业链各环节之间通过某种途径和方式实现协同的过程，一种基于关联的资源共享形式，这种关联包括知识、资金、产品、物联、品牌以及管理关联，以发挥规模经济和范围经济的优势，最终产生和加强市场力量的产业组织结构变化过程。产业链整合理论是建立在分工经济和专业化经济理论、产业组织理论、交易费用理论和企业能力理论基础之上的理论产物。传统的产业组织理论中产业链整合的目的是建立进入壁垒，维持垄断利润；交易费用理论认为产业链整合是为了占有专用准租；企业能力理论的可持续竞争优势是为了获得理查德租金或垄断利润。

对于新产业链整合理论而言，演化视角、知识基础观、顾客价值导向是基本的逻辑起点[①]。在三网融合时代，现代企业的竞争已经超出了单个企业的能力和资源范围，竞争范围从单个企业竞争扩展到产业链之间的竞争。竞争的优势来源于产业链整合，具体包括三种形式：首先是通过战略联盟，实现产业链纵向一体化，它往往通过价格和客户知识的共享，实现价格策略和市场细分的

① 芮明杰，刘明宇：《产业链整合理论述评》，《产业经济研究》2006年第3期。

协调。其次是通过供应链管理，共享客户信息，实现整个产业链的快速响应和准确服务。最后是企业的合并、合资、重组等整合产业链。三网融合产业链要加强横向、纵向和多元整合，但要防止不正当竞争和价格串谋，损害消费者福利。

（一）产业链横向整合

产业链横向整合主要是指某一产业内的企业对同行业内的企业建立战略联盟或进行收购兼并行为，目的在于提升企业规模竞争优势，扩大市场占有份额，提高市场控制力，避免同质化竞争，获取高额利润。三网融合产业链横向整合的目的是资源共享、渠道互补、风险分散、培育市场，横向整合包括内容提供商的整合、网络运营商的整合、集成服务商的整合等。首先，内容提供商要加强整合，三网融合促使三屏合一，使内容可以发挥多次利用不断增值的效果，如东方传媒对旗下的新媒体进行横向整合，将经营IPTV业务的百视通公司、经营手机电视的东方龙新媒体公司和经营网络电视的东方宽频公司打包，形成了新百视通公司“三屏融合”的业务布局，使得百视通公司率先实现了多屏融合，尝试多平台合作。其次，网络运营商也要展开横向整合，既有内部网络的横向整合，如广电行业的省内网络整合和跨省的整合，形成全国规模的一张网，也包括不同网络运营商的横向整合，实现优势互补、资源整合，最终达到合作共赢。如湖南广电与湖南移动签订了战略合作协议，双方在手机电视业务、网络资源、有线电视、网络电视、业务拓展等方面开展全方位合作。再次，内容集成方面的横向整合。例如，全国12个三网融合试点地区IPTV集成播控平台，由中国网络电视台CNTV会同地方电视台两级对接，分级运营管理IPTV集成播控总平台与分平台，这就需要不同级别的内容提供商和集成商的横向整合。

（二）产业链纵向整合

亚当·斯密在《国富论》中论述了分工是提高生产效率的重要因素，但是也应该看到分工企业之间要不断加强联系，生产效率要求增强企业之间的协同，加强知识共享、信息共享和技术共享。产业链纵向整合是指基于产业链进行的并购重组或战略同盟，按照价值链的上下游顺序，向上扩展到内容和原材料供给，向下扩展到终端用户的价值链的整合，通过合作优势，实现对价值链优势资源的利用，减少交易成本，稳定供求关系，减少不确定性和经营风险，在技术创新、终端研制、应用开发、资源协作等方面优化组合，发挥范围经济和网络经济的效应。例如，三网融合产业链网络运营商向上游整合内容产业，通过投资自制内容、购买内容版权等方式增强内容实力，全方位地提高综合实力和竞争力。

2009年美国最大的有线运营商康卡斯特收购美国最大的广播电视网络公司全国广播公司NBC（内容提供商），在三网融合时代推出了有线电视、互联网服务、IP电话、无线服务、高清视频、内容提供、中小企业音视频服务等，并成为第二大宽带接入商，拥有VOIP（网络语音电话业务）用户最多的服务商①。处于产业链下游的互联网电视、手机等终端厂商也可以向内容提供商整合，例如苹果公司更是通过iPod、iPhone和iPad等产品成为全球最大的数字音视频发行商。又如，东方传媒旗下的百视通借壳广电信息上市，同时，因广电信息作为信投股份第三大股东战略持有上海市有线网络及管线资源，因此整合了产业链上下游的核心资源，向用户提供多种交互性信息服务。

（三）产业链混合多元整合

多元整合的实质是对资本收益最大化的追求和对风险分散的需求，力争拓宽经营范围和市场版图，形成对企业多角度的支撑，同时充分利用企业自身的品牌、信息、技术、人才和资金等资源优势，发挥协同效应，在跨产业层面上节约成本和提高收益。首先，网络运营商加强对增值服务商的多元整合，在电信基础业务和广电内容服务的基础上融合信息、数据库等服务内容，提供高附加值的服务，向不同的用户群提供不同的服务，形成细分市场。其次，网络运营商要加强与IT企业的整合。例如，深圳广电与同洲电子的战略合作，推进深圳广电NGB双向网络建设，数字电视运营服务平台建设、家庭物联网建设等内容的平台建设。再次，网络运营商与包括出版产业、游戏娱乐产业等在内的内容提供商的多元整合。例如，华数公司建立了与国内外300多家各大节目内容制作商的战略合作关系，利用社会资源建立庞大的内容数据库，为有线宽带用户和移动通信用户提供数字化节目内容及信息服务。

总之，三网融合不仅促进产业结构的调整和产业转型升级，而且促进消费和经济总量增长。三网融合的最终目的是在内容制作、网络传输、终端设备等领域引入竞争机制，消除垄断，降低产业成本，创新业务形态，满足消费者多样化的需求，促进政务信息化、商务信息化和社会信息化，提高信息产业服务

① 杨成，韩凌：《三网融合下的边界消融》，北京邮电大学出版社2011年版，第51页。

水平。同时，政府部门加强行业统一监管，逐步建立融合监管体系，积极营造良好的三网融合产业环境，促进三网融合产业健康发展。

（原载《中国有线电视》2012年第1期）

三网融合时代有线电视网络的竞争格局与运营战略

三网融合加速了有线电视的网络整合以及数字化和双向化的改造，推动了有线网络进入三网融合业务，促进了许多有线电视网络公司进入资本市场融资。但是有线电视网络公司也面临着诸多挑战，例如，传统电视受众收视时长的逐渐减少，互联网电视、手机电视的强势崛起，电信企业IPTV的强势竞争。有线电视网络公司要加强网络整合、完善产业链、实施多元化战略等，以提高核心竞争力、赢利能力和发展能力，成为具有融合性业务的下一代广播电视网（NGB）。

一、有线电视网络的发展现状

在三网融合的推动下，全国有线电视用户和数字电视用户增长迅速：截至2012年年底，全国有线电视用户数2.15亿户，同比增长6.14%；截至2013年8月底，数字电视用户数1.53亿户，有线数字化率约为71.42%，其中，双向网络覆盖用户超过8 000万户，开通双向业务用户超过2 000万户。五年来，全国有线电视用户年均增长率为7%，数字电视用户年均增长率为33.3%，数字化渗透率由2008年的27.6%增加到2013年8月底的71.4%。与此同时，有线电视网络的收入也不断增长，从2008年的369亿元增长到2012年的661亿元，年均增长率为15.65%[①]。我国的有线电视网络服务质量和品质不断提升，有线网络产业发展进入快速发展阶段，表现在如下方面。

(一)加强网络整合

相比电信运营商，广电网络很分散，面临整合的任务。截至2013年年底，全国各省通过各种途径基本完成了有线电视网络整合，实现了“一省一网”。例如，湖北广电通过定向增发等措施整合省内其他有线电视网络公司资产，以非公开发行股份的方式向楚天视讯、武汉市台、中信国安等15家单位，购买其旗下的武汉广电投资、荆州视信和十堰广电100%的股权，同时非公开发行股份配套融资金额约7.94亿元。深圳广电集团向天威视讯注入有线电视资产，天威视讯向大股东深圳广电集团等对象发行不超过8 500万股，购买预估值13.07亿元的有线电视网络资产。本次交易完成后，深圳全市有线电视网络实现整体上市。四川省对参与整合的公司依法依规进行资产评估、资产重组和股份制改造，形成省市县118个国有广电网络机构资产入股，形成了省、市、县、乡、村五级贯通的全程全网新格局。

湖南电广传媒等一些有线电视上市公司进行跨区域的整合，已经通过增资、收购股权等方式，参股了云南广电网络、河北保定和青海有线电视等项目，同时，投资天津和新疆有线网络公司，促进公司在全国的网络布局，实现经营协同和优势互补。

(二)加快双向化、数字化改造

完成模拟电视到数字电视的整体转换和网络的双向化改造，这是有线电视网络开展综合信息业务的基础，是网络升级的中心工作，也是适应点播电视和互联网等双向业务的需要。目前，上海、青岛、杭州、深圳、长株潭等试点地区已基本完成模拟电视到数字电视的整体转换。截至2012年年底，全国双向网络覆盖用户超过7 000万户，但只占有线电视用户的32%。国家管理部门对试点城市的要求为：数字化率达90%，双向化率达70%。

面对新形势，我国各省都加强了有线电视的双向数字化改造。例如，浙江省整体转换率为97%，省内大中城市有线网络双向化改造达到98%。对于全国而言，截至2012年年底，天津、内蒙古、浙江、湖南等地数字化率达到90%以上，基本完成数字化，北京、天津、浙江和广西等地双向网络覆盖率接近或超

① 国家新闻出版广电总局发展研究中心：《中国广播电影电视发展报告（2013）》，社会科学文献出版社2013年版，第92页。

过80%。改造和整合后的有线网络成为适应三网融合业务的高速宽带、高清互动、智能化、多功能的重要支撑平台，也成为家庭信息与物联网技术支持平台。

(三)开发有线增值以及三网融合业务

各地有线电视网络在提供基本数字电视服务以外，大力发展高清电视、3D电视、互动电视以及多种信息服务，其中双向高清成为主流，满足了受众的多元化需求，增强了有线网络的竞争优势和赢利能力。2012年，新增有线电视用户中，近30%为高清电视用户。天威视讯依托先进数字电视技术平台，向市场推出交互数字电视、高清数字电视和数据广播等一系列增值业务，并陆续推出电视银行、电视游戏等创新业务，这些业务的推出将进一步丰富服务产品种类，满足用户日益增长的多元化、个性化服务需要。

有线电视网络大力开展视频、数据和语音等三网融合业务，加强与电信的竞争，实现利润和收入的多元化。例如，长株潭地区是国务院三网融合试点地区，电广传媒率先在此开展有线电视网的互联网接入业务、互联网数据传送增值业务、国内IP电话业务等三网融合业务。陕西广电网络现有数字电视广播、交互数字电视（包括VOD、时移、网络录像等）及宽带上网三大主营业务，通过建设多媒体、多业务平台，推动三网融合的业务创新及应用，实现数字电视、宽带数据和语音业务的一体化运营。南京有线电视网络提供三网融合全方位服务，研发第三代数字电视“云媒体电视”，开展互联网业务、视频业务和通讯业务。

(四)积极进行资本运营

我国已经有北京歌华有线、陕西广电网络、湖南电广传媒、湖北广电、深圳天威视讯、吉林吉视传媒、浙江华数传媒、上海东方明珠等近10家有线电视上市公司，市值超过600亿人民币，仍有近10家广电网络公司期待上市融资。有线网络公司通过借壳上市、资产重组上市、IPO（Initial Public Offerings，首次公开募捐）上市等手段，进入资本市场实行融资，实现全业务运营，提供核心竞争力。例如，深圳通过上市公司天威视讯购买有线电视资产实行整体上市；湖北广电通过定向增发、非公开发行股票的方式购买其他有线电视网络公司的资产；东方明珠向文化休闲娱乐、媒体广告、传输通讯和对外投资等四大主业多元化拓展，公司收购东方有线网络公司10%股权，完成后占股49%，实现产业结构优化和业绩快速发展。

二、有线电视网络的竞争格局

随着网络技术的发展和三网融合业务的快速推进，有线电视的收视市场和传输市场面临复杂的竞争格局。电视收视市场方面，有线网络面临着IPTV、互联网电视、网络视频、移动多媒体电视等竞争；在网络传输市场方面，有线网络面临电信、无线广播电视、直播卫星等竞争。

（一）传统电视的受众群体流失

在三网融合和新媒体的冲击下，我国广播电视受众不断流失。根据索福瑞调查数据，受众规模在逐年缩减，2009年平均每天有74.5%的观众收看电视，2012年每天只有68.4%的观众收看电视；从收视深度来看，2008年到2012年人均每日收视时长是175、176、171、166、169分钟，电视收视向中老年人倾斜，年轻人看电视时间越来越少[①]。这是由于平板电脑、智能手机和iPad等播放视频的终端不断增多造成的。

在美国，有线电视的用户数和收视率也在下降，将近500万有线电视订阅用户在最近5年中转向了其他平台。例如，时代华纳有线电视公司在2013年第三季度失去了30.6万个电视订阅用户，以及2.4万个宽带订阅用户，受众转移到iPhone和Android等移动媒体以及iPad等其他平板电脑。美国最大的有线电视网络运营商康卡斯特推出网络视频、电影下载等多元化服务，通过机顶盒向订户提供电视剧点播服务，以避免订户流失。

（二）来自IPTV、互联网电视、网络电视、CMMB的挑战

IPTV、互联网电视、网络视频等新媒体层出不穷，光纤入户、宽带接入等新的技术不断涌现，给广电网络带来了极大的挑战。例如，中国电信集团公司获准从事互联网视听节目服务、IPTV传输服务和手机电视分发服务经营许可。其中IPTV集成播控平台与第一批、第二批大部分试点地区所在省份平台完成对接。流媒体网数据显示，截至2012年年底，国内IPTV用户已达2 300万户。从全球来看，某市场研究公司的数据显示，过去一年，全球IPTV用户增长6%，而有线电视用户则下降了1%左右，增长出现了分化趋势。

---

① 吕一丹：《竞争格局稳中有变 节目内容触点延伸——2012年电视收视市场回顾》，《收视中国》2013年第2期。

互联网电视简称“OTT TV”（Over The Top TV，基于开放互联网的视频服务），是指通过公共互联网面向电视机或其他终端传输IP视频以及互联网应用的融合服务，相对于传统有线电视和IPTV采用的内容提供商、网络运营商和用户捆绑的运营方式，互联网电视的发展更具有开放性和吸引力，将有更多的网络运营商、内容提供商、设备制造商、技术主导商加入互联网电视阵营。互联网电视的终端包括互联网电视一体机、连接“OTT TV”机顶盒的普通电视机、PC等多种智能终端。过去一年，谷歌、苹果、微软、索尼均利用自己的技术开始大举推广互联网电视，国内的联想公司推出互联网概念电视。据统计，中国互联网电视终端接近2 000万。

网络电视方面，互联网市场上迅速崛起的网络视频点播（iVOD，这是一种更加灵活的视频点播技术），对有线电视VOD的付费电视市场形成威胁。例如，2012年年底，全国5.64亿网民当中，网络视频用户3.72亿，占比66%。网络视频不仅从内容资源方面侵占传统电视的领地，而且从收视行为方面分化传统电视的领地。美国市场机构NPD的Group的“用户对媒体的依赖性调查”统计，2010年内iVOD用户看直播电视的时间减少了12%，看直播电视的人群比例在下降，看iVOD的人群比例在上升，年龄集中在25岁到45岁之间。

CMMB（移动多媒体广播电视）发展迅速，覆盖全国336个地级以上城市，覆盖人口超过5亿。2012年全年累计发展用户4 700万人，其中付费用户2 300万。中广传播与中央电视台、中国移动等联手搭建渠道、内容、运营为一体的CMMB全产业链，以用户需求为目标推出新业务，增强了移动多媒体广播电视的吸引力，分化了有线电视受众。另外，直播卫星得到了大规模推广，服务区域覆盖用户超过5 000万户，安装开通用户约640万户，这些都分流了部分有线电视用户。

(三)来自三网融合业务的竞争

电信网的业务主要包括基础电信业务与增值业务。近年来，电信网加快了宽带化、智能化的发展，由电信运营商向综合服务提供商转变。电信的固网宽带用户数量超过了数字电视的用户数，对有线电视业务构成残酷的挑战。2010年国务院批准了12个三网融合试点城市，标志着三网融合的启动。到2012年3月，全国三网融合试点地区的IPTV用户已经达到1 558万户，而有线电视网发展的互联网接入用户仅600万户，两者的差距大。三网融合带来的竞争将会越来越激烈，有线网络亟须重点针对数据专网、宽带服务等增值业务或新兴业务，凭借培育多业务捆绑客户等市场营销手段，通过高性价比的服务才能确保广电网络企业巩固现有市场，并争夺新兴市场。

（四）有线电视收入来源单一，经营风险大

有线电视主要依靠收视费、广告费、数据费、安装费等单一的收入来源，除了电广传媒有线电视的收入占45%以外，其他的上市公司主营比重均是近100%。如表1所示，2012年，一些上市公司的资产负债率较高，其中电广传媒、广电网络的资产负债率高达67%、60%，而净利润率偏低，经营风险大，核心竞争力不强。表1中6家有线电视上市公司中只有东方明珠和电广传媒主营业务比例低于50%。有线电视公司除广告、基本收视费收入外，还应开拓三网融合业务、节目制作等多元化经营及衍生业务，降低经营风险。

表1　2012年我国有线电视6家上市公司财务情况①

类型＼名称	歌华有线	广电网络	电广传媒	湖北广电	天威视讯	东方明珠
营业额（亿元）	21.8	17.2	40.6	10.6	9	31
净利润（亿元）	3	1.4	4	1.8	1.28	5.5
主营比重	99%	99%	45%	100%	97%	43%
资产负债率	47%	59.9%	67%	34%	22%	30%
净利润率	13.5%	8.1%	14.4%	17%	14%	17.5%

三、有线电视网络的运营战略

面临激烈的竞争，有线网络应该发挥内容优势、网络优势和系统优势，通过技术与管理创新来构建新的网络体系、服务体系和管理体系，完善产业链，提供融合媒体业务，推动广电网络朝着融合化、智能化、规模化的方向发展。

（一）整合战略

采取行政、法律与市场手段加强网络整合，鼓励有条件的有线网络公司通过兼并重组、股份制改造、增资扩股等多种手段实现整合，不断提高广电网络基础设施的利用率、综合服务功能和应用服务水平。一是加快推进省级网络整合，实现全程全网，坚持行政推动、市场运作、存量保值、增量分成的原则，尽快实现一省一网，实现各地网络、业务和运营支撑的互联互通。二是加快培

① 肖叶飞：《广播电视规制研究》，安徽师范大学出版社2013年版，第137页。

育全国统一的市场主体，推动全国有线电视网络互联互通、资源共享，培养有市场竞争力的产权多元化的市场主体，建立高效的组织管理、强大的资金实力和科学的运营方式的现代企业管理机制。三是加快组建国家级有线网络公司，成为能够与电信、移动和联通相抗衡的"第四张网"，负责全国有线电视网络的升级改造和移动多媒体广播的建设推广。

(二)联动战略

广电网络企业必须秉承积极合作的姿态，内联外引，加大与战略伙伴的合作力度，实现跨媒体、跨行业、跨所有制的经营与合作，提升广电企业竞争实力。一是加强网台联动，广电网络与电视台合作，充分与付费频道及其他内容提供商进行资源整合，甚至进行资产整合，建立广电网络企业和电视台之间合理的交易结构和利益分享机制，解决好台网之间的支付结算体系等问题，形成网与台业务项目的优势互补和协同发展。二是加强网媒联动，推动广电网络与新媒体的发展，特别是有线网络要融入互联网电视、CMMB、网络视频等视听新媒体业务。三是加强与电信企业的联动，与电信企业开展战略合作，依托丰富的接入网和管线资源，发挥自身资源优势，展开错位竞争，实现共赢。例如，12个试点城市广电、电信等运营商之间，不仅在传统产业展开合作，而且在IPTV、CMMB、手机电视、互联网视频业务等特色产业领域进行合作。

(三)融合战略

广播电视网络要在巩固和优化传统的广播电视视频传输业务的基础上，积极拓展许可开展的电信业务，构建融合型全媒体业务，将广播电视网打造成为互联互通的智能化、多媒体终端，以互动电视和宽带互联网为核心，集文化娱乐、信息服务、社会服务于一体的绿色互联网。

培育三网融合业务体系的途径主要有：一是大力发展互动电视业务，这是有线电视业务的基石和核心竞争力，要稳定广电网络视频服务市场，化解电信IPTV业务分流广电网络客户的危机。二是大力发展宽带接入业务，抢占电信宽带接入业务，推进宽带数据基础平台建设，这是广电网进入电信业务的重点。三是加快建立全国有线电视网络内容分发交换平台，建立国家视频数据中心、全国有线电视网络内容分发交换中心和视频资源互联互通的城域网络，实现省和国家网络中心之间的信息交换。四是发挥广电网高带宽、可管控等优势，积极发展个人点对点视音频等增值电信业务，这将成为未来更加普及的消费模式。五是积极开发新型服务业态，把内容创新、业态创新放到更加突出的位置，研发高清电视、视频点播、金融支付、电视商务、家庭智能化等新业务。

（四）多元化战略

我国的有线电视上市公司经营相对单一，而一些影视企业通过并购和重组完善产业链，实现多元化营收，防范经营风险。例如，华谊兄弟2012年收入13.9亿元，净利润2.44亿元，以股权转让方式收购张国立旗下浙江常升影视制作公司70%的股权，加强自己在电视剧制作方面的能力，收购银汉科技50%的股权，增强手机游戏业务。乐视网购买花儿影视100%的股权，实现纵向一体化，有力提升乐视网精品剧制作能力。有线网络企业中，电广传媒多元化经营较为成功。截至2013年上半年，电广传媒前6个月主营收入10.8亿元，占45%；广告收入8.5亿元，占35%；艺术品经营2.5亿，占10%；旅游业收入1.27亿元，占5.3%；影视节目制作收入2 700万元，占1.1%。电广传媒选择体育、电影、综艺、财经、音乐等商业化内容，并建立起集内容制作、包装、分销、播出为一体的产业链，整合品牌、频道资源，实施多元化战略，拓展发展空间。

总之，有线网络应立足视音频服务核心业务，扩展互联网接入和数据业务，通过网络融合和业务融合不断开创新的业务形态，拓展新型增值业务，构建起以广电网络为核心的资源互补、利益共享、共同发展的产业体系，提升产业链整体竞争力。同时，以体制机制创新为核心，以融资方式创新为动力，发挥广电系统内容制作优势，培育广电网络业务的竞争力，推动下一代广播电视网建设，为国家信息化水平建设和文化生活的繁荣做出更大的贡献。

（原载《中国有线电视》2014年第2期，作者为肖叶飞和汪晓华）

三网融合时代美国有线电视产业的运营与监管

1996年《美国电信法》颁布，允许长话公司、本地电话公司和有线电视公司双向进入、互联互通，开展有效竞争，从此美国电信产业、有线电视产业、直播卫星产业、无线广播电视产业形成了有效竞争的市场结构。特别是电信产业和有线电视产业相互并购与重组，形成跨媒体公司，在数字化视频、互联网接入、网络电话、视频点播、高清电视等方面提供“一揽子服务”，形成了寡头垄断的市场结构。分析三网融合时代美国有线电视产业的产业组织和运营策略，对于三网融合的推进和有线电视的运营都有启示作用。

一、美国有线电视产业的市场运营

美国有线电视是从1948年开始发展起来的，主要是改善边远地区的广播电视信号的接收，采取公用天线的形式，后来扩展到中小城市，不仅传输本地无线电视台的节目，而且可以传输附近大城市的电视节目以及自办节目，加上微波中继技术的迅速发展，可以传输远地电视台的节目。20世纪60年代，随着有线电视技术的发展，有线可以容纳众多的电视频道，可以提供大规模和多频道服务，频道可以根据用户详细分类，包括新闻、娱乐、电影、音乐、体育等100多种，形成了跟美国无线广播电视台竞争的格局。

(一)美国有线电视产业的市场格局:寡头竞争

截至2011年年底，美国共有7 136个全国性和地方性的有线电视网络，5 830万个基础有线电视用户，而美国共有1.14亿个电视家庭，虽然美国有线电视网络覆盖率达到97%，但是订阅基础服务的用户只有50%左右，也就是很多用户出于支出成本或服务满意度考虑没有订购服务①。2011年美国基础有线电视月收视费50美元，数字有线电视月费15.7美元，基础有线电视的年均用户流动率为30%~36%之间，付费有线电视的年均用户流动率为70%~80%②。美国有线电视产业是寡头竞争的市场格局，前五位的有线电视运营商的总用户份额是80%，前十位的市场份额是90%，是高集中度的市场结构。前五位的有线电视运营商分别是：康卡斯特公司（Comcast）、时代华纳有线电视公司（Time Warner Cable）、考克斯传播公司（Cox Communications）、宪章传播公司（Charter）和有线电视公司（Cable Vision）。康卡斯特公司是美国最大的有线电视运营商，在美国拥有2 234万个有线电视用户，付费电视用户占到市场份额的22%，同时拥有1 440万个宽带网络用户，是美国仅次于AT&T的互联网服务供应商，固话接入用户超过650万户，排名美国第三位。时代华纳基本有线电视用户是1 206万，其中896万是数字有线电视用户。位居第三和第四的考克斯传播公司和宪章传播公司分别拥有用户476万和432万户，其他的还包括有线电视公司、亮屋有线、闪联通讯、梅迪康通讯等有线电视公司。

(二)美国有线电视公司的业务运营:三网融合业务

美国基本上实现了电信、有线电视和互联网的整合，有线电视公司从最初单一的电视节目的传输业务发展为付费电视、高速互联网接入、视频点播、高清电视、有线电视电话、交互式服务以及数字视频录像等三网融合业务。其中，有线电视信号传输仍然是主体业务。美国有线电视节目网包括基础层有线电视节目和付费层有线电视节目。基础层节目包括所有的地方自制节目、公共接入频道、所有地方广播电台和所有基本节目，这些基础层节目一般免费传输或者双方协议传播，例如美国的公共事务频道（C-span）播放众议院和参议院的活动实况，是非商业性的有线电视节目网，收入来源依靠有线电视支付的费

① 安澜·B.艾尔布兰：《传媒经济学：市场、产业与观念》，陈鹏译，中国传媒大学出版社2009年版，第93页。

② 李宇：《挑战与转变：浅析新形势下美国有线电视产业的发展策略》，《卫星电视与宽带多媒体》2012年第18期。

用。付费层节目一般包括家庭影院频道（HBO）、电影精华频道和迪斯尼频道等，还有无线广播公司无法提供的专门制作的体育赛事、纪录片、电视系列剧、音乐会以及原创电影等，这些频道一般没有广告，收入来源主要依靠有线电视的订户费，通常与有线电视五五分成，或者根据有线电视的用户数量和节目受欢迎的程度，确定有线电视支付给节目网的费用。有线电视系统还通过拨打免费电话等按次收费，例如点播电影或重大体育赛事，计次付费的收入与有线电视系统协商来解决。

除了电视信号传输以外，互联网接入和电话业务已经占据了相当的比重。总体而言，2012年美国有线电视运营商的数字视频用户为4 640万、互联网用户为4 850万、有线网络电话用户为2 590万，有线电视公司积极开展电视节目、互联网接入和电话服务等三网融合业务。以康卡斯特公司为例，该公司2011年总运营收入是976亿美元，57%来自电视节目服务，其余的43%来自互联网服务、电话服务、广告等，如在旧金山提供四个不同层次的电视频道包供用户订购，基本频道26个，基本收视费每月18美元，包括当地地面电视频道、公共频道、教育与政府频道、出租频道等；拓展基本频道，包括41个频道，每月52美元；数字基本频道共64个，每月54美元；另外包括6个数字付费频道，额外每月17美元。近年来，康卡斯特公司还推出“超无限”服务套餐，包括电视与互联网或电视与电话的二合一服务套餐，另外还有电视、电话和互联网三合一服务套餐，例如电视与互联网套餐提供84个电视频道和20兆下载速度不限时的互联网服务，每月70美元，三合一套餐99美元，另外提供不限时拨打国内电话服务。康卡斯特公司还提供其他的三网融合智能服务，例如用户可以通过手机或计算机给家中看电视的人留言，留言以及来电都显示在电视屏幕上。

（三）美国有线电视产业的运营策略：通过并购与重组，实现多元营收

在1996年《美国电信法》之前，美国的长途电话、本地固话和有线电视是产业分立状态，互不进入，本地电话和有线电视基本是通过地方特许垄断经营，长途电话由美国电报电话公司（AT&T）等几家大的公司寡头垄断经营。电信法允许相互进入，彼此并购，形成了美国电信和有线电视产业的并购浪潮。AT&T作为美国最大的长途电话公司，1999年收购了美国第二大有线电视公司TCI，继而又用540亿美元收购了美国第四大有线网络公司Media One集团，进军有线电视和市话市场。美国本地电话公司US WEST公司以108亿美元

收购了有线电视公司Continental Cable Vision。这些有实力的电信公司并购有线电视，进入有线电视市场。有线电视公司则通过升级网络，加强横向并购，开展互联网接入等多种数字通信服务，与电信公司竞争。

康卡斯特公司也完成了几次大的并购，进入互联网接入市场，2002年与美国电报电话公司（AT&T）旗下的宽带公司合并，从而成为美国规模最大的有线电视运营商。另外，美国有线电视运营商向上游内容产业渗透，康卡斯特公司除了节目集成和传输业务以外，进入产业链的上游内容创意和生产领域，将节目生产和节目传输结合起来，构建“内容—渠道—市场”的完整产业链。2011年又从通用电气（GE）获得了全国广播公司——环球影业公司（NBC Universal）的控股权，还持有包括娱乐频道（E!）在内的15个全国性的有线电视频道、13个区域性体育和新闻频道以及60个国际频道，成为真正的跨媒体传媒集团。截至2012年6月，该公司共传输820多个频道，其中170个高清频道和2个3D频道，包括新闻资讯电视网、娱乐电视网、体育电视网、国际电视网。康卡斯特公司除了电视节目的制作和播出、环球影业的运营外，还包括主题公园业务，其中主要是环球影业位于奥兰多和好莱坞的主题公园。

二、美国有线电视产业的市场竞争

随着三网融合的发展，美国有线电视产业面临着激烈的竞争，原来的纵向产业分立的状态演变为横向分层的同平台的寡头垄断的市场竞争。在电视节目集成和传输方面，面临着与电信企业和直播卫星企业的竞争；在互联网接入、固话、视频节目点播等方面，面临着电信企业的竞争；在广播电视节目收视和广告市场方面，面临着无线广播电视网的竞争。

（一）美国有线电视产业与电信产业的竞争

美国电信运营商利用其技术和设备优势提供三网融合业务，与有线电视运营商展开激烈的竞争：第一，大力发展互动电视业务，通过电视终端实现互联网与电视的互动功能，包括视频点播、电子商务和信息服务等。受众在看电视的时候，可以在电视机上网络冲浪、召开视频会议、收发邮件、参与网络游戏和开展网络社交等业务、第二，电信企业提供基于互联网的网络电话服务，大大降低用户的通话成本。第三，电信企业与直播卫星联合，与有线电视在传输渠道方面展开竞争。例如，美国最大的两家电信公司美国电话电报公司（AT&T）和威瑞森公司（Verizon）都开展电视节目传输服务，推出视频服务和高速网络接入服务，抢占有线电视的市场份额。美国电话电报公司推出了“U-Verse”服务，该服务基于发展的光纤到点网络（FTTN，Fiber To The Node），覆盖美国22个州，其中IPTV服务就达到369万用户，安装了IPTV的用户可以收看400个标清频道和100个高清频道，还有海量的VOD视频点播服务。Verizon则推出了光线到户网络FiOS（FTTP/FTTH，Fiber To The Premise/Home）服务，覆盖美国22个州，拥有IPTV用户420万户，宽带用户480万户，但是，网络成本比较高，每户高达980美元。AT&T通过价格优惠、高带宽和节目数量的优势争夺用户，提供针对不同群体的节目包，平均每月80美元。另外，只要用户在室内安装了智能网关设备，就能够实现户内各智能终端的信息共享。

（二）美国有线电视产业与卫星直播产业的竞争

美国有线电视节目传输的直接竞争对手是直播卫星电视运营商，受众根据两者的服务质量和所需费用，在两大系统之间不断变换，两大体系的竞争格局呈现出螺旋式上升的局面，关键是服务的质量、价格和频道的吸引力。美国有线电视用户大约占到多频道用户的三分之二，但卫星电视订户也接近三分之一。截至2012年4月，美国直播卫星电视（DTH）的总用户3 406万，美国直播卫星产业是双寡头垄断的市场格局，两个最大的运营商是美国直播卫星平台（Direct TV）和美国碟线卫星平台（Dish Network）。前者的订户数量高达1 999万户，是美国第二大付费电视运营商，仅次于有线电视运营商康卡斯特；后者是美国第二大直播卫星平台，订户数为1 407万。直播卫星相对于有线电视运营商有一定的优势：第一，直播卫星的节目传输成本不受传输距离的影响，在边远地区尤为明显。第二，根据美国的法律，直播卫星运营商有权转播所有有线电视运营商传输的节目，而反之则不然，有线电视运营商则无权要求直播运营商分享其独占的节目。第三，直播卫星运营商可以及时更新技术，降低运营成本，而有线运营商则需要大量的资金才能实现网络升级。第四，直播卫星的用户变动率低于有线电视，大约是17%左右。面对直播卫星的竞争，美国有线电视企业加强数字化网络的改造，增加频道容量，为订户提供多样性的高清电视节目，降低服务价格。有线电视在互动服务、内容和服务的本土化以及三网融合业务方面具有优势，而直播卫星如果要开展三网融合业务，则需要寻求电信运营商的合作。

（三）美国有线电视产业与传统无线广播电视产业的竞争

美国传统的三大广播电视网是开路电视，用户只要使用天线就可以收看，而有线电视是闭路电视，要通过光缆传输信号才能收看。传统无线广播电视的收视份额在50%左右，远低于20世纪70年代的80%以上的份额，这是因为有线电视和卫星直播电视在受众和广告两个市场与无线广播电视展开竞争。例如在新闻节目的收视方面，竞争非常激烈，哥伦比亚广播网新闻的收入一年大约是4亿美元，著名的新闻节目包括《60分钟》《周日早晨》《面对国家》等；美国广播公司的新闻收入每年大约6亿美元，著名的黄金时段的节目包括《深夜新闻》等；全国广播公司新闻收入大约是8亿美元，著名的节目有《日界线》。而有线电视新闻节目可以通过订阅费和广告费两种模式获取收入，通过精确的营销定位锁定受众，美国有线新闻已形成了CNN、Fox News（福克斯新闻频道）、MSNBC（微软和通用电气旗下的NBC合资兴办的新闻频道）三足鼎立的局面，2009年MSNBC有线新闻有3.68亿美元的收入。

三、美国有线电视产业的行业监管

美国有线电视的行业监管总体的思路是避免恶性竞争和市场垄断，同时保护公民权和公共利益，遵循市场规律，促进有效竞争。规制的主体除了联邦通信委员会以外，还包括州政府和地方政府，联邦政府通过一系列的法律法规来规制有线电视产业，具体包括1934年《美国通信法》、1984年《美国有线传播法案》、1992年《美国有线电视消费者保护与竞争法》、1996年《美国联邦通信法》以及联邦通信委员会颁布的一系列法规和规定。

总体来说，美国的有线电视的规制经历了严格规制到放松规制的阶段。有线电视诞生初期，只允许其在小的社区存在，FCC担心如果有线电视受众接受了大城市的电视信号，本地电视和广告就不再有吸引力，所以20世纪50年代到60年代禁止有线电视向城市社区和小城镇发送有线电视信号，这影响了有线电视向大城市的扩展。1965年，FCC规定，如果当地播出了某个电视网的节目，有线电视公司则禁止引进该电视网在其他城市的附属台，保证一个市场内不能有同类电视台的恶性竞争。1966年，FCC规定，有线电视系统必须传送所有的地方电视台节目。1970年，美国有线电视开始进入普及阶段，采取竞标法获取特许权。1984年，美国通过了有线传播法案，允许地方政府收取有线电视公司总利润的5%，废除了特许费用和价格规制，但是，美国司法部反垄断部门的经济学家评估，放松价格规制导致价格上涨了18%~23%，说明有线电视的市场支配力增强了[①]。1996年，美国通过了通信法，将有线电视、电话、广播电视划入联邦政府监管之下，允许地区电话公司、长途电话公司和有线电视运营商进入本地市场外的市场，第一次允许一家公司同时拥有广播电视和有线电视服务，旨在刺激竞争，降低电话和有线电视费用。这次法案直接导致了电信公司和有线公司之间的并购浪潮，市场集中度的提高反而又降低了电话和有线电视费用的价格竞争。总体而言，1996年《美国电信法》在如下几个方面有详细的规制。

（一）必须传输原则

1996年《美国电信法》重申了这个原则，目的是保证公共电视台、地方电视台的收视效果。因为有线电视频道资源有限，每隔三年，与有线电视在同一个地区的地面电视都要做出选择，是要求有线电视系统“必须传输”还是通过谈判签订“复传一致意见”，即两者达成有线电视系统收取费用或者得到其他补偿的协议书。不过随着有线频道的增多，针对特定受众的专业化服务越来越多，美国有线要求废除“必须传输”，让有线重新获取自由选择内容的权力。除了保留一定的频道供公共电视和教育、政府部门使用外，还必须保留一定的频道供商业性出租，租给与该系统无关的第三方使用。另外，当地面电视台购买了某个节目的独播权，该地区的有线电视系统不应该从其他的地区电视台或广播网复制这个节目，同样，拥有节目辛迪加独家分销权的电视台可以禁止该地区的有线电视系统从远地的电视台接受该辛迪加分销节目，避免恶性竞争。

（二）价格规制

按照美国的反垄断法，如果是有效竞争的市场结构，则可以废除价格规制，1984年美国有线传播法案规定，有效竞争指该地区有三个地面电视信号。1992年《美国有线电视消费者保护与竞争法》，要求基本有线电视服务费率由特许经营权授予当地政府或FCC进行规制。这项法案的实施使有线电视服务价格下降，但是当FCC要求降低基本服务的费率的时候，反过来造成了有线电视从基本服务向不受监管的多元化服务和经营转移，影响了有线电视的到达率和

① Robert Rubinvitz. *Market Power and Price Increases for Basic Cable Service Since Deregulation*, Rand Journal of Economics 24（Spring 1993）: 1–18.

渗透率，同时也影响了服务质量和消费者福利的改善。1999年，FCC取消了有线电视网收费频道和附加业务的收费规制，但是对基本层的节目及网络基础费进行统一规定。

（三）所有权的规制

美国有线电视基本形成了寡头垄断的市场结构。FCC担心有线电视行业资源控制在少数媒体寡头手上，限制了观点的自由发表。而有线电视系统的反应是，允许他们并购濒临破产的小企业，可以把他们的资源重新投入有线电视、直播卫星或其他媒体行业之中。双方在这方面的认识意见不一。所有权的规制具体包括如下几个内容，为了保护竞争，控制相关市场的横向合并，以及与节目制作商的纵向合并，在横向整合的规制中，有线电视运营商覆盖率不得超过有线电视市场总覆盖率的30%，后来这个上限被联邦法院否定，禁止有线电视运营商与节目供应商签订节目独占协议，保护竞争性多频道节目。因为有线电视会产生垄断购买力，阻碍独立节目供应商的节目制作，并根据好恶购买节目以及压低价格购买节目。FCC允许美国三大广播公司拥有有线电视系统，广播公司可以拥有全国覆盖率达10%的有线电视系统和同一个市场中覆盖率达到50%的有线电视系统，同时允许有线电视运营商拥有地面电视台。

1996年《美国电信法》放松了规制，信息产业步入了三网融合时代，形成了寡头垄断的市场竞争结构，促进了技术进步，降低了服务价格，提高了消费者福利，实现了传媒产业的融合，形成了有效竞争的产业结构。

（原载《中国有线电视》2013年第2期）

视听新媒体时代有线电视产业链与竞争格局分析

在数字技术与网络技术的推动下，视频产业的融合发展不断加速，人们进入了多屏互动、多网链接的视听新媒体时代。视听新媒体提高了信息传播的效率，改变了传统电视固定收看的模式，使电视开始从时间媒体向空间媒体转变，使受众的收视从有限时空向多时段、多空间的收视延伸。视听新媒体通过智能化、交互化、多样化的终端呈现，在受众、网络、终端、业务等多层面对传统电视的收视构成挑战，促使有线电视产业链重构与产业升级。

一、视听新媒体的融合产业链

视听新媒体是一类独立的媒介形态，以视听内容为核心，以互联网为传播手段，与传统的广播电视形成交叉融合、互补替代的竞争格局。视听新媒体具有内容来源的多元化、内容形态的分众化、传播的多渠道化、终端的多功能化、沟通的互动化、收视的智能化等传播优势与传播特点，改变了传统电视的单一、线性、无延缓的传播方式。从技术层面说，视听新媒体指以互联网为核心的各种新的视听形态，包括网络视频、IPTV、互联网电视、手机电视等；从社会层面看，移动多媒体广播电视、公共视听终端等视听媒体虽是单向传播的终端，但是延伸了传统电视的时空，与传统电视有别，一般也纳入视听新媒体的范畴。

视听新媒体的产业链由内容提供商、内容集成商、网络运营商、终端制造商、用户等部分组成。因传播模式与消费方式不同，视听新媒体与传统电视的产业链有差异性。随着信息技术与产业融合的发展，各种视听新媒体产业链之间相互嵌入、相互联结，形成融合产业链，如图1所示，视听新媒体融合产业链的变动发生在多个产业、不同形态的产业链之间，形成了内容融合、媒体融合、网络融合、终端融合等不同节点构成的视听新媒体融合产业链。

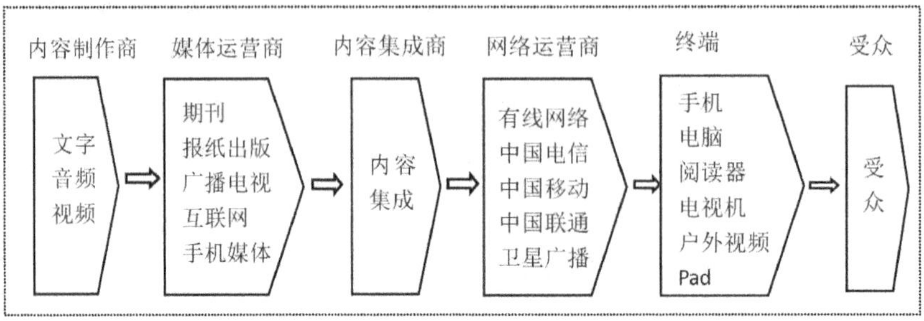

图1　视听新媒体融合产业链

在视听新媒体产业链中，有线电视由内容集成商与网络运营商，提供基础视频服务、增值服务、内容集成服务以及互联网接入服务。有线电视基础视频业务包括各类直播数字电视频道和少量保留的模拟广播频道，这类频道属于公益性公共服务，由国家定价，收取基本收视维护费，以确保受众的公共文化权益。有线电视的视频增值服务业务包括专业化数字付费频道、视频点播、频道回放、时移业务、电子商务、游戏、远程教育等，高清化、交互化、数字化和智能化是增值业务的主攻方向。有线电视还在积极介入宽带固网接入服务以及电信增值服务，为手机、电脑等各种视听终端提供内容集成服务与网络服务。

在视听新媒体的内容竞争方面，视听新媒体的内容主要来自自制内容、版权购买和商业合作等渠道，其中，视频分享网站和手机电视方面有大量的用户上传的视听内容。对于互动类视听新媒体，受众收看的内容主要是电影、电视剧、搞笑和幽默等娱乐内容，而广播类视听新媒体，受到单向传播的限制，受众关注的是新闻资讯、娱乐和生活资讯等内容。视听新媒体时代，内容制作主体日益多元化，例如，中国移动等专业网络运营商开始建设专业的视频制作基地，不少民营视频网站拥有自己的视频内容制作团队。另外，国内外的电影、电视剧制作公司也成为视频内容主要提供商之一，报刊出版企业开始提供视听节目内容，民营资本、外资、社会资本等开始参与视听节目的内容制作。

在视听新媒体的网络竞争方面，有线电视、各种固网与移动网络电信运营商共同构成寡头竞争局面，有线电视、中国电信与中国联通是数字电视、IPTV

以及互联网电视的网络运营主体，中国电信、中国移动、中国联通等是手机电视、PC等各种移动智能视频终端的网络运营主体，中广传播以及各种广电机构是移动多媒体广播电视和公共视听新媒体的网络运营主体。在各种网络运营商中，中国电信与有线电视物理网络的带宽、性能、稳定性和安全性等指标某种程度上决定了各种以电视机为终端的视频服务质量，各种移动电信运营商网络决定了移动智能终端的视频收视质量与消费体验。

视听新媒体的平台竞争方面。广电机构享有内容集成播控优势，形成了多方竞争的局面。在IPTV、手机电视和互联网电视业务方面，平台运营商不仅负责节目的制作、编辑和播出控制，而且负责节目内容的合作、生产厂商的协调管理。在广播类视听新媒体业务方面，集成播控平台也由广电机构来管理。除集成管理外，内容服务平台运营商还需提供全方位内容服务，包括以直播、点播、下载等形式播出的视音频节目服务、互动服务、增值服务、互联网信息服务、电子商务服务等。

视听新媒体的终端竞争方面。终端厂商、互联网企业、新媒体服务机构等通过与网络运营商、内容集成商等合作，进入终端领域。随着多核心处理器、通用图像处理器等技术的不断进步，各种视频智能终端的图像处理能力、数据处理能力快速提升，画面更加清晰。一些柔性智能终端在体积上更加轻薄、功耗更低、续航能力更强。另外，语音识别系统、动作识别系统、人脸和表情识别系统等人机交互技术的发展，智能终端操作方式不断升级，进一步提高了终端设备的可操作性。

二、视听新媒体时代网络运营商竞争格局分析

根据索福瑞调查数据，传统电视受众规模在逐年缩减。从到达率看，2009年平均每天有74.5%的观众收看电视，2013年每天只有66.5%的观众收看电视；从收视深度来看，2009年到2013年人均每日收视时长是176、171、166、169、165分钟，电视收视向中老年人倾斜，年轻人看电视的时间越来越少。中国互联网信息中心的数据显示，2014年6月底，中国网民规模达到6.32亿，其中手机网民规模达到5.27亿。中国网络视频的用户数量达到4.39亿，用户使用率为69.4%，广告市场规模128亿元。其中，手机视频的用户为2.94亿，增长率为19%，这些视听新媒体极大地分流了传统电视受众。

（一）有线电视运营商

有线电视网络依靠“用户增长驱动”的粗放式增长模式并不长久。在视听新媒体时代，有线电视在IPTV、互联网电视竞争中处于被动局面，需要从专网向公网转变，从行业媒介向多行业服务媒介转变。同时，大量数据的储存和运营需要有线电视从重点经营网络到重点经营平台和用户的转移。截至2013年年底，全国有线电视用户2.29亿户，数字电视用户达到1.72亿户，双向网络覆盖用户近9 500万户，开通双向用户超过2 850万户，2013年有线电视网络收入755亿元，增长14%。另外，全国337个城市实现了地面数字电视网络覆盖，其中310多个发射站完成了验收①。美国目前一共有宽带用户8 590多万，其中有线运营商约为5 070万，固定电话运营商约有3 520多万户。据市场研究公司Leichtman Research Group（莱齐曼研究集团）的调查，2014年第二季度末，美国康卡斯特、时代华纳有线、Cable Vision等在内的有线电视公司互联网服务订阅用户达到4 991.5万用户，刚好超过付费有线电视用户的总和4 991万。

有线电视网络带宽相对富裕，入户率高，运营成本较低，跨域发展方面应有更大作为。目前，有线电视主要依靠收视费、广告费、数据费、安装费等单一的收入来源。在激烈的三网融合市场竞争中，有线网络在纵向上需拉长产业链，加入广播电视的内容生产与制作产业。而在横向上应利用多屏、多网互动，抓紧大数据、云计算的机遇，大力发展融合业务与增值业务，发挥高清化、立体化、双向化、社交化的优势，将有线电视网打造成为全业务运营的综合性网络。

（二）固网电信运营商

电信运营商在视听新媒体业务方面具有绝对的优势，IPTV、互联网电视、网络电视等视听新媒体业务都是基于电信网的互联网资源。其中，中国电信、中国联通两家基础网络运营商占据了90%的宽带互联网接入服务，有线电视网络仅仅只有4%的宽带接入用户，手机电视基本依靠中国移动、中国电信与中国联通等三大基础网络。近年来，电信运营商加快了宽带化、智能化的发展，实现从电信运营商向综合服务运营商转变。例如，中国电信获准从事互联网视听节目服务、IPTV传输服务和手机电视分发服务。2014年1月底，中国IPTV用户近3 000万。根据中国电信的最新运营数据，中国电信固网业务方面，2014

①国家新闻出版广电总局发展研究中心：《中国广播电影电视发展报告2014》，社会科学文献出版社2014年版，第35页。

年10月，中国电信宽带用户新增46万户，累计达1.06亿户；本地固话用户减少77万，累计为1.45亿户。2014年前三季度，中国联通的固网宽带业务累计用户6 848万户，固网业务主营收入681亿元。2013年12月，工信部取消了对中国移动固网业务经营的限制，允许其进入固定宽带网络市场，中国移动也成为全业务的电信运营商，这必将加剧固网宽带接入的竞争。

（三）移动电信运营商

三大电信运营商在移动视听新媒体的网络运营方面处于寡头垄断局面，而且积极介入视频内容生产领域。中国移动在上海建立手机视频创新产品基地，专注于移动视频产品的运营支撑，力图通过多样化、丰富的内容，向用户提供随时、随身、随心的个性化服务。中国移动还与中广传播达成战略合作协议，用CMMB作为TD手机内置应用，通过广播方式的手机视频与流媒体手机视频的互补来增强手机用户体验，以获取市场竞争的主动地位。赛迪网消息称，截至2014年10月31日，中国移动用户总数达8.01亿户，其中3G用户总数2.43亿户，较上月下降157.1万户，4G用户累计达5 445万户，较上月增长1 350万户，依然保持高速的增长状态。2014年前三季度，中国联通移动用户2.9亿户，主营收入1 213亿元，其中，移动宽带用户1.45亿户，移动宽带主营业务收入819亿元。中国联通通过WCDMA网络开展手机电视业务，点播、下载、上传视频，可以实时收看多个电视直播频道。2008年中国电信接管中国联通1 000多万CDMA用户，2009年在上海建立中国电信天翼视讯基地，负责全国视讯业务的发展。目前，中国电信的天翼手机电视业务已经与中央电视台等手机集成运营商合作，为受众提供直播、回看频道和点播节目服务。2014年10月，中国电信移动用户总数累计达1.83亿户；3G用户数新增210万，累计达1.15亿。三大电信运营商都十分重视手机电视的发展，不断优化手机电视网络技术环境，不断完善内容分发、门户推进及搜索、代收费管理等体系。

（四）电视直播卫星运营商

中国的直播卫星通信主要是基于广播电视公共服务，“村村通工程”和“西新工程”依靠卫星通信加强对边疆地区和农村地区的覆盖。2013年年底，我国直播卫星公共服务开通用户1 309万户，覆盖31个省（区、市）。其中，宁夏、内蒙古、甘肃等8省（区）基本实现户户通，直播卫星播出平台集成49套广播、61套电视节目。美国的直播通信卫星处于双寡头垄断的局面，与有线电视构成了互补与竞争关系。美国DirecTV直播卫星运营商提供美国93%的本地频道节目服务，本地频道通过光纤网络传送到卫星广播中心，发射上行信号。美国DirecTV公司在美国已拥有2 030万用户，在拉丁美洲也有200多万用户。美国第二大直播卫星运营商Dish Network（碟线公司）在美国有1 400万用户，没有开展国际业务。2014年5月，美国第二大电信运营商美国电话电报公司（AT&T）宣布，将斥资485亿美元收购卫星电视运营商DirecTV，是否最终通过还需要美国联邦通讯委员会FCC和司法部审批。

三、视听新媒体时代电视终端竞争格局分析

随着视听终端逐渐向融合化、智能化的方向发展，受众通过智能手机、iPad以及个人电脑收看影视节目的不断增多，这些视听新媒体的终端具有直播、回看、点播、搜索等新功能，改变了影视节目的收视方式，分流了传统电视受众。

(一)IPTV

IPTV是可控、可管理的有线IP网络，基于电视终端的多媒体服务。IPTV运营在城域网上，而互联网电视运行在广域网（互联网）上。IPTV具有视频点播、视频时移、双向互动、分众传播的特点，具有广告模式、包月收费、按次收费、游戏、线下活动以及电子商务等多种盈利模式。IPTV一般由电信运营商主导，其管理类似于传统电视，我国的IPTV由广电与电信合作开发，广电负责内容的集成与开发，电信负责网络运营。内容集成商承担内容选择、播控、把关的权利和义务，引入海量的内容版权与各种特色增值服务，形成规模化的核心竞争力，与电信运营商共同维护终端用户，实现利益共享。目前，我国的IPTV的发展主要是“上海模式”与“杭州模式”，上海模式是“广电主导、分工负责、优势互补”的运营模式，上海电信与上海文广百视通合作开展IPTV业务，前者负责传输、用户计费和市场营销等业务，后者负责内容集成、管理、播控以及用户终端等环节，收益按照双方的投入和职责共享。杭州模式是杭州广电与杭州电信建立杭州华数传媒合资公司，同时运营数字电视和IPTV。IPTV总平台拥有各类标清直播频道、影视内容资源以及旅游、卡拉OK、在线购物等增值服务，能提供跨越娱乐、消费与服务的全方位业务。

(二)网络电视

网络电视是采取IP协议、通过互联网传输数据、以电脑为终端的视频传播业务。与IPTV相比，网络电视基于互联网公网的传播，更具有互联网业务的特色，而IPTV基于专网的传播，更具有传统电视的传播特色。网络电视具有广告模式、活动营销、直接付费、版权分销以及业务托管等盈利模式。按照传播方式的不同，网络电视可分为网络视频、博客、视频分享网站、P2P视频服务等不同类型，一般由主流媒体、民营机构运营，电信企业提供基础网络服务。按照运营主体的不同，网络电视分为商业门户网站类、商业垂直网站类、媒体网站类以及网络广播电视台。商业门户网站类包括新浪网、腾讯网、搜狐网等网站视频。商业垂直网站类是指专门经营网络音视频业务的网站，例如优酷网、乐视网、酷6网、六间房等。媒体网站类包括人民网、北青网、东方宽频、中国国际广播电视网络台、中国新华新闻电视网等。网络广播电视台包括中国网络电视台、湖南芒果台、浙江新蓝网等。在广告市场中，垂直视频网站占广告市场的首位，其次是门户视频网站，然后是媒体视频网站。近年来，网络视频领域并购重组加剧，例如，百度3.7亿美元收购PPS视频业务全部股份，并将PPS视频业务与爱奇艺进行合并，苏宁、弘毅4.2亿美元收购PPTV，谷歌收购YouTube（视频网站）等。

(三)手机电视

手机电视是指利用移动通信网传输、通过手机终端观看视频业务的电视服务。手机电视牌照由广电行政部门颁发，具有可管可控的特点。手机电视一般由广电机构负责内容集成播控平台建设，移动运营商负责网络运营；在iPad等终端平台化的经营模式中，内容提供商与终端提供商是一种合作分成关系，移动运营商提供网络服务。手机电视的传送与接收主要是两种形式：一是公网模式，即通过移动互联网下载或者浏览视听网站上的视频内容；二是专网模式，即利用移动通信网络和流媒体技术，以集成播控平台为中心，按照生产制作、内容包装、集成播控、传输分发的流程向手机用户提供视听内容的下载和在线观看，这是手机电视的主要方式。

手机电视存在免费、点播、包月等消费方式，具有便携性、个性化、互动性、开放性等特点，填补了受众碎片化的时间，拓展了电视的服务空间。广电机构负责手机电视集成播控平台的建设和管理，负责节目的统一集成与播出控制，中央电视台、中央人民广播电台、中国国际广播电台、上海广播电视台等单位相继开展了基于3G网络的手机电视内容集成播控服务，例如，央视影音移动客户端集纳中央电视台、全国卫视、城市电视台共140多个频道，可以直播、时移、预约、回看，同时拥有海量点播内容。

（四）互联网电视

互联网电视简称OTT TV，是以绑定特定编号的互联网电视一体机或有上网功能的电视机顶盒为终端，以公共互联网作为传输介质，以虚拟专网为传输通道，为观众提供具有直播、点播、回放及其他互动应用功能的视音频以及增值服务的IP电视媒介[①]。互联网电视一般由广电机构负责内容集成播控平台建设和用户终端管理，家电企业提供互联网电视终端，电信企业提供基础网络。互联网电视与IPTV的区别是，前者运行在公网的虚拟专网上，后者运行在城域网性质的专网上，互联网电视由国家广电行政部门批准的集成播控平台提供[②]。互联网电视是传统电视与互联网技术相结合的产物，相对于传统有线电视和IPTV采用的内容提供商、网络运营商和用户捆绑的运营方式，互联网电视的发展更具有开放性和吸引力，将更多的网络运营商、内容提供商、设备制造商、技术主导商加入互联网电视阵营。互联网电视的终端包括互联网电视一体机、连接OTT TV机顶盒的普通电视机、PC、iPad、手机等多种智能终端。过去一年，谷歌、苹果、微软、索尼均利用自己的技术开始大举推广互联网电视，国内的联想推出互联网概念电视，据统计，中国互联网电视终端接近2 000万个。

（五）移动多媒体广播电视

移动多媒体广播电视（China Mobile Multimedia Broadcasting）是指利用无线数字广播电视技术向手机、MP4、笔记本电脑等小屏幕终端提供广播电视节目和信息服务的广播电视服务。移动多媒体广播电视通过广电自主研发的CMMB技术，向移动终端提供电视服务。与手机电视相比，拥有图像清晰度高、流畅度与用户数量无关、整体运营成本更低等传播优势，终端广泛，业务多样，但是互动性没有手机电视强。2009年，中广传播集团有限公司在北京组建，负责全国移动多媒体广播电视项目的投资，同时，中广传播集团与中国移动正式签订了合作协议，共同推进CMMB功能的手机发展。移动多媒体广播电视业务运

①肖叶飞：《三网融合时代有线电视网络的竞争格局与运营战略》，《中国有线电视》2014年第2期。

②国家广播电影电视总局发展研究中心：《中国视听新媒体发展报告2011》，社会科学文献出版社2011年版，第3页。

营支撑系统融合了业务支撑系统与运营支撑系统，它由网络管理、系统管理、计费、结算、营业、账务和客户服务等部分组成，是一个综合性的业务运营和管理平台。目前，CMMB发展迅速，覆盖全国336个地级以上城市，覆盖人口超过5亿人。中广传播与中央电视台、中国移动等联手搭建渠道、内容、运营为一体的CMMB全产业链，增强了移动多媒体广播电视的吸引力。

（六）公共视听媒体

公共视听媒体是指通过广播电视网、互联网以及其他信息网络，在车载、楼宇、车站、机场、商场、银行、医院及户外等公共载体上播放视听节目服务的媒体。公共视听媒体大致有广告、行业服务、政府服务、增值业务等收入来源。从终端呈现的场所来看，公共视听载体包括如下三种形态：一是运行在移动公交工具内部，主要是公交车、地铁、城铁、出租车等；二是运行在室内固定场所，主要是写字楼、政府办公室以及卖场内部；三是运行在户外的固定场所，包括少数公交站牌。公交移动电视、地铁移动电视多由广电机构与民营企业合作运营，列车移动电视和出租车移动电视多由民营企业运营。广电机构运营的室内固定场所电视采取地面数字电视技术实时播出信号，带有比较丰富的新闻、娱乐、资讯等节目内容，也称为城市电视。民营企业运营的室内固定场所电视采取CF卡、硬盘等技术手段录播信号，以播放广告为主，也称为楼宇电视。户外大屏幕是指通过户外公共场所的大型电子屏幕发布信息的视听节目服务形态，其运营商有国有和民营两大主体。

总之，在视听新媒体时代，有线电视面临着新的竞争环境和传播格局，必须顺应传播技术的新发展、视频传播的新变化，凭借网络、技术和播出平台上的优势，大力发展互动电视、数字电视等基础业务，研发高清电视、视频点播、金融支付、电子商务、物联网等增值业务。同时，凭借高带宽、可管控的特点，抢占宽带接入等电信业务，积极介入手机电视、互联网电视、网络电视、IPTV等视听新媒体业务，通过多屏互动、多网链接，实现有线电视的跨越式发展。

（原载《中国有线电视》2015年第1期）

第四编

规制融合

DI SI BIAN

GUIZHI RONGHE

媒介融合促进了规制融合，而规制融合是实现真正媒介融合的前提。中央《关于推动传统媒体和新兴媒体融合发展的指导意见》要求推动传统媒体和新兴媒体在内容、渠道、平台、经营、管理等方面深度融合，加快建设形态多样、手段先进、具有强大竞争力和传播力的新型主流媒体。“规制融合”五篇文章从规制融合的内涵、传媒产业的反垄断规制、传媒产业融合的政府规制、西方国家对广播电视的规制以及三网融合的规制等几个层面全面阐述了媒介融合时代的规制融合与政策选择，对媒介融合时代的政策制定、规制选择等有一定的参考意义。

媒介融合时代按照新闻出版、广播电视和电信业等分业管理的方式已经不合时宜了，必须建立适应媒介融合的规制政策以及更具融合性的市场准入制度。规制融合就是成立融合规制部门，树立融合规制理念，消除媒介融合的政策梗阻，通过多元化规制手段促进不同传媒产业之间的融合竞争。进一步说，我国传媒业的规制理念是先剥离可经营性资产，推进经营性传媒单位“转企改制”，成为市场主体，放松经济性结构规制，通过并购、重组等资源整合手段，推进产业结构调整，鼓励跨地域、跨行业、跨所有制经营和重组，提高规模化、集约化、专业化水平，提高传媒产业国际竞争力。同时加强社会性规制，确保传媒公共服务水平和质量，维护公共利益，弥补市场失灵。

西方国家三网融合规制理念就是促进竞争以及机会均等，以降低服务价格和提高服务质量；对频谱资源进行有效配置以鼓励投资和创新；提高信息传播产业对经济增长的贡献；促进内容的多样性和观点的多元化表达。三网融合规制坚持独立性、竞争性、多样性和公正性原则。与此同时，媒介融合要根据年销售额、在区域市场或产品市场的市场份额、市场集中度和并购后市场份额的变化幅度等指标，确立反垄断规制政策，减少垄断带来的效率低下与社会福利损失。

媒介融合与规制融合

中央《关于推动传统媒体和新兴媒体融合发展的指导意见》要求促进传统媒体和新兴媒体融合发展，“坚持先进技术为支撑、内容建设为根本，推动传统媒体和新兴媒体在内容、渠道、平台、经营、管理等方面深度融合，加快建设形态多样、手段先进、具有强大竞争力和传播力的新型主流媒体”[①]。目前，我国传统媒体与新兴媒体的融合仍处于初级阶段。例如，传统媒体通过网站、微信、微博、客户端等新兴媒体传播信息，在新闻来源、内容传播、受众反馈等方面与新兴媒体互动，但是未在采编业务、组织架构与资本结构等方面全方位深度融合。而实质性融合需在“转企改制”基础上形成产权融合，即通过并购重组加强传统媒体和新兴媒体的深度整合，形成新闻采集、信息生产以及终端平台的融合，创建融合型的组织架构、生产流程与管理体制，构建融合规制体系。

一、传统媒体与新兴媒体的产业链融合

媒介技术进步使得不同传媒产业之间的边界不断收缩与消失，同样的内容可以通过不同的媒介进行传播，不同的媒体服务平台可以传播同样的内容。新

① 刘奇葆：《加快推动传统媒体和新兴媒体融合发展》，《党建》2014年第5期。

闻出版、广播影视与互联网在内容生产、渠道传输和接受终端方面出现了融合，导致产业分立时期泾渭分明的产业链开始重新分化组合，在横向产业链和纵向产业链方向不断延伸与拓展，这改变了传媒产业链、市场结构以及产业格局。

(一)新闻出版与新兴媒体的产业链融合

传统新闻出版产业链是由采编、出版、印刷、发行等构成的线性产业链，产品只是纸质形态。媒介融合使新闻出版产业链延伸至数字出版、网络出版、按需出版与数据库出版等新型业务，受众通过手机、电子阅读器和个人电脑等终端阅读，促进出版产业升级，改变了产业结构。媒介融合背景下报纸与出版行业面临着挑战，纸质出版收入下降明显。例如，中国社科院新闻所发布的《新媒体蓝皮书：中国新媒体发展报告》数据显示，2015年报纸广告为324.08亿元，同比下跌35.4%。我国出版与发行产业的大众图书、教材教辅、发行收入等增长缓慢，传统出版产品结构单一，盈利风险增大。根据中国新闻出版研究院发布的《2015—2016中国数字出版产业年度报告》，2015年我国数字出版全年收入规模为4 403.85亿元，比2014年增长30%，继续保持强劲增长势头。数字出版产业收入占新闻出版产业收入的总比由2014年的17.1%提升至20.5%。互联网广告、移动出版、网络游戏分别以2 093.7亿元、1 055.9亿元、888.8亿元占据前三名。值得关注的是，2015年互联网期刊、电子书、数字报纸的总收入为74.45亿元，在数字出版总收入中所占比例为1.69%，相较于2014年的2.06%有所下降，说明传统出版单位在数字化转型升级、融合发展方面仍需要加大力度。

新闻出版产业需要构建融合出版产业链。首先，再造出版流程，将不同形态的出版物融合到出版流程中来，使内容资源集约化使用和规模化经营，提高资源利用率，降低生产成本。其次，新闻出版需要与技术商、平台商合作，优势互补，实现内容、渠道与终端的对接，完善产业链。再次，新闻出版转型升级要再造传输网络平台，扩展阅读终端市场，运用互联网思维，借助大数据准确掌握渠道和用户资源，实现从文化产品制造商向互联网服务提供商转变。

(二)广播电视与新兴媒体的产业链融合

随着数字技术的发展，音视频传播载体不限于传统广播电视，出现了许多新的互补品与替代品。例如，IPTV、互联网电视、网络视频与手机电视等视听新媒体，它们具有交互、即时、融合与延展等新功能，超越了传统广播电视单一线性的传播方式，成为传统广播电视的互补品，甚至是替代品。近年来，网络视频、手机电视等视听新媒体广告收入增长迅猛，而传统电视的广告收入增长趋缓。2015年电视广告收入为1 219.69亿元，同比下跌4.6%；2015年中国网络视听服务业市场继续保持高速增长态势，网络视听产业的营收规模已达531.5亿元，该数字比2014年的388.6亿元增长36.8%。2015年中国互联网广告市场规模达2 096.7亿元，同比增长36.1%。从收视深度来看，2009年到2013年我国人均每日电视收视时长是176、171、166、169、165分钟，电视收视向中老年人倾斜，年轻人看电视的时间越来越少①。2013年美国在线和手机数字广告的收入达430亿美元，首次超过广播电视，而美国有线电视的订户数和收视率都在下降。

媒介融合颠覆了传统广电产业链，传统电视对播出权与产业链的垄断被打破，视听新媒体不断涌现。例如，以电视机加机顶盒为终端的数字电视，以地面微波为传输平台的车载移动电视，以互联网为平台、电视机或电脑为终端的IPTV，以蜂窝移动通讯网为平台、以手机为终端设备的手机电视，以互联网为平台、电脑为终端的网络视频，等等。传统电视没有坐以待毙，通过创建视听新媒体，开始向网络视频、互联网电视与手机电视方向延伸与拓展产业链。例如，中央电视台创办CNTV、湖南电视台创办芒果TV等网络电视。传统电视还与运营商合作，例如，中央电视台与中广传播、中国移动等联手搭建内容、渠道、运营一体化的CMMB移动多媒体产业链，推出视听新业务。但是，视听新媒体领域民营资本实力强劲，资本运营风起云涌，例如，百度收购PPS与爱奇艺，苏宁联合弘毅收购PPTV，优酷土豆互换股份，乐视网成功上市等。

（三）构建跨界的融合媒体产业链

传统媒体的产业链相互平行，独立运行，产业链上下游垂直纵向链接，分工明确。随着传媒产业融合的发展，产业链之间相互嵌入、相互联结，形成融合产业链。例如，电信网络运营商为电视节目提供内容传播渠道，制作广播电视节目，接入电视产业链；有线电视运营商提供互联网接入、电话通信服务，接入电信产业链；移动通信运营商为数字出版、手机电视提供传播渠道，接入出版与电视产业链。

融合媒体产业链的变动发生在多个产业、不同形态的产业链之间，消除了不

① 杜宇宸：《2013年电视收视市场回顾》，《收视中国》2014年第2期。

同传媒产业链之间的隔离，如图1所示，形成了内容融合、媒体融合、渠道融合、终端融合等不同节点构成的多媒体融合产业链。例如，《人民日报》除了纸质形态的报纸，形成了《人民日报（电子版）》、手机人民网、人民电视、人民网、人民微博以及《人民日报》客户端等新业态，实现了内容融合与媒体融合；中国电信、中国移动与中国联通均成为固网与无线网络运营商，中国有线电视网络公司也成为互联网接入、电话、有线电视传输等全业务固网运营商，甚至将成为第四家无线网络运营商，实现了以互联网为核心的全业务运营的渠道融合；电脑、电视机、手机以及Pad等多功能一体化智能终端形成了“四屏合一”的终端融合。媒介融合时代传统媒体必须构建融合产业链，与产业链中的战略合作者建立竞争合作机制、利益分配机制和沟通协调机制，实现融合新闻生产以及产业升级。

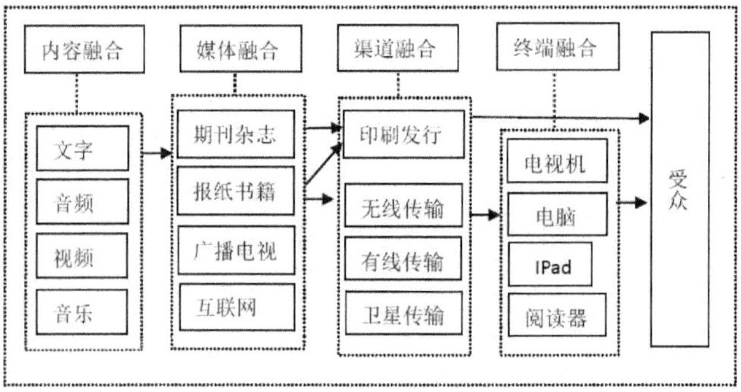

图1　传媒产业的融合产业价值链

二、规制融合的原则

媒介融合时代按照新闻出版、广播电视和电信业等分业管理的方式已经不合时宜了，必须建立适应媒介融合的规制政策以及更具融合性的市场准入制度。按照传媒产业与传媒事业分类运营的原则，放松经济性规制，降低进入壁垒，加强产业交易。同时，强化社会性规制，维护公共利益，形成融合规制体系。

(一)坚持公益性事业与经营性产业分类规制原则

传媒行业既具有事业属性，也具有产业属性。事业属性就是为社会主义现代化建设提供政治保证、精神支持和舆论保障，提高新闻宣传引导力与文化传播力，增强新闻出版与广播影视方面公共服务能力；产业属性就是要遵循市场经济规律，提高经济效益，促进产业经济发展。规制融合要按照传媒产业与传媒事业分别监管、分类运营的原则建立规制框架，传媒事业归政府管理，产业则成为市场主体，同时处理好行政管理和产业规制之间的关系，逐步实现从行政管理向行业规制转变，“归政府的严管，归市场的松绑”，政府与企业均按照各自的规则行事。

近年来，作为文化产业核心的传媒产业实行“转企改制”，出版、发行、影视、演艺、广电网络、新闻网站以及非时政类报刊逐步转制为企业，成为真正的市场主体。例如，出版单位除了少数对外出版、民族出版和盲文出版社，其余基本实现了“转企改制”；广播电视实行制播分离，除播出机构与新闻类节目制作之外，其他类型的节目制作公司则成为市场主体；另外，除党报以外，晚报、都市报、行业报等非时政类报刊成为市场主体。这些转制的传媒企业，可引入战略投资者，实现股权多元化，设置“特殊管理股”制度，实行“一股多票”或“一票否决权”制度，强化国有股东的决策权与话语权，加强舆论引导。经营性产业要放松进入退出规制，形成统一、开放、竞争的传媒市场，通过并购重组等资本运营改变条块分割的局面，促进产业结构升级。公益性事业实行激励性规制，加强政府公共服务功能，弥补市场失灵。例如，针对农村、少数民族地区和边远地区的广播电视信号传输，政府开展“村村通工程”与“西新工程”建设，保障弱势群体、农村地区受众的收视权利，加强对纪录片等正外部性节目的扶持，等等。

（二）坚持放松经济性规制、强化社会性规制原则

经济性规制主要指政府在价格、产量、进入与退出等方面对企业决策所实施的各种强制性制约。近年来，世界上出现了放松经济性规制的浪潮，其背景是：规制导致被规制企业内部的低效率；规制导致规制成本大量增加以及官僚机构的膨胀，必须放松规制；规制抑制创新，产生大量的寻租行为；可竞争理论也成为放松规制的理论旗帜，竞争机制可以使被规制企业资源配置达到最优。政府经济性规制的底线是不能破坏市场秩序，维护公平竞争的市场秩序，保护消费者与投资者的合法权益。

在媒介融合的语境下，放松新闻出版、广播电视、电信产业与新媒体之间进入壁垒等经济性规制，特别是针对可经营性资产，通过并购重组建立跨媒体、跨行业、跨地区的融合传媒集团，共享信息、采编、渠道、销售与广告资源，形成具有可竞争性的市场结构和产业体系。例如，我国的浙报传媒、凤凰

传媒、博瑞传播、粤传媒等新闻出版上市公司通过并购游戏公司、影视公司以及互联网企业，成为跨界的全媒体集团，产生了规模经济与范围经济效应。另外，放松经济性规制要从区域市场和产品市场角度防止垄断行为的出现，特别是建立区域性的垄断传媒集团要慎重，促进跨区域的并购。跨区域的业务虽然增加了经营的成本，但是保证了全国市场的完整性，形成有效竞争的局面。

社会性规制主要是针对外部性问题，对产品与服务的质量制定一定的标准，保护消费者利益。社会性规制包括积极的规制与消极的规制。积极的规制就是提高信息的质量，以及保护文化的多样性、公民的接近权等；消极的规制则是对隐私权、名誉权与版权的保护、对淫秽有害内容的防范等。例如，美国2005年开始实施《广播电视风化法》，对广播电视机构淫秽、下流、猥亵等负外部性的内容实行经济惩罚，最高可罚款32万美元。英国《广播电视守则》第二部分“伤害和侵犯”对广电节目内容涉及暴力、危险行为、自杀以及驱魔、神秘和超自然等进行了约束和限制。我国对传统媒体和新兴媒体都实行社会性规制。例如对电视实行“限娱令”等强制配额规制，保证信息、教育、文化和服务类等正外部性节目的数量。针对新兴媒体实行最低限度的内容规制，例如，保护未成年人利益、个人隐私、国家安全、消费者权益和知识产权，抵制各种淫秽、色情等内容。

（三）坚持从纵向统合型规制向横向竞争型规制转变原则

传统的分业规制以行业为基础，分为新闻出版、广播影视、电信和互联网等不同的行业。但是不同的技术平台可以提供相似或相同的业务，分业规制出现了规制重叠和阻碍竞争现象。融合规制需要从纵向统合规制向横向竞争规制转变，建立基于内容、服务、网络、终端等横向市场的融合规制。例如，促进有线电视网络、电信固网、无线网络、卫星网络等网络间竞争，实行技术中立、互联互通的网络政策，防止垄断行为和不正当竞争。内容服务规制分为传统的媒体服务与通信服务，通信内容规制涉及秘密权和通信自由，对其内容尽可能不进行干预；媒体服务涉及表达自由、知情权的维护，从公共利益、舆论引导等出发点对内容进行必要的规制①。

横向竞争型规制要促进信息传播产业链上的各主体之间不断竞争与优化组合，减少垄断和行业壁垒，实现资源在产业链上的优化配置。横向竞争型规制建立以后，竞争不再是传统意义上垂直统合下的各种媒介市场内部的竞争，而

①肖叶飞：《广播电视规制研究》，安徽师范大学出版社2013年版，第283页。

是同一水平层面的各个主体之间的竞争。这就需要针对水平方向上的各种市场主体分别制定规制政策，建立起能够促进水平分层、开放竞争的政策框架。

三、规制融合的理念、主体与手段

媒介融合打破了过去边界清晰的媒介市场，形成了有效竞争的局面。媒介融合促进了规制融合，而规制融合是真正实现媒介融合的前提。规制融合就是成立融合规制部门，树立融合规制理念，消除媒介融合的政策梗阻，通过多元化规制手段促进不同传媒产业之间的融合竞争，满足受众多元化的信息需求。

（一）规制理念：保持公平与效率的平衡

融合规制需要处理好公平与效率的关系。规制公平原则要坚持如下几点：信息的普遍分享与均等化原则——保证所有地区的人都能够享受到信息服务，减少地域、群体的信息差距现象，消除“信息沟”；信息的自由流通原则——建立信息的自由市场，促进信息的繁荣；信息传播的安全可靠原则——营造一个健康绿色的信息传播环境，保护消费者和公民的权益；信息的公益性原则——促进文化多样性与政治民主的发展，保障受众的接近权与话语权。规制效率原则就是维护市场秩序，形成全国统一开放、公平公正、富有活力的市场体系，消除产业、地区和媒介之间的壁垒，放松市场准入的限制，鼓励跨行业、跨地区、跨媒介、跨级别的并购重组，促进传媒产业的发展。传统的媒介市场是交叉禁入的，融合规制就是要打破行业垄断行为，促进不相关联的信息产业之间在内容、渠道、终端等多个市场立体化竞争，增强市场的竞争程度，降低产品与服务的价格，使消费者获得更好的服务。

（二）规制主体：构建融合规制主体

根据行业不同的分业规制出现了管理上的交叉，需要进行融合性规制，建立独立的融合规制部门，消除规制冲突与盲点以及行业壁垒，减少不同规制机构的协商成本。新闻出版总署和广电总局的合并为两大产业业务上的交叉、融合，乃至产权上的兼并重组创造条件，行政机构的调整将引发所管辖的媒体组织机构及业务运营的变化，有利于构建跨越报刊、出版、广电的全媒体集团[①]。署局合并是顺应数字信息技术革新的结果，从管理体制和行业制度层

① 吴锋，屠忠俊：《我国新闻出版与广电业行政管理体制改革的回顾与前瞻》，《现代传播》2013年第5期。

面，为多种媒体在内容、网络、终端、资产、运营、管理等方面的融合铺平了道路。但是，署局合并后的新闻出版广电总局与文化部、工信部等部门在互联网管理、三网融合问题以及文化市场环境管理、文化安全等问题上，存在一定的职责权限交叉。例如，基于广电与电信的IPTV，基于广电与互联网的网络视频等带来监管冲突，需要对规制部门进行进一步归并整合。未来有可能出现新闻出版广电总局与文化部合并，强化文化领域大部委管理体制；工信部等有关部委职能中相关文化内容安全的职责部分，归并至大文化部委。大部合并，就是要合并功能重叠部分，提高效率，增进效益，为媒介融合创造良好的条件①。

世界上三网融合规制机构分为三种类型。以英国为代表的完全融合的规制体系，例如英国的融合规制机构通信办公室“OFCOM”，各部门职责消除了电信和广电分块管理的痕迹；以美国和日本为代表的统一规制主体下的分业规制的模式，在统一的法律框架和规制机构下，设置不同的部门对广电和电信进行规制；以德国和法国为代表的分业规制模式，不同的规制机构分别监管内容和网络，依法统筹不同部门之间的关系。在三网融合的背景下，国家新闻出版广电总局对广播影视及有线电视运营商进行监管，工信部对互联网及电信进行监管，并形成了过渡性机构国务院三网融合协调小组。待条件成熟后，我国需建立类似“OFCOM”模式的独立、统一的融合规制机构，提高规制的专业性和有效性。

(三)规制手段:多元化的规制措施

采取多元化的规制措施促进媒介融合。规制内容方面，放松经济性规制，鼓励跨界的并购重组，形成全国的统一市场，发挥市场在资源配置的作用，加强社会性规制，对各种违背公共利益、违法犯罪行为加强监管。规制方式方面，减少直接规制，加强间接规制，实现“管办分离”，减少以各种行政方式对行业进行规制，将一些规制交给行业协会、中介组织。间接规制要维护市场竞争秩序，不直接介入市场主体。规制目的方面，既要加强竞争性规制，促进市场竞争，又要加强保护性规制，维护公共利益，促进公共服务。规制性质方面，既要采取积极规制，引导市场主体的行为，又要加强消极规制。

规制时间方面，减少事前规制、事中规制，加强事后规制，并协调三者的关系。事前规制，重在防范，例如，广电节目审查和书报送审制度。事中规制要防范与矫正并重。事后规制重在惩罚与补救，例如，对涉嫌虚假新闻、有偿

---

① 本刊记者：《组建国家新闻出版广电总局：是整合更要融合》，《编辑之友》2013年第11期。

新闻、新闻敲诈等行为的查处。规制的着力点方面，逐步放松结构规制，加强行为规制。结构规制主要是控制市场集中度和市场结构，防止滥用市场权力。行为规制则是对特定市场竞争行为的禁止或限制，例如卡特尔合同或协议、歧视行为、不正当交易等。在经济全球化的背景下，产业规制逐步从结构规制向行为规制转变，发挥规模经济效应，增强本国企业国际竞争力。规制领域方面，加强立法规制，健全新闻法、出版法等法律法规，形成以法治业的法制环境。减少行政性规制，在市场竞争机制能有效调节的领域政府要退出，凡可以采用间接管理方式或事后监管的事项，不设前置审批。新闻出版广电总局“三定”方案取消职责20项，涉及广电领域7项、出版领域13项，削减数量为本轮改革六部门之最。

总之，传统媒体与新媒体融合是信息传播通道多元化下的新运营模式，是把新闻出版、广播电视等传统媒体与互联网、手机、手持智能终端等新兴媒体有效结合起来，实现资源共享，并衍生出不同形式的信息产品，再通过不同的平台传播给受众。传统媒体与新兴媒体“融”的是理念和思路，“合”的是内容和技术，“做”的是协调和互动，“求”的是再造和双赢，在技术和平台等物理层面实现融合并不难，难的是真正实现在理念、规制、内容和传播方式等方面的融合①。

（原载《现代传播》2015年第3期，作者为肖叶飞和刘祥平）

① 沈正赋：《媒体融合视域下的报纸转型》，《安徽师范大学学报（人文社会科学版）》2014年第5期。

媒介融合、产业融合与政府规制

随着经济技术发展和人们对信息需求的提升，文化产业日益成为国民经济的支柱产业，传媒产业作为文化产业重要组成部分，如何做强做大是一个重要的命题。在媒介融合时代，产业融合是必然趋势，源于资产通用性和节约成本、改善绩效和促进有效竞争、产业升级和促进经济持续发展。我国传媒产业发展路径是先剥离可经营性资产，推进经营性传媒单位“转企改制”，成为市场主体，放松经济性结构规制，通过并购、重组等资源整合手段，推进产业结构调整，鼓励跨地域、跨行业、跨所有制经营和重组，提高规模化、集约化、专业化水平，提高产业国际竞争力。同时加强社会性规制，确保媒介公共服务水平和质量，维护公共利益，弥补市场失灵。

一、从媒介融合到产业融合的演进路径

媒介融合首先出现在新闻业务领域，在西方一些大新闻集团内部，组建了融合新闻编辑室，为集团内部的资源共享与利用提供了好的平台，实现资产通用性。美国新闻学会媒介研究中心主任安德鲁·纳齐森（Andrew Nachison）从中观层面将媒介如何理解为印刷的、音频的、视频的、互动性数字媒体组织之间的战略的、操作的、文化的联盟。但媒介融合最终走向更高层次的产业融合，正如蔡雯教授认为媒介融合是在数字技术、网络技术和电子通讯技术为核

心科学技术的推动下，组成大传媒业的各产业组织在经济利益和社会需求的推动下，通过合作、并购和整合等手段，实现不同媒介形态的内容融合、媒介渠道融合和媒介终端融合的过程①。

(一)媒介融合到产业融合演进的三个动因

技术创新、企业内部因素和政府放松规制共同推动产业融合。首先，技术创新使媒介产品出现了替代性和相关性，进而使产业边界和市场结构出现了融合。例如，三网融合表现为技术上趋于一致，网络层上可以实现互联互通，业务层上互相渗透和交叉，应用层上趋向于使用统一的"TCP/IP"协议，范围经济的原理说明构造全业务（三网融合业务，可以提供上网、电话和电视信号的"全业务"捆绑服务）的运营商可以获得联合经营的低成本优势，通过同一个平台流向市场上的用户，扩大用户群。同时，市场结构可以从自然垄断格局向寡头垄断的格局演变，引入竞争机制。

其次，企业之间日益密切的竞争合作关系和企业对效益和效率的追求也是产业融合的重要动因，美国西北大学的李奇·高登教授提出的策略性融合和结构性融合都是这种竞合关系的体现。策略性融合指所有权不同的媒介之间的内容共享；结构性融合与新闻采集与分配方式有关。这种融合寻求打破产业分立的局面，寻求交叉产品、交叉平台和收益共享的交叉部门，减低产业间的进入壁垒和降低交易成本，改变了产品的成本结构，通过融合形成了差异化的产品和服务，提高了企业的效益和效率。例如，美国在线（AOL）和时代华纳(Time Warner）的合并是一个基于互补性融合的并购，"协同"产品和市场的效用将超过各部分的简单加总（即1+1>2)。

再次，在数字化和融合化的趋势下，西方国家不同程度地放松了结构规制。新的规制的理念就是需求创造供给，而一改以前的供给创造需求的理念。例如，1996年《美国电信法》放松了媒介所有权、有线电视相互持股、外资进入、许可证等方面的限制性措施，并导致了媒介市场的跨媒体、跨行业的兼并和整合。究其原委，媒体是经济活动的重要部门，在大多数国家中，媒体部门对GDP的贡献率约占3%~5%，这一富有经济价值部门的绩效，在某种程度上与媒体公司运作的市场结构有关，特别是与所有权集中程度有关②。因此，经济因素是主要的考虑因素。西方媒介产业兼并与收购的基础是：认识到媒介产业

① 蔡雯：《角度、视角、轨迹——试析有关媒介融合研究》，《国际新闻界》，2009年第11期。
② 吉利恩·多伊尔：《传媒所有权》，陆剑南等译，中国传媒大学出版社2005年版，第23页。

的未来前景；感受到技术融合的趋势；觉察到拥有多种发行渠道的“协同效应”；放宽的管制政策；为媒介交易供给经费的资本（包括创历史高价的股票价格）的可用性①。

（二）媒介融合到产业融合演进的三个阶段

媒介融合到产业融合经历了技术融合、业务融合和市场融合三个阶段，数字技术打破了介质壁垒，正使得各种媒介间的边界变得日趋模糊，从传播的发送端到接收端的功能融合。在发送端，以前彼此分离的电信运营商、互联网服务提供商和广播电视运营商有可能合并成一家企业；在传输网络上，有线广电网络和电信网络可以合并成共通的网络；在接收终端，数字技术实现了电视、电脑、手机的“三屏”合一，实现了原来的手机、电视、电话和互联网的多重功能。这种媒介融合带来了媒介产业新的运作方式，传媒产业各自拥有的分立的信息传输平台逐步走向统一，信息接受终端也在形式上与功能上实现了统一。媒介融合将从最简单、最低级的形式开始，如信息采集阶段的合作，逐步向较复杂的、较高级的组织融合和文化融合形式发展，最终达到产业融合的阶段。在信息需求的推动下，各产业的技术、业务和市场范围出现了多方位的渗透、融合和交叉，不同产业间企业由原来无竞争走向竞争，并在竞争中谋取合作，并且出于战略、成本和财务考虑，出现了媒介并购浪潮和产业融合，媒介产业产生了新的竞合关系。在产业融合过程中，企业一方面可以更充分地利用既有的通用资产；另一方面，由于融合产业的资产与通用资产具有较大的关联度，企业可以在长期积累知识和经验的基础上，对融合产业的资产保持较强的控制能力②。

（三）媒介融合到产业融合演进的“SCP”分析

产业融合使得不同产业之间的关系发生了改变，有可能原来相互独立的产业内企业之间变成了竞争关系，导致了产业组织结构的重大变动，包括产业结构（Structure）、产业行为（Conduct）和产业绩效（Performance）三个方面。按照哈佛学派的观点，市场结构决定市场行为，市场行为决定市场绩效，尤其是传媒产业的重组并购浪潮，为企业扩大生产和经营规模、扩大经营范围和开发新产品新服务提供了机遇，提高了市场绩效。在市场结构方面，表现在市场集

① 艾莉森·亚历山大等：《媒介经济学：理论与实践》，丁汉青译，中国人民大学出版社2008年版，第49页。

② 邓明高：《产业融合：产业经济发展的新趋势》，中国经济出版社2010年版，第85页。

中度、产品差别化和市场进入壁垒几个方面的变化。一般来说，大规模的并购重组导致产业边界的交叉和渗透，出现了少数大企业控制市场的现象，导致市场集中度的提高。不过替代性融合和互补性融合也会降低市场集中度，替代性产品进入原有产业，使原有产业的行业领导者的控制力降低，例如电信进入有线传输产业。随着信息技术和互联网的发展，传媒产品以相同的数字形式存在，他们所提供的产品和服务差异化将降低。产业融合对进入壁垒的影响是双向的：一方面，产业融合降低了市场壁垒，加速了企业之间的并购；另一方面，产业融合使得市场集中度提高，使得进入壁垒提高。

在市场行为方面，产业融合促使了大量的市场并购，主要源于战略因素和财务因素的考虑。战略因素包括通过融资和规模经济而获得协同效应，或将公司置于全球化媒介市场的努力，例如综合利用内容和媒介交叉宣传，财务因素的考虑则或与20世纪90年代后期——传统和新兴媒介公司的价值达到历史的最高点期间——的股票市场“泡沫”联系在一起，或与会计学联系在一起。

在产业绩效方面，与传统观点产业分立带来专业化水平的提高和成本的节约不同，一般来说，产业融合是产业分工的内部化，产业融合有利于产业绩效的提高，带来产品的创新，扩大了产品的供给。产业融合促进了服务集成或服务“打包”，提高了产业的服务水平。产业融合降低了企业的研发成本、生产成本和交易成本，从而提高了绩效。

二、传媒产业融合的经济学分析

传媒产业融合作为一种客观经济现象，正在全球范围内呈现出蓬勃发展的态势。微观层面上，产业融合源于资产通用性与节约成本效应，提高资产利用率；中观层面上，产业融合是为了促进有效竞争和改善绩效，而不是同质化的恶性竞争；宏观层面上，产业升级效应，生产新的融合产品，促进经济持续增长。

(一)资产通用性与节约成本效应

资产通用性相对于资产专业性，即在至少不牺牲生产价值的条件下，资产可以转化为他用的程度。一般认为，通用技术、通用设备和通用人力资源等通用资产在各个产业中的扩散和普遍应用，导致了近30年来的产业融合现象，而资产通用性的普遍提高，主要来源于资产的柔性化和模块化。当生产要素完全自由流动且一个产业与其他产业的资产转换成本为零或成本弱增性的情形下，融合就会发生。资产通用性在传媒产业表现得尤为明显，美国学者戴默和其他的几位在美国鲍尔州立大学任教的学者在《融合连续统一体：媒介新闻编辑部合作研究的一种模式》中提出“融合连续统一体”这个新概念。按照不同的层次把融合分为五个层次：交互推广（合作媒介之间相互推广各自的内容）—克隆（合作伙伴不加改动的刊播对方的内容）—合竞（合作伙伴之间既有竞争也有合作）—内容分享（合作伙伴之间进行定期的相互交换线索和新闻信息，并在一些报道领域进行合作）—融合（合作伙伴在新闻采集与新闻播发之间进行全方位的合作，共同目标是利用不同媒介的优势最有效地报道新闻）。从以上五种融合联合体可以充分说明资产通用性，对于传媒产品而言，一旦生产出来，由于分享时的非竞争性和复制成本的弱增性的特点，可以通过多个终端出售从而节约成本。

(二)改善绩效和促进有效竞争效应

信息产业融合出现在技术创新、政府放松经济性规制、企业跨产业并购、组建战略联盟以及四者之间的相互作用之中。许多西方国家放松结构规制和所有权规制，新闻出版产业、互联网产业、广播电视产业和电信产业等不同媒介之间通过并购、重组，形成大传媒集团，打破部门、地域、行业和所有权之间的藩篱，提高效率，消除恶性竞争和重复建设，在改善绩效的基础上的更高层次上竞争。在产业融合时代，传媒集团组织结构和编辑流程都发生了变化，全媒体集团可以形成一次采集、多种信息整合、多媒体故事生成、多渠道信息发布的新闻生产流程，实现协同传播、融合生产，最终实现信息资源的多重升值，使企业之间的成本弱增性变为融合企业内部的成本弱增性，从而改善绩效。

但是，从表象上看，产业融合促使产业边界模糊和消失，原来不同产业之间相互进入对方的市场，导致原来产业内的企业数量的迅速增加，有新进入者参加将有利于更大范围的竞争，但是同时，产业融合将导致跨地区、跨行业的企业的融合，降低了市场集中度，又抑制了竞争，甚至导致了垄断。这就是马歇尔提出的“马歇尔困境”。规模经济和竞争活力是一对两难选择，马歇尔提出了有效竞争的概念，即规模经济和竞争活力相互协调达到一种理想的状态，其协调点是两者所发挥的综合作用使经济效益最大化，企业的规模已经达到最低的经济规模，使市场竞争度能够保证竞争收益大于竞争成本，产业融合重塑了市场结构和产业组织，使融合产业处于有效竞争状态。例如美国三家电视网，加上联合派拉蒙和福克斯等电视网，以及卫星电视和有线电视的竞争，不仅实现了规模经济效应，也实现了有效竞争。

（三）产业升级与经济持续增长效应

产业融合还催生了大量的新服务和新产品，导致了新产业的出现和增长，拓展了产业的发展空间，新产业的培育和传统产业的转换升级，有助于经济的持续发展。例如，三网融合时代，原来相互独立的各行业的技术、产品和商业模式相互补充和渗透促进新产品和服务的产生，如互联网与电信网的融合产生了VOIP，有线电视网与互联网的融合形成了IPTV、VOD（视频点播）和Cable宽带接入（有线电视提供的无联网接入服务）等。媒介融合有助于实现技术、资本和市场的互动前进，形成新的产业体系和市场结构，反过来，产品结构和产业结构的优化提高了媒介集团的综合竞争力。

产业融合的新产品的产生出现了两种情况：一是吸收型融合中出现了新产品，与原产品形成替代、互补或者替代互补的关系，新产品的出现，在一定程度上延伸相关产业生命周期，提高相关产业收入，改善相关企业赢利状况。二是扩展型融合中出现的新产品意味着弥补空白，拓展巩固与上游供应体系和下游销售体系的关联关系，形成新的产业。对于产业融合来说，产业升级和经济增长可以从六个方面考察：一是融合提高了原有部门的生产率，促进整个经济效率的提高；二是融合新产业的不断增加，一些旧的产业不断衰退，产业结构的升级导致经济总量的增加；三是产业融合过程中，先进的通用技术、知识以及其他通用资产，从一个部门向多个部门扩散；四是技术、信息、思想、品牌等知识资产在有关资产结构中的比例不断上升；五是共同资产和共同要素的充分利用和再配置；六是随着各产业部门分工的深化和产业迂回链条的延长，整个经济中交易成本就越高，当交易成本超过分工收益时，就会产生融合。

三、产业融合时代的传媒规制改革

在媒介融合时代，关键是要打破条块分割、地区分割的状态，整合跨媒体资源和上下游资源，实现规模经济和范围经济效应。规制思路是实现公益性事业和经营性产业分类运行，公益性事业归政府管理，除了意识形态的宣传以外，还要确保信息的公平传播和保护公共利益，弥补市场失灵，同时放松结构性规制，经营性产业鼓励跨行业、跨地区、跨媒体的整合，促进有效竞争和产业融合。

(一)实现公益性事业与经营性产业分类运行。前者是事业单位,归政府管理;后者归于市场,成为市场主体。规制手段从行政管理向产业规制转变

在新的融合传媒生态下，改革思路是，政府管公平。在广电领域，政府就要负责传输成本高的地区的广播电视信号的覆盖，完善“村村通工程”和“西新工程”，加强对弱势群体以及正外部性的节目的供给，实现信号传输和内容供给的公共服务均等化；在报刊领域，保留时政类报刊出版单位的事业单位的前提下，深化非时政类报刊出版单位“转企改制”。进一步说，广电领域在网络传输和节目制作领域引入竞争机制，在广播电视播出机构和新闻节目制作保持事业单位的前提下，剥离可经营性资产，实行制播分离，按照产业发展的思路进行规制，放松市场进入规制，引入业外资本，形成多元化的投资体系，同时对节目进行科学规划、评估、审核、购买和播出，建立统一、开放而竞争的节目市场。在广电传输业务环节放松市场准入，实现电信网和广电网互联互通、双向进入。总之，传媒产业要剥离可经营性资产，建立现代企业制度，进入资本市场融资扩张，放松跨行业的兼并、收购和重组，加快信息整合，建立跨媒体、跨地区的传媒集团，实现规模化和集约化生产，减少交易成本，促进产业结构升级。

(二)放松经济性规制,加强社会性规制

媒介融合使传统的电信、出版、广播电视经营者相互进入对方市场，并购、重组是促进融合的重要方式。媒介融合使传统媒介纵向分立一体的结构裂变为横向一体化的结构。规制目标既要让被规制企业提高效率，又要最大限度地增加社会福利，同时不至于被规制企业过多吞噬消费者福利，建立有效的反垄断规制手段，对并购现象进行评估和严格控制，甚至对垄断企业实行拆分规

制。例如美国采用的多是集中率，根据企业总收益或市场占有率（如发行量或者收听收视率），计算某行业排名前四位或者前八位厂商的总收益（或市场占有率）占整个行业总收益（或市场占有率）的比率。如果CR4≥50%，或者CR8≥75%，那么，这个市场就被认为是高度集中的。美国司法部和联邦通讯委员会也采用赫芬达尔-赫尔希曼指数（Herfindahl Hirschman Index，缩写为HHI）作为反托拉斯的依据，它是用某特定市场上所有企业的市场份额的平方和来表示，“HHI=0”为完全竞争状态；“HHI<1 000”为非集中市场，即竞争性市场；HHI在1 000~1 800之间，即为中度集中市场；HHI>1 800即为高度集中市场；HHI=10 000，说明一家企业完全垄断了市场，拥有了100%的市场份额。放松经济性规制的同时要加强社会性规制，1999年《美国电信法》202条取消了广播所有权的限制，同时还取消了一家公司拥有12座电视台的限制，并把观众占有率上限从25%提高到35%。公众普遍抱怨，地方广播的集中化趋势导致了节目多样化的减少、地方公共新闻和公共事件报道的减少、地方危急事件报道的失落以及当地音乐人、政治候选人、慈善机构等接触电波的机会的丧失，既没有促进经济增长，也没有带来观众福利[①]。美国加强社会性规制，把公共利益作为颁发和延续执照的主要标准，包括节目多元化、公正，富于教育、信息和讲究质量，为文化和政治服务，要鼓励、提升公众的参与和表达，塑造产业和政府以外的自治空间，也被称为孕育公共生活，鼓励公共空间，提升公民文化。

（三）统一规制主体，进行分类规制

我国传媒规制出现了规制俘虏、规制失灵等现象，要从纵向分业规制到横向分立规制，建立独立、公平、合理的规制框架。伦敦城市大学传播政策研究项目主任彼得·埃斯菲迪斯2002年提出了“规制融合”的概念，即通过展开一系列媒介技术、市场和产业融合的媒介规制变革，建立一个能够适应所有融合领域的共通的规制框架。传媒规制应以纵向产业划分为核心的管制体系向以横向功能划分的竞争体系过渡，采用一种水平层级式的融合监管架构，在最高层设置一个统一的融合管理机构，下设内容服务、技术管理和基础设施三大职能部门；对媒介的内容服务与基础设施进行分离管制政策。产业融合时代要建立一个统一的、动态的规制框架，规制目标应该平衡多种选择与竞争，促进信息内容的多样性；通过促进竞争，满足创新者和投资者的利益，繁荣信息市场；促进电子媒介和信息网络的融合，使消费者受益；随着信息产业进入数字化时代，维护公民的普遍利

① 喻国明：《传媒规制的应然与实然》，《新闻与写作》2008年第3期。

益。针对我国三网融合的规制，按照内容和网络分层监管的原则，要考虑建立一个统一、独立的监管机构实施全面的行业监管职能。另外，面对文化产业大发展大繁荣的历史使命，甚至可以考虑试点建立大部门体制，推动大文化发展，最终实现文化、广电和新闻出版局等部门三局合一的大部制。

在媒介融合时代，我国传媒产业改革的思路首先要剥离可经营性资产，成为市场主体，提高效率，通过市场配置资源。具体来说，广电产业要在三网融合和制播分离改革的大背景下进行，保留播出结构和新闻节目制作的事业单位属性外，在网络传输和内容制作方面引进竞争机制；报刊出版产业，在保留党报和宣传性机构的事业属性之外，晚报和都市类报纸以及出版社建立现代企业制度，经营性产业之间通过并购、重组整合资源，实现做强做大。

（原载《国际新闻界》2011 年第 12 期）

传媒产业所有权融合与反垄断规制

随着媒介融合的发展，传媒产业所有权也出现了融合趋势，这深刻地改变了传媒产业组织结构，所有权融合可以发挥规模经济和范围经济效应。但是所有权融合一定程度上造成了市场垄断，特别是对于广告和传媒产品来说形成垄断高价。西方媒体政策理念认为，自由、多样化的媒体是民主进程中不可或缺的一部分，媒体要向公众提供多样化的声音和观点，向公众传达信息，影响公众舆论同时引起对政治的关注与争论，帮助形成对事物的独特判断，如果一种声音过于强大，造成舆论一律，则十分危险。因此传媒所有权融合成为西方国家反垄断规制的重要对象。

一、传媒产业所有权融合的动因、形式与效应

传媒所有权融合就是传媒企业沿着其产品和服务的生产经营链条的纵向或水平方向并购其他企业，不断拓展业务，扩大经营范围，通过企业交易内部化，降低交易成本，使自身生产、技术、资金等迅速扩大，发挥规模经济、范围经济效应，从而增强企业的竞争优势。

（一）传媒产业所有权融合的动因

传媒所有权融合成为全球化、信息化和数字化时代提高传媒生产率和竞争

力的一种发展模式和产业组织形式，技术创新、企业追求效益的最大化、放松规制和跨国公司的扩张是传媒所有权融合的动因。由技术创新所引起的技术、业务和市场融合是对传统工业经济时代产业分立的技术边界、业务边界和市场边界的突破，产业融合是对传统工业化产业分立的革命性否定[①]。技术的创新产生了替代产品与服务，增强了不同产业的关联度，使得通用资产增多，竞争合作压力推动了传媒产业所有权的融合。所有权融合改变了企业的生产成本函数，在创新技术基础上，对原有技术生产路线、业务流程、管理以及组织等进行全面协调和整合，使不同产业之间的资源重新整合利用，降低了企业之间的交易成本，实现了资源共享，改善了成本结构和企业的经济效益。政府放松规制成为传媒所有权融合的外部条件，新自由主义和新公共管理运动成为这次放松规制的思想基础。追求超额利润、掌控国际话语权和谋求建立西方主导的信息传播新秩序是跨国公司的扩张推动力，促使了传媒所有权在世界范围内的融合。

（二）传媒产业所有权融合的形式

所有权融合主要通过资本的重组来实现融合，例如通过并购、拆分、重组、联合、控股等资本行为实行所有权融合，根据融合企业在产业链和市场结构中的关系，分为横向融合、纵向融合和混合融合三种类型。横向融合就是通过并购同类产业横向扩张自己的经营规模，发挥规模经济效应，根据固定资本的不可分割性和固定成本的可分摊性，规模越大时，产品的单位成本就越低，适宜扩大规模生产。纵向所有权融合是在供应链的两个方向上并购相关企业，形成产供、产销或供产销一体化，又称为纵向一体化战略。这种战略行为在经济学界有不同的阐释：新古典经济学家认为，纵向一体化是为了追求范围经济，降低生产成本，或是设置行业进入壁垒，增加市场支配力，规避交易风险；新制度经济学家认为是为了节约交易成本，资产专用性、交易不确定性和机会主义是交易费用的主要原因，纵向一体化就是从市场治理到企业的内部治理；产业组织理论学家认为垄断的结构导致企业纵向一体化，纵向一体化最终又导致垄断；企业能力理论学家认为异质资源形成的核心能力是企业竞争优势的来源，企业可以通过一体化或者外包来获取额外的收益[②]。最近几年，优质电视剧资源匮乏和价格虚高，导致大量自制剧的出现，说明稀缺资源的缺乏导

① 周振华：《产业融合：产业发展与经济增长的新动力》，《中国工业经济》2003年第4期。
② 徐斌：《纵向一体化选择的动因：理论与模型》，《经济问题探讨》2010年第1期。

致了纵向一体化。同样许多报业集团也实行纵向一体化战略，拥有设备先进的印务中心、纸张供应、广告、报刊发行公司和连锁店公司，削弱供应商或顾客的价格谈判能力，提高自身的竞争力。跨媒体融合就是并购相关产品生产企业，使得组合多种相关产品的生产比把这些产品彼此独立地分开生产更为经济，发挥范围经济效应。这种效应不仅源于不同产业在采购、生产、制作、发行、销售、广告和售后服务价值链上发挥协同效应，而且在人力资源管理、技术开发和生产要素等多个领域发挥整合效应。如果从产品的性质来看，融合可以分为替代性融合和互补性融合，前者主要是具有相似的特征和相同的效用，后者则是功能互补，产业链出现在交叉的企业之间。

（三）传媒产业所有权融合的效应

传媒产业融合在产业链、产业结构、产业绩效、市场结构和集中度等方面都产生了深刻的影响。从产业链方面看，传媒所有权融合导致单一线性的产业链向围绕内容生产的多层次、立体的产业链转变，立体产业链产生战略协同效应，优势互补，可以分散经营风险。从产业结构的角度看，纵向产业结构向横向产业结构过渡，产业分立向产业融合过渡，避免了同行业的恶性竞争，不同产业之间的竞合关系得到强化，在同一个多媒体平台上展开更高层次的竞争。从产业绩效角度看，微观层面上能够带来成本节约效应，即产业融合能够提高共用资产的利用率，在生产与销售边际成本上的长期的结构性的削减，节约交易成本；中观层面上能够产生竞争合作效应，有利于形成有效竞争的新型市场结构；宏观层面上有利于产品和产业创新并积极促进产业结构的升级和经济的持续增长[①]。从市场结构的角度来看，由高度垄断市场向竞争性垄断或寡头垄断的市场结构转型，不同产业之间由非竞争关系转变为竞争关系。例如三网融合对于网络接入和有线信号的传输产生了影响，形成了寡头垄断的市场竞争格局。从市场集中度来看，出现了两种相逆的方向，随着并购的增多，产业内企业减少，集中度提高，而其他产业的进入又降低了集中度，形成有效竞争的市场，竞争活力和市场规模达到一种平衡。

二、传媒所有权集中度的测量与反垄断规制

传媒产业极易产生所有权融合，因此也成为反垄断规制的重要对象。西方

① 肖叶飞：《传媒产业融合与政府规制改革》，《国际新闻界》2011年第12期。

国家所有权融合的测量和反垄断规制有一套科学的方法和具体的参数供参考，主要是从界定产品市场和区域市场出发，重点分析市场份额和集中度。当然，这种规制方法逐渐向是否实质减少竞争、是否构成市场进入壁垒、是否有涨价能力等多角度经济学分析过渡。

（一）我国传媒产业的市场集中度测量

欧美各国有一套计算市场集中度的测量方法，并以此作为反垄断规制的重要参考因素。美国反垄断规制根据企业总收益或市场占有率（如发行量或者收听收视率），计算某行业排名前四位或者前八位的企业的总收益（或市场占有率）占整个行业总收益（或市场占有率）的比率。如果CR4≥50%，或者，CR8≥75%，那么，这个市场就被认为是高度集中的。美国司法部和联邦通信委员会采用赫芬达尔-赫尔希曼指数作为反托拉斯的依据，它是用某特定市场上所有企业的市场份额的平方和来表示。2001年美国电视、报纸和出版产业的市场集中度CR4分别是31%、48%、77%，跨媒体集中度CR4是49%、CR8是66%[①]，市场集中度很高。如果以广告收入为标准测量全国的广播电视市场结构，2010年我国广播电视广告总收入是1 079亿元，央视及上海、湖南、浙江、北京、江苏等广播电视集团列前6名，广告收入分别是170亿、46亿、43亿、32亿、31亿和30亿，广告市场份额CR3是23.81%，CR4是25.78%，CR5是28.65%，CR8是35%左右。通过计算，我国的广播电视HHI指数介于300~400之间，而HHI指数低于1 000都是竞争性市场。这说明我国的广播电视市场是低集中度的，是竞争性市场结构，规模经济不明显，除了央视15%份额外，排名第二的上海广播电视台市场份额也只有不到5%，远低于美国几大寡头竞争的广播网市场集中度，如果从收视份额来测量我国电视市场结构，与从广告收入的角度测量的结果相似。

用同样的方式测量我国的报纸和出版产业，则发现集中度更低。2010年我国出版报纸1 939种，营业收入729.4亿元，增长16.2%，其中前5名的报业集团分别是广州日报报业集团、成都传媒集团、解放日报报业集团、南方报业传媒集团、山东大众报业集团等，营业收入市场份额分别是5.35%、4.25%、3.68%、3.36%、2.77%。通过计算，我国的报业市场集中度CR3是13.28%，CR4是16.64%，CR5是18.91%，CR8是26.33%左右，我国报业市场的HHI指数介于150~200之间。无论从哪个指数来看，我国的报纸是低集中度的竞争性市

① 喻国明：《传媒经济学教程》，中国人民大学出版社2010年版，第180页。

场，由于没有像广电领域央视的高份额的媒体巨头，我国报纸的市场集中度低于广播电视市场集中度。另外，如果从出版企业的码洋（全部图书定价总额）的占有率来看，我国出版集团的占有率最高的是中国出版集团，依次是吉林出版集团、江苏凤凰出版集团、中国国际出版集团等，我国的出版市场集中度CR3是13.1%，CR4是15.8%，CR5是18.2%，CR8是23.7%左右。我国出版市场的HHI指数介于150~200之间，与报业的市场结构极为相似，远低于美国等西方国家的市场集中度。

(二)传媒产业的产品市场和区域市场的集中度测量

从全国的角度看，我国的传媒产业市场集中度低，但是，从区域市场或产品市场来说，是否因为行政性垄断的存在导致一定的区域市场或产品市场的垄断，形成了寡头垄断或垄断市场？这首先要测量产品市场或区域市场。一般来说，相关产品市场就是相互竞争的产品，相互之间具有可替代性，一定程度上满足某一种需求的商品。区域市场也就是空间市场，企业的产品与竞争关系的产品的销售范围，某种意义上企业的销售范围就是区域市场。西方国家竞争法上的市场界定有两种方法，一是产品功能界定法，即产品的功能、价格和用途具有互换性和替代性，具体可以利用价格交叉弹性来测量产品的替代性。价格交叉弹性就是某种产品的供需量对于相关替代产品价格变化的反应灵敏度，供需变化的百分比除以另外商品的价格变动的百分比就是弹性系数，这种系数可以反映产品的替代、不相关或互补关系。例如汽车和汽油，前者的价格与后者的需求量是反方向变化，价格交叉弹性系数是负值，两者是功能互补性产品。又如茶叶和咖啡，前者的价格与后者的需求量是同方向变化，价格交叉弹性系数是正值，两者是替代性产品，若价格交叉弹性系数是零，则两者是不相关产品。那么不同传媒对于广告商来说是不是具有替代性，值得深入研究。一般可以认为，广播电视的广告价格上涨会导致纸质媒体广告需求量的上涨，即电子媒体和纸质媒体对于广告商来说是替代产品。当然，例如化妆品等少数诉诸视觉的广告对电视媒体还是具有刚性需求，不同媒体对于大多数广告商来说是同类产品市场。这种“合理互换原则”的产品功能界定法具有主观随意性，21世纪以来，这种测量方法被“SSNIP”（“Small but Significant and Nontransitory Increase in Prices”，译为“小而显著非短期的价格上涨”）所替代，此法也叫“假定的垄断者测试”（the Hypothetical Monopolist Test）。美国1982年率先在合并指南中采用这种市场界定法，这种方法假定从合并的企业一个假定的狭小的产品（地理）市场出发，逐步分析在价格发生小幅、显著和非短期性变化情况下（一般情况是假定的可预见的未来价格上升了5%~10%）企业盈利的变化情况。如果价格上涨后有足够多的消费者转向其他产品（地理）市场，那么企业就不能从涨价中获得盈利，原先作为分析起点的产品（地理）市场就应当被扩大到消费者拟转向的目标市场，这个测试过程一直进行下去，直到最后出现某一产品（地理）市场，企业可以通过涨价而实现盈利[①]。

（三）我国传媒所有权融合的现状与反垄断的规制

近年来，在行政力量或资本力量的推动下，我国出现了很多传媒集团，包括同地区或跨地区的新闻出版集团或广播电视集团，例如牡丹江、佛山和红河等非省会城市跨传媒集团，建立在省会城市的成都跨媒体传媒集团等。经济学角度来说，一定程度的集中是规模经济和技术进步的需要，有利于消除过度竞争和促进资源配置效率。但是牡丹江、佛山等跨报纸和广电的传媒集团的成立可以说形成了区域市场的支配地位。市场支配地位就是一个或数个经营者在相关市场上具有控制商品价格、数量或者其他交易条件，或者阻碍、影响其他的经营者进入相关市场能力的市场地位。国际上把滥用市场地位作为反垄断的主要原因，滥用市场支配地位的行为包括掠夺性定价、搭售或附加不合理条件、索取垄断高价、拒绝交易、歧视性待遇。假设牡丹江或佛山跨媒体传媒集团凭借市场支配地位，开始用低于成本的价格刊登广告，把本地市场依靠广告生存的其他媒体逼出市场，然后突然抬高广告价格，减少产品的数量，形成广告的垄断高价，导致消费者剩余的减少和社会福利的损失，这完全有可能。当然成都传媒集团因为在省会城市，在省级电视台和省级报业集团的竞争下很难取得市场支配地位。但是，全省某一种媒体组成传媒集团会不会产生市场支配地位呢？例如2004年成立的由广东19个地级市和76个县组成的南方广播影视传媒集团或者囊括上海90%以上广电媒体的上海广电总台，这些广电集团在全国的市场份额很小，但是在区域市场或者产品市场是否构成了市场支配地位，甚至出现滥用市场支配地位的行为呢？采取SSNIP方法进一步测量，假设这些传媒集团突然一天宣布广告价格上涨5%~10%，这两家传媒集团能够通过涨价而盈利呢？如果广告商把大部分广告投向了纸质媒体、其他卫视或者新媒体，则说明他们并没有构成市场垄断地位，广电媒体和其他媒体的交叉价格弹性系数是正值，是替代性市场，相关市场的测量要扩大到其他类型或区域媒体。相反，

① 卫新江：《欧盟、美国企业合并反垄断规制比较研究》，北京大学出版社2005年版，第49页。

如果广告商无奈地接受涨价的事实，而传媒集团轻而易举地通过广告涨价而盈利，则市场确定为当地的市场，这家传媒集团在当地具有市场支配地位。

我们不难想象，同一个区域中只有一家传媒集团或者全省只有一家广电集团，很容易对该地区的广告构成垄断性高价，毕竟央视和省级卫视覆盖更广、广告价格更高，新媒体的广告效果有待进一步验证。造成这种区域垄断现象的原因是，我国原有的规制体系是行业垄断与区域垄断的行政化管理方式，通过内容审读来保证政治力对传播话语权的全面掌控，区域和行业性的传媒资源的垄断是传媒资源配置效率低的原因，也是恶性竞争的根源①。而且，区域传媒集团对于舆论生态造成破坏性影响，新闻信息的多样性和资讯的自由流动都受到阻隔，对于同一个城市跨媒体传媒集团的案例分析中，舆论生态单一化明显，跨媒体经营获益最少的是受众②。例如，佛山传媒集团在当地官员腐败案中集体噤声就是对舆论生态破坏的明证。从这个角度说，区域垄断性的传媒集团、区域跨媒体集团或传媒联盟等要成为反垄断的重点，不利于声音的多元化和维护公共利益，破坏了市场的公平竞争。

三、传媒产业反垄断规制的趋势、措施和程序

世界上有结构主义和行为主义两种反垄断规制理念，美国和日本等国家是结构主义反垄断的典型国家，主要通过测量垄断主体的市场份额或对市场价格是否具有控制地位，而且这种情况长期得不到改善。而以德国为首的欧洲国家是行为主义反垄断的代表，不仅要考察主体的市场份额，而且要考察市场主体是否具有反垄断法所禁止的违法行为，市场支配地位本身不违法，而利用市场支配地位限制竞争则违法。2004年欧共体兼并规制法转向强调并购对竞争的阻碍，把垄断地位作为一个附从考虑因素，说明世界反垄断的理念正在从结构主义向行为主义转变，如美国《合并指南》把实质减少竞争看成反垄断规制的标准，实质减少竞争是指企业合并导致的相关产品的价格显著高于没有合并之前的价格，而且这种价格的差异难以在2年内消除。实质减少竞争标准更加具有优势：一是更具弹性，重点放在企业市场行为和企业间的动态竞争上，而支配标准主要考察放在市场集中度上；二是更允许使用经验证明和经济学分析方法；三是具有更高的透明度，有利于发现问题和解决问题；四是更有利于在合

① 朱春阳：《媒介融合规制研究的反思：中国面向与核心问题》，《国际新闻界》2009年第6期。

② 支庭荣：《我国报纸、广播、电视跨媒体集团的政治经济学分析》，《国际新闻界》2009年第6期。

并的规制中引入效率分析因素。

(一)传媒所有权融合的规制趋势

21世纪以来，全球传媒所有权的发展出现了新趋势，不断平衡放松规制的经济效益目标和多样化的声音的社会政策目标的关系。首先，规模经济成为各国传媒产业发展的必然选择，传媒集团化导致市场份额的不断扩大，反垄断的目标逐步从限制垄断地位、保护竞争者利益转变为维护市场竞争秩序，维护消费者利益，促进技术创新和产品创新。其次，弱化反垄断规制，从结构主义向行为主义转变，从全面干预到有限干预，把横向所有权融合作为规制的重点，放宽非横向所有权融合。再次，把提高经济效益作为反垄断规制的追求目标。美国芝加哥经济学派认为，市场形成的垄断企业往往是优胜者，可能是技术创新和产品创新造成的，是市场效率和市场绩效的证明，高效率往往使消费者福利最大化，并提出了“合并特有的效率”这个概念，一旦其他企业通过产品创新和生产替代产品，市场优势就被打破。最后，反垄断规制对市场的界定从封闭走向开放，充分考虑本国企业的国际市场竞争力，同时考虑外国企业进入市场和限制竞争的能力，鼓励本国传媒企业在良好的本国市场的基础上自由成长的同时向全球扩张。

(二)传媒产业反垄断的具体措施

西方国家通过多重手段加强反垄断规制，例如，美国监管部门平衡所有权融合对于媒体消费者和社会大众的影响，联邦通信委员会FCC必须从公共利益的标准来衡量公司的并购行为，联邦贸易委员会FTC必须从市场竞争的角度来衡量公司的并购行为，司法部门从反托拉斯角度衡量公司的并购行为，但总体是向放松经济性规制、加强社会性规制的趋势转变。

横向所有权融合是反垄断规制的重点，美国联邦通信委员会FCC对广播网的兼并有严格的限制。例如，1941年春，美国联邦通信委员会拆分全国广播公司，从而产生了美国历史上的三大广播网时代，同时禁止一家广播公司拥有两个以上的广播网，1996年《美国电信法》把广播电视的受众占有率的上限确定为35%。英国考虑通过将单一媒体声音份额（又称广告占有率）方法作为设置单一媒体所有权上限的标准，1996年的广播法案将电视所有权的上限设置为英国观众的15%的份额。当然这个电视受众的计算包括BBC观众在内，若超过此界限，独立电视委员会可以收回电视许可权。同时，单个广播公司不得占据多于25%的数字地面电视频道。

在纵向所有权融合和反垄断方面。纵向所有权融合对竞争的影响是不确定的和模棱两可的，可能延伸垄断、圈定市场、阻止潜在进入等，但是纵向融合带来的效率改进和交易成本的降低是显著的，对竞争的危害小于横向融合，所以不是反垄断规制的重点①。西方国家通过立法对广播电视纵向垄断进行规制，例如，欧洲通过法律规制公共电视节目的配额，规定社会制作公司的节目必须达到一定的比例，以展示社会多元化的声音，满足文化多样性和维护公共利益的需求。1990年《英国广播法案》要求BBC和商业广播网的新节目（除新闻性节目）中至少25%要由独立制作公司制作；美国二十世纪七十年代到九十年代实施了《金融利益与辛迪加法案》和《黄金时间享用权法规》，为了打破三大电视网的市场垄断和提高节目的多样化水平；韩国为了打破KBS、MBC、SBS三大电视网的垄断，规定独立制片人的节目份额要增加到30%，电视网在黄金时段必须播出15%的外制节目，否则将受到处罚。

在跨媒体所有权融合和反垄断方面。西方在特定产品市场和区域市场保持所有权的多样性，防止出现市场支配地位的垄断现象。1996年《英国广播法案》规定，一个拥有超过全国报纸日发行量20%的媒体所有权的单一经营者不允许跨媒体拥有地面或商业广播的执照，反之，跨媒体拥有地面电视或者商业广播的单一经营者不得拥有超过全国20%的日发行量的报业所有权。在特定的目标市场上，拥有某种媒体的50%市场份额时，不得拥有跨媒体所有权。例如拥有地方报纸50%的份额则不能拥有同一个地域的电视台和无线广播，持有全国发行量30%份额的报业经营者将不得在同一个地区拥有电视或广播执照②。2003年，FCC以微弱多数通过了具有决定意义的新法规，规定大部分地区的地方电视公司可以拥有2家电视台，还允许一个地区内的报纸、电台和电视台进行交叉持股。在有5家以上电视台的地区，一个公司可以拥有2家电视台，只要其中之一不在前4名之列。在有9家电视台的地区，一个公司可以拥有1家日报社，1家电视台和数家广播电台。但是，FCC一直严禁4大电视网之间进行合并，以杜绝广播市场的完全垄断状态出现，而且这也是FCC避免进入壁垒、保持自由竞争广播市场机制的最后防线③。美国跨媒体所有权的放松规制的主要原

① 宋晶：《纵向一体化反垄断政策研究》，东北财经大学出版社2010年版，第137页。

② 吉利恩·多伊尔：《传媒所有权》，陆剑南等译，中国传媒大学出版社2005年版，第71页。

③ 王海：《反垄断背景下寡头传媒与FCC的博弈》，《国际新闻界》2003年第5期。

因是竞争媒体的增多，增加了受众获取新闻的渠道，新媒体分解了部分受众。

（三）传媒产业所有权融合反垄断规制的程序

我国反垄断规制相对较为滞后，对于传媒产业所有权融合更是放任自流的态势。我国应该建立对一定规模以上的传媒产业所有权融合进行申报制度，并赋予反垄断执法机构直接处理的实质性权力，可以设置两步申报法：初审只需提交基本数据，执法部门初步判断；如果涉嫌垄断则要进入再审阶段，提供更进一步数据，执法部门根据年销售额、在区域市场或产品市场的市场份额、市场集中度和并购后市场份额的变化幅度等做出判断，并可以要求并购者对于竞争状况和相关产品的价格和服务质量做出说明。为了保护舆论的多样性，培养媒介集团的竞争力，在受众规模大、媒介集中度低的城市要加强合并，媒介规制相对放松[①]。相反，如果区域市场只有一家广电媒体和报纸媒体，则要禁止所有权融合，保护声音的多样性和产业的竞争性。西方国家有一些具体的标准可参考，例如两个企业并购后的HHI不足1 000，则不具有反竞争的效果。如果市场是1 000~1 800的中度集中市场，如果并购后增长指数超过100，则对竞争构成潜在的威胁，并可能对并购进行禁止。若HHI是1 800以上的高度集中的市场，并购后指数增长高于50，则可能应该禁止这种并购。《德国反对限制竞争法》规定：如果并购企业就某种产品的生产或者销售至少占到三分之一的市场份额，则可推断并购产生了市场支配地位；如果市场上最大的3家或3家以上的企业产品共同达到二分之一的市场份额，或者最大5家或不足5家的企业共同生产的产品达到三分之二的市场份额，且这些企业之间不存在实质性的竞争，则可推断他们共同占据市场支配地位。当然，随着企业外包业务增加，虚拟企业和企业模块化的发展，市场集中度的测量方法也在不断地完善，但是这些标准对于我国传媒产业的并购有很好的参考价值。

我国目前传媒产业仍处于条块分割的状态，但正在按照公益性事业和经营性产业的分类运营的思路改革，在转企改制、制播分离和三网融合的推动下，基于资产重组的传媒所有权融合成为发展趋势。规制改革是媒介融合的前提[②]，我国规制改革的框架要从纵向分业规制向横向分层规制转换，规制改革的取向要放宽市场准入、倡导竞争、吸纳投资，规制中心从结构规制向行为规

① 喻国明，苏林森：《中国传媒规制的发展、问题与未来方向》，《现代传播》2010年第1期。

② 蔡雯，黄金：《规制变革：媒介融合的必要前提》，《国际新闻界》2007年第3期。

制转变[1]。我国传媒产业规制的思路应该是打破地区、行业和行政垄断，在不同地域和产品市场上用资产重组而不是行政手段实现跨地区、跨媒体、跨所有制的融合。

（原载《国际新闻界》2013年第4期）

① 肖赞军：《媒介融合时代传媒规制的国际趋势及其启示》，《新闻与传播研究》2009年第5期。

媒介融合语境下西方国家广播电视规制的变革

二十一世纪以来，随着广播电视产业数字化、融合化的发展，网络电视、手机电视等视听新媒体不断出现，广播电视产业和电信产业的边界融合势不可挡，这些新情况无疑改变着广播电视产业的传媒生态和行业结构。面对新形势，西方国家普遍调整规制理念和规制政策，通过立法规制、司法规制、独立规制、行政规制、自我规制、社会监督等多种手段规制广播电视产业，以实现政治、经济、文化价值和福利。下面从规制理念、特点、行为、政策等方面对西方广播电视规制进行解构和阐释，试图给我国广播电视产业的公共服务建构、“反三俗”和“三网融合”改革带来一些启示。

一、广播电视规制的理念与法理依据

与出版业不同，广播从诞生之日起就受到严格的规制，这是缘于电波频率的稀缺性和传播范围的无边界性，政府不得不就不同国家之间的波段分配进行协商，从而在广播、武装部队、商船和电信之间进行配置。广播作为技术性通讯媒介，跟电话、邮政和公共交通一样，成为“公用事业”，是政府提供的一种公共服务①。西方国家把电波作为公共资源，获得执照许可的广播电视机构

① Andrew Goodwin, Garry Whannel. *Understanding Television: Studies in Culture and Communication*, 11 new Fetter Lane, London EC4P 4EE. 1990 :20–21.

是“公共委托人”，必须履行公共服务的义务，其法理依据如下：

广播电视产品和服务是一种准公共产品，具有消费上的非排他性和非竞争性，完全市场供给容易导致“市场失灵”。为了保证广播电视产品和服务的稳定及可靠的供给，使用电波这种稀缺资源的广播电视媒体必须承担一定的社会责任和公共服务的义务。譬如，有三分之二的受众看娱乐节目，20%的受众看教育类节目，14%的受众看文化类节目，若市场上有三家广播电视媒体，他们都会为了争取22%的受众播放娱乐节目，节目出现同质化趋势，出现“市场失灵”。为了实现普遍服务的原则，满足公众信息接近权，西方实行广播电视的“必须传输”原则，确保每个地区都在广播电视的信号覆盖范围之内，同时保证每个公众能够通过各种渠道获取各类信息。

广播电视产业具有明显的外部性，不能仅以经济效益作为唯一的衡量标准，而要充分考虑社会效益和社会成本。正外部性将促进社会民主，繁荣科学文化，提高社会的教育水平，增强社会凝聚力。反之，负外部性将导致媒体向低俗、庸俗、媚俗等方向发展，败坏社会风气，不利于社会文化教育水平的提高。因此，美国要求公共广播网必须播放一定量的科学类、文化类、教育类、信息类和纪实类节目。欧盟一直积极维护广播电视服务的传统价值观，包括多元化、文化和语言的多样性以及维护消费者的选择权，全面实现广播电视服务的社会、文化和政治功能。

广播电视产业属于网络型产业，不仅具有网络型产业的规模经济和自然垄断性的特点，而且具有显著的范围经济的特点。对于广播电视企业，随着公司的消费规模日益扩大而平均生产成本降低，实现了规模经济；为某个市场而创造的传媒产品可以重新改变形式，然后通过另一个市场销售，使其成为另一类观众的新产品，这就产生了范围经济[①]。所以，西方国家允许媒体一定的集中度，但是为了防止操纵市场，影响媒体的公正性，又禁止过度集中，在各类媒体、服务、渠道和市场之间保持竞争性。

广播电视和公众的言论表达自由密切相关，也与国家的信息安全、文化安全密切相关。西方通过公共广播电视模式和独立的监管机构来保证编播的独立性和新闻报道的客观性，与党派、利益集团和政府机构保持一定的距离，促使公民通过广播电视获取真实的信息和表达自己意见的自由，从而对公共事务做出正确的判断。同时，西方国家从维护民族传统文化和主流价值观出发，给予本国的广播电视产业特殊的保护，对外国企业的参股、兼并和控制等行为进行

① 吉莉安·道尔：《理解传媒经济学》，李颖译，清华大学出版社2004年版，第11页。

严格限制；对外国节目的播出时间的比例进行限制，例如，法国、加拿大等国家通过财政、税收等措施鼓励本国的广播电视产业的发展，维护国家的文化主权和信息安全。

以美国为例，广播电视规制的核心理念包括公共利益原则、地方主义原则、自由观点的市场原则、普遍服务原则、多样性和竞争性原则，其中公共利益原则是最根本的原则。早在1934年《美国通信法》就规定，广播为了公众的利益、便利和要求提供服务。公共利益原则进一步衍生出三个原则：自由观点的市场原则、普遍服务原则和地方主义原则。自由观点的市场原则是指公民可以通过广电媒介自由表达自己的意见和观点，这是形成民主机制的基础，并由此产生了多样性和竞争性的要求。普遍服务原则是指所有公民都可以享受广播电视媒体提供的视听服务，可以在思想和观点的市场上自由选择。FCC通过交叉补贴、许可证条款规定、普遍服务资金、政府直接资助等形式，使所有美国民众享受广播电视服务，包括农村、高成本的地区和岛屿居民。地方主义的原则就是指广播电视服务应该尽量满足地方的需求，照顾到地方的利益[①]。

二、广播电视规制的特点与范式转型

(一)规制的特点

在媒介融合的语境下，为了实现维护公共利益、竞争性和多样性的规制目标，西方国家形成了完整的规制体系，提高了规制的科学性和民主化水平，通过平衡机制解决商业利益和公共利益、集中垄断和有效竞争、市场效率和社会效益之间的矛盾，呈现出如下特点。

（1）放松结构规制和调整行为规制的结合。在数字化和融合化的趋势下，西方国家不同程度地放松了结构规制。新的规制理念就是需求创造供给，而一改以前的供给创造需求的理念，从“公共利益至上”向“消费者利益至上”演进。例如，1996年《美国电信法》放松了媒介所有权、有线电视相互持股、外资进入、许可证等方面的限制性措施，并导致了媒介市场的跨媒体、跨行业的兼并和整合。虽然西方有减少结构规制的倾向，但是为了防止少数私人控制新闻报道，影响公众的接近权以及报道的公正性和内容的多样性，结构规制仍是重要的内容。例如法国禁止同时拥有两家全国性电视台的执照，禁止对全国性

① 国家广播电影电视总局发展研究中心：《国外广播影视体制比较研究》，中国国际广播出版社2007年版，第37页。

电视台拥有49%以上的表决权。美国不仅禁止4家电视网的合并，而且禁止对两家以上电视台的支配可能导致在全国视听占有率超过39%的垄断行为。德国则禁止年平均收视率超过30%的舆论支配的所有权。另外，西方国家调整广播电视的行为规制，对于公共广播电视的规制重点转移到基本服务的质量、资金运用的效率、内部管理的透明化、对视听者的尊重、对新型市场的开拓上来。商业广播电视规制重点转移到敦促其履行普遍服务上来。

（2）外部结构多样化和内部治理多元化的结合。西方国家的广播电视体制基本都实行双轨制，公共广播电视和商业广播电视互补共存，实现外部结构的多样化，达到公共利益和商业利益的平衡。公共广播电视采取公共服务模式，是非营利机构的公共法人，主要依靠执照费维持运转，弥补市场失灵和维护公共利益。商业广播电视采取市场模式，主要依靠广告维持运转，满足公众多样化的需求。为了保证公共广播电视履行其职能，普遍采取立法手段或司法手段，强化内部治理机构等加以规制，使其向公众提供信息、教育和娱乐等多样化节目，促进知识和艺术的创新，保护民族文化遗产等。独立规制机构就商业广播电视的市场准入、频率使用、市场行为、服务质量和社会影响等各方面加以监管。另外，就各国的独立规制机构的内部治理机制来看，普遍实行委员会制，决策上实行合议制，重大问题由来自社会各界和各个领域的多名专家的集体讨论和民主协商，以投票的方式做出决议。独立规制机构一般按照专业分工的要求设置若干咨询和研究部门，这些部门针对监管中的经济、法律、社会、伦理、技术、文化等专业性较强的问题提出比较权威的意见，达到内部治理的科学化、民主化、多元化。

（3）维护公民权利和消费者权利的结合。西方国家普遍把维护公民权利和消费者利益作为广播电视监管的首要目标，平衡媒体、公众和市场三者的关系。公民权利包括与广播电视有关的知情权、隐私权和表达权等政治、经济、文化权利，为了保护这些公民权利，给予广播电视媒体自主编播权。独立规制机构通过各种手段对节目进行监管，包括节目的评价权、接受社会投诉后的裁决权以及对媒体的建议权和处罚权，以此维护公民权利。西方国家的规制机构还对涉及公共媒体的视听执照费征收、商业媒体付费频道的定价等关系消费者权益的重大事项拥有审批权，设置众多的视听协会之类的社会性组织，形成在公众、媒体和监管机构之间的互动协调机制。另外一些消费者协会也经常代表消费者的利益，对政策的制定者施加影响。

（4）多元规制和多元评价的结合。西方国家对广播电视的规制和评价的主体、角度是多元的。政府机构、独立监管机构、司法机构、社会中介组织和民间团体都从不同的角度、以不同的方式对广播电视媒体的表现进行多元规制和评估。其中政府规制多从公共政策、文化政策的角度去评价；独立规制机构多从产业政策、反垄断政策等角度评价；司法机构多从宪法和法律、维护社会公正的角度去评价；社会中介机构、民间团体多从维护公民权和消费者权利的角度去评价。评价的方式包括考察报告、调查报告，还包括意见书、建议书和问卷调查等形式。这些司法规制、独立规制等“刚性规制”与民间机构的“柔性规制”相互补充，为广播电视政策的制定和执照更换时的审查提供依据。

(二)规制的范式转型

西方学者把传媒政策范式转型分为三个阶段：第一个阶段是十九世纪到二战，为传播政策的萌发阶段，政策重心在私人所有制，管制的目的不是为了公众利益服务，而是促进竞争，反对垄断。第二个阶段为传媒公共服务时期，自二战后到二十世纪八九十年代，特征是规范和政治上考虑多于技术方面，侧重于政治考虑（公共服务和国家利益，强调政府干预，主要关注自由、多样性、内容质量和职责等）。第三个阶段是传播新政策，通常遵循市场、技术、消费者和公民意愿的逻辑，而不是强行实施其目标。

随着二十世纪八十年代的撒切尔政府和里根政府的新公共管理运动开展以来，新自由主义和放松规制成为政府规制的思想浪潮，广播电视规制也出现了五个范式转型。第一，从信托人模式到市场模式。信托人模式把广播业主当成社会的信托人，代表不同社会群体的利益，自觉实现公共利益的目标。市场模式主张放松规制，市场在资源配置中发挥主导作用，节目类型的多样性主要靠市场的竞争机制来获取。第二，从文化为基础的规制转变为以经济为基础的规制。文化为基础的规制多考虑文化的合理性，基于政治、文化和教育的因素，对广播电视节目的类型和质量有严格的规制。经济为基础的规制多从经济的合理性出发，用反托拉斯法和反不正当竞争法等经济法的规制来补充和完善广播法的规制。第三，从全面的规制到有限的规制。随着数字化的发展，内容规制日益减少，例如美国广播对于公正原则和节目指导原则的废除，这些都依靠外部多元化来实现。放松规制的主要原因是规制失灵或规制俘虏，规制需要许多制度成本，而且规制提高了产业利润而不是社会福利。不过，放松规制使教育、文化等节目大量减少，信息节目的质量也不断下降。随着社会的分层化和分裂化，这些对于社会结构和社会稳定都有负面的影响，已经引起西方学者的关注。第四，规制动机从广播政策到结构和财政政策。例如，西方国家授予卫星电视和有线电视许可证的同时，规定其必须承担传输公共服务性质的节目的义务。作为使用公共资源的交换，广播电视机构必须播出成本高的人文节目、地方节目等，实行节目配额。又如，《美国联邦贸易委员会法》对不正当竞争做出了法律规定，保护市场的有效竞争，保护消费者和市场秩序。第五，对于市场失灵的反应：从结构与规制到道德和诉讼。西方国家通过直接向媒体反映、诉讼，或向监管机构和司法机构投诉，或通过非政府、非营利的行业协会实行软约束。美国实行以事后审查为主的内容规制制度，专门法中设立了一系列媒体应该遵守的内容准则，并授权FCC对违犯者进行事后经济和法律的制裁。另外，对于商业媒体的娱乐化和商业化趋势，通过媒介素养教育去引导消费者理性的消费媒介，选择适合自己的节目类型。

三、广播电视的内容规制与规制手段

（一）内容规制

西方国家都建立了一套比较完善的内容监管体系，具体来说：一是对于未成年人的保护和儿童节目的培养。对于青少年的保护采取提前预防和事后监管的方式进行干预，预防机制包括节目分级、媒体自律、技术阻隔和限时播出等，事后监管机制通过投诉并依法裁决来实现。对于儿童节目的保护体现在两个方面：一方面就是对于性、暴力和有悖道德的节目的防范；另一方面就是正面的保护，制作大量的教育类的节目。1996年《美国电信法》确立了“防暴力芯片”，建立相应的节目分级和节目等级标识制度，依法规定商业电视网每周至少播出3小时的儿童节目。强化对猥亵、低俗节目的处罚力度，提高媒体的违约成本。二是关于政治上公正的规制。美国规定对政治性公开演讲的公正报道原则，这一原则要求政治家和民主选举的候选人应均等获取利用广播和有线电视表达自己观点的权利，美国要求那些在论争中受到人身攻击的人提供反驳的机会。欧盟也规定确保电视节目而遭受损害者的反驳权。三是广告方面的监管。许多广告内容受到限制，包括限制制药、酒精和烟草类产品。四是本国节目和地方节目的保护。西方国家对播放地方节目的比例有所规定，确保地域文化得到有效的传播，地方节目成为颁发营业执照的基本条件。加拿大和澳大利亚通过配额制加强本国和地方节目的生产，对于这些节目给予财政和税收的支持。法国规定所有商业电视媒体播出欧洲节目的比例在60%以上，播出本国的原创节目在40%以上。美国对有线电视频道进行管制，要求有线电视系统将部分频道提供给公共、教育和政府使用，要求有线电视系统传输当地无线电视台的节目，为订户提供基本节目服务①。五是保护独立制作公司的节目。为了保护信息来源的多样性、保护公平的市场竞争、抑制商业媒体在编播环节的垄断，西方国家对于自制节目的播出比例也有限制，例如英国规定必须播出25%的独立节目制作公司的节目。

(二)规制手段

西方国家采取多种手段规制媒介，硬规制和软规制互相补充，经济性规制和社会性规制彼此呼应，构成完整的规制体系。

（1）立法规制与司法规制。西方国家普遍通过立法手段规制广播电视的产业行为和市场结构：一是以宪法为基础，制定广播电视专门法，对广播电视媒体的设立、存续和传播活动做出限制性规定。二是对广播电视的政府监管机构或独立规制机构的设立、权限、职能等做出规制，间接达到监管媒体的目的，并形成宪法、法律、法规、政策的完整的法律规制体系。司法规制是指司法机构通过诉讼审判等方法规制广播电视行为的法治手段，例如，2004年美国珍妮·杰克逊在橄榄球决赛中暴露事件，依据刑法及FCC规制处以27 500美元的罚款。法国的埃尔·纳马尔公司播放煽动民族仇恨的节目，法国视听最高委员会（CSA）对其采取废除合同、停止播出的措施。

（2）自我规制与社会监管。自我规制，一是通过行业协会或者行业规章制度进行规制，例如英国的广播公司2005年颁布了《编辑指导原则》。二是通过媒体的内部治理机制和内部的监管机制实现自我规制。例如英国的通信办公室所属的广播电视标准委员会（BSC），监管各类广播电视机构的执行情况。英国广播公司（BBC）理事会也专门设立了“节目投诉委员会”，接受和处理社会对节目内容的投诉。英国商业广播公司每年就公共服务义务的履行情况自我评估，包括是否提供了多样性的节目，是否满足了不同群众的喜好和需求，是否提供了平衡、公正的节目，是否提供了高质量、高标准的节目。社会监管主要是通过多种渠道和手段，使公众参与对广播电视的行为的监管，例如派代表参与媒体的管理、直接向媒体反映意见或投诉媒体，也可以向监管机构、司法机构投诉。

---

① 刘发成：《中美广电通信：经济与法律制度比较研究》，重庆出版社2006年版，第42页。

（3）独立规制与行政规制。西方国家普遍设立独立的广播电视规制机构，独立于政府并具有一定的行政权和准司法权、准立法权。例如，美国的联邦通信委员会、韩国的广播电视委员会、英国的通信办公室、德国的州媒介管理局、法国的最高视听委员会，其中大多数国家对通信业和广播电视业实行统一监管。这些监管机构和政府、议会保持着或多或少的联系，但保持一定距离。一些西方国家政府部门设立专门的广播电视行业的监管机构，对广播电视进行规制。例如日本总务局下设信息通信政策局、综合通信基础局两个专门委员会，另外还设立电波监理审议会和信息通信审议会，承担广播电视规制方面的调查、审议、劝告和建议等事务。

（4）经济性规制和社会性规制。经济性规制是指，对于那些容易产生垄断和信息不对称的行业，为了防止资源的低效率配置，确保消费者的利益，规制机构对于相关企业的进入和退出、价格、服务质量以及投资、财务等商业活动进行干预。例如，规制机构对广播电视的所有权和进入退出的规制，美国FCC在许可审批和更新审批时需要考察的项目包括：设立该台是否符合公共利益，是否播放了一定量的非营业性的节目，是否留有适当的时间用于讨论社会公共问题，广告数量是否过多等。许可证规制是一种通过市场进入规制来控制市场行为，兼具结构控制和行为控制的属性。社会性规制是指政府或独立规制部门从维护公共利益出发，针对容易产生外部性的行业所建立的干预机制及制度，例如对于广播电视的内容的事后监管和对公共媒体的规制。因社会性规制的成本较大，西方国家普遍加强了经济性规制，减少了社会性规制。

四、有关广播电视与电信融合的规制

随着数字化、网络化、宽带化的迅速发展，广播电视产业和电信产业出现融合的趋势，西方国家普遍进行规制改革，降低市场壁垒，允许广播电视产业与电信产业的互联互通、对等进入，电信产业、有线电视产业、互联网产业等通过资产重组和并购，实现技术、资本和市场的互动前进，形成新的产业体系和市场结构。新的融合规制理念就是促进和维护竞争以及机会均等，以降低服务价格和提高服务质量；对频谱资源进行有效配置以鼓励投资和创新；提高信息传播产业对经济增长的贡献；促进内容的多样性和观点的多元化表达。

（一）统一监管机构

英国、美国、加拿大、澳大利亚等大部分西方国家都已经建立了统一的电信和广播电视的监管机构。加拿大建立了融合的管制机构——加拿大广播电视电信委员会（CRTC），对融合业务进行管理，制定互联互通规则，保证公平竞争和普遍服务。为了适应新的融合规制环境，英国政府在2003年推出了新的通信法，并依据通信法成立了融合的管制机构通信办公室（OFCOM），将原五大管理机构的职能进行了高度集成和横向组合，加强整体性。新的规制机构彻底打破了原来信息领域中存在的各种壁垒，使技术和业务得到进一步融合，不仅可以推动英国信息领域全面健康地发展，还能为英国建立信息化经济和社会的总目标服务。澳大利亚在2005年组建新的规制机构——澳大利亚通信媒体管理局，并推出研究项目，就数字融合技术普及以后，广播电视服务的传输保障、消费者权利保护、网络安全以及新的融合服务等方面展开调研。

（二）制定统一的法律，解除对三网融合的禁令

美国1996年开始实施电信法，从法律上解除了对三网融合的禁令。新法的颁布增加了基础电信领域内的竞争性，其最大特点是取消对各种电信业务市场的限制，允许长话、市话、广播、有线电视、影视服务等业务互相渗透，也允许各类电信运营者互相参股，创造自由竞争的法律环境，以促进电信业的发展。由此，整个电信市场获得了前所未有的竞争性准入许可，还促进了视听新媒体、新服务、新领域的快速增长。日本的广播电视与通信的融合从有线电视领域开始的，1993年当时的邮政省发表了《关于有线电视发展的政策》，鼓励有线电视产业跨区域经营、开展电信服务、减少对外资参与有线电视的限制，推动宽带化和数字化建设，为广播电视和电信融合创造条件。日本政府的规制理念就是遵循市场逻辑原则、技术发展规律和法制化管理，为公众提供便利优质服务，从而加快信息化网络社会的建设步伐。

（三）实行对等进入、分别监管的原则

1997年，英国政府做出政策性的决定，逐步取消电信运营商经营广播电视业务的限制，目前英国基本实现了有线电视与电信的双向对等进入。美国的FCC内部分别设置了不同的部门对广播电视和电信实行监管，制定不同的规则，实行可以相互进入和彼此渗透的政策，以市场为导向，适应新技术的发展和市场竞争。在新的制度安排下，美国广播电视业和通信业之间的纵向融合与

横向分离趋势正在进入法制化轨道。纵向融合指广播电视业与通信业在传输网络、服务和运营主体等层次上出现的融合趋势。横向分离指在纵向融合的基础上，分离出物理网络运营商、网络服务供应商、内容分配商、平台运营商和内容生产商等新的产业环节[①]。市场结构从垄断性市场变为垄断竞争性市场。

在数字化和融合化的趋势下，西方国家普遍进行了广播电视规制改革，其目标就是提高竞争效率和维护公共利益，将竞争引入广播电视和电信产业，加快信息产业的发展。同时，通过各种规制手段加强广播电视公共服务的供给水平。但是这些规制改革是否取得绩效，还有待时日继续观察，正如美国学者所诘问的那样，难道它是一个市场和利益至上且不允许人们对它进行政治辩论的社会？难道它是一个以消费者观念代替公民观念的社会，其基础是“一块钱一票制”而非“一人一票制”？难道这个社会人们的意义仅仅是公司赢利的对象，或者说，我们能否拥有一个有公民自己决定经济和传媒体制的社会[②]？所以，近年来，面对传播学者的批判，西方国家在放松结构规制的同时，又出现了强化行为规制的倾向。

（原载《国际新闻界》2011年第2期）

① 国家广播电影电视总局发展研究中心课题组：《发达国家广播影视管理体制和管理手段研究》，中国传媒大学出版社2007年版，第30页。

② 约翰·H.麦克马那斯：《市场新闻业：公民自行小心?》，张磊译，新华出版社2004年版，第13页。

西方国家三网融合的产业政策与规制措施

三网融合横跨第二产业和第三产业，主要涉及信息产业。西方国家三网融合的产业政策目标就是要消除电信业、有线电视业和互联网业的产业壁垒，互联互通，相互进入，形成全业务运营的市场竞争机制。在技术融合和产业融合的语境下，允许电信、有线电视、互联网等产业通过资产重组和并购，实现技术、资本和市场的互动前进，形成新的产业体系和市场结构，促进信息经济的发展和服务水平的提升。

一、西方国家三网融合产业政策目标

产业政策就是调控经济结构、调节资源配置结构以及提高资源配置效率的经济政策，其中结构优化是产业政策的主题。产业政策一般包括产业结构政策、产业技术政策、产业组织政策和产业布局政策等。西方国家的三网融合产业政策目标包括如下几点：

首先，建立有效竞争的市场结构是三网融合规制的主要目标，因为垄断就会凭借市场垄断力量提高价格或限制产量，阻碍竞争，无法实现帕累托最优，也不利于社会福利的提高。三网融合规制就是要在电信、广电和互联网之间建立互联互通、相互进入的市场环境，打破行业壁垒和行业垄断，通过跨行业竞争来配置资源，实现有效竞争的局面。例如1996年《美国电信法》就是打破电信、传媒和有线电视之间的界限，推动产业融合，允许长话、市话、有线电视、广播、影视公司等相互渗透、相互参股，彼此进入对方的市场，创造自由的法律环境，建立竞争而富有活力的市场环境，电信、广电和互联网产业通过资产重组和并购，逐渐从分业经营转向全业务捆绑竞争，在内容、网络、技术等层面进入全方位的竞争。

其次，促进国家信息化经济和信息化社会发展，以信息化带动工业化，促进经济可持续发展，维护公民知情权和接近权，是规制的最终目的。欧盟1997年发表了融合绿皮书《迈向信息社会之路》，指出不同的网络平台都能够一同传送电话信息、电视信息和电脑信息数据，从而促进信息化社会的建立。例如，2004年6月，日本总务省提出国家信息化战略"U-Japan"计划，推进有线网络、无线网络、数字化广播系统和传输网络的建设和融合，建设一个无所不在的网络，在"U-Japan"计划中，固定与移动、技术与服务、信息产业与整个社会生产之间紧密联系且相互支撑，从而实现信息制造业、信息服务业、数字内容产业的高度重合。英国促进市场融合过程中的竞争和创新包括几个优先考虑领域：加速发展以市场为导向的频谱市场；在平台和服务的融合中传递公共利益目标；在必要时，赋予公民和消费者相关权利；支持对法律和经济监管框架进行改革①。

最后，维护消费者利益是规制的核心价值，三网融合就是要在电信、广电和互联网三大产业之间展开充分的竞争，使其充满活力和创新精神，确保多种高质量的通信和信息服务的最广泛接入，让消费者从更广泛的选择、低廉的价格和新的服务中获取利益，以造福于市民和消费者。2000年，英国《通信的新未来》白皮书阐述了未来的目标是使英国成为世界上最具有活力和竞争力的通信和传媒市场，使所有人都普遍享受最优质的多元化的服务，使公民和消费者利益得到最诚实、最可靠的保护。三网融合带给终端消费者丰富选择，可获取各种类型和数量的服务，各种渠道运营商和服务提供商为争夺消费者而展开竞争。

二、西方国家的三网融合规制主体的类型

三网融合的规制主体的建构要有利于消除部门利益和行业利益，消除规制盲点和冲突，提高规制的专业性、有效性和科学性，促进产业发展和维护消费

① 牟清：《全业务竞争下的典型国家的电信业规制考察》，上海财经大学出版社2011年版，第87页。

者利益。目前西方国家三网融合规制主体呈现出三种类型，分别是英国为代表的完全融合的规制模式、美国和日本为代表的统一规制主体下的分业规制模式和法国为代表的分业规制模式。其中英国为代表的融合的规制模式是世界上效率最高的模式，也是三网融合规制主体改革的方向。

（1）以英国为代表的完全融合的规制模式。英国2003年推出了新的电信法，成立了新的融合规制机构OFCOM，这个独立统一的规制部门整合了原来的5家监管机构（电信监管局、独立电视委员会、广播标准委员会、无线监管局和无线通信局），根据横向功能划分为内容标准、法律事务、外务和管理、战略市场发展、频谱政策、竞争市场和运营办公室等七个分部。OFCOM的五大主要目标是支持和保护全英国的消费者，确保市民的利益，促进竞争和创新，维护和巩固英国的通信基础设施，在实现价值最大化的同时简化和减少管制。英国把广播电视和电信网络都视为统一的电子通信网络，没有广电和电信分块管理的痕迹，这大大减少了规制机构之间的协商成本，提高了工作效率，尤其加快解决有关融合方面的政策性问题，彻底打破了信息领域中的各种壁垒，推动了英国信息领域技术和业务的进一步发展。英国OFCOM对普通家庭使用的通信服务进行了分析对比，同样标准的服务，家庭承担的费用，英国比意大利低4%，比法国低17%，比德国低22%，比西班牙低46%，但这种竞争似乎对新技术的拓展应用有一定的影响①。

（2）以美国和日本为代表的统分结合的规制模式。该模式规定电信与广电由一个规制部门进行监管，但是分类监管，按照电信与广电的不同属性实现不同的规制政策和理念。以美国联邦通信委员会FCC为例，FCC是电信法的执行机关，独立于内阁行政机构行使监管职能，兼具立法、司法和行政执行职能，可以制定规章，进行仲裁争议，执行各种法规。FCC由无线通信局、有线竞争局、媒体局、消费者和政府事务局、执法局等7个局和10个办公室组成，有线竞争局、无线通信局和执法局监管电信业，由媒体局监管广播电视业，两者关系由通信办公室协调。这种按照电信、有线和大众媒体分业监管的模式出现了规制重叠现象，学者们提出应该按照价格规制、频谱分配和普遍服务等横向功能重构规制部门②。日本的统一融合规制部门是总务省，根据职能，总务省分管信息通信的部门包括信息与通信政策局、综合通信基础局以及邮政业务政策

① 王如：《英国OFCOM监管：铁腕与开放并举》，《通信世界周刊》2009年第4期。

② Martha A, Gatcia-Murillo, Maclnness I. *FCC Organizational Structure and Regulatory Convergence,Telecommunications Policy*,Volume 25, Issue 6, July 2001, P431.

计划局。其中，信息与通信政策局主要职能是制定广播和通信发展的政策，管理有线电视和广播业务；综合通信基础局主要职能是负责广播、通信设施和业务的管理，处理与电信、无线电相关的管理事务。

（3）以法国为代表的分业规制模式。分业规制就是电信与广电等由不同的规制部门进行监管，一些融合性的业务由不同的部门进行沟通协调，但是往往由于不同的部门利益，造成规制冲突，阻碍了一些融合性业务的发展。法国的电信与广播电视规制机构完全分立，但是两者有着深厚的历史渊源，融合业务发展效果不错。法国1989年修改了传播自由法，并设立了真正独立的、有权威的最高视听委员会，统一管理全国公营、商营与全国和地方广播电视节目内容，包括商业化、内容播放和信号传输三大块，确立了比较成熟的广播电视管理体制。电信业务和网络的规制机构是法国国家电子邮政通信管理总局（ARCEP），主要目的是监管法国电信的垄断定价，尤其是对市场占有率较高的、具有市场主导地位的企业重点监管。其次是市场准入。通过发放市场许可证等方式，放开市场，促进竞争。再次是推行普遍服务。法国所有通信企业都要缴纳普遍服务基金，运用普遍服务基金来实施普遍服务。虽然ARCEP不具有对广播电视行业的监管职能，却又参与广电关于容量（网络）和管道（频道）的监管。韩国是分业监管，其经验表明只有脱俗于行业利益的第三方独立监管机构才能适应技术融合的要求。例如韩国信息通信部将IPTV视作高级电信业务的产物，是它的管辖范围。广播委员会指出，IPTV基本上属于广播服务，所以IPTV等融合业务的推出受到极大限制。2008年韩国政府冲破部门利益和利益集团的阻挠，成立了新的广播通信委员会，负责韩国的广播电视、通信和新媒体，实现了三网融合的突破进展。

三网融合客观上需要进行融合规制，消除部门利益和行业利益的冲突，消除在规制方面出现的职能交叉和缺位现象，以提高规制体系的运作效率，促进市场繁荣和不同行业的有效竞争。建立统一的规制框架，适应新兴融合业务的发展，是三网融合规制主体改革的方向。当前，我国成立了国务院三网融合领导小组，协调广电总局和信息产业部之间的利益和分歧，避免规制重叠和规制冲突。建立统一、独立而公正的规制机构，统筹三网融合后的中国传媒信息产业，才是产业融合发展的必然要求。融合规制机构要从纵向产业划分的规制体系向横向功能划分的规制体系过渡。融合规制部门下面可分别设置内容规制、网络规制、基础设施规制等不同部门，针对广电、电信、互联网等不同部门的内容传播特点，设置不同的规制标准。

三、西方国家三网融合规制措施

规制是规制主体对微观经济活动进行某种干预、限制或约束的行为，通常以法律为基础，以维护公共利益，消除市场失灵，满足消费者需求，促进有效竞争。西方国家三网融合规制理念就是促进竞争以及机会均等，以降低服务价格和提高服务质量；对频谱资源进行有效配置以鼓励投资和创新；提高信息传播产业对经济增长的贡献；促进内容的多样性和观点的多元化表达①。三网融合规制坚持独立性、竞争性、多样性和公正性原则：独立性就是规制机构应该从社会公共利益出发，独立于利益集团，不被“规制俘虏”；竞争性就是通过规制措施和竞争机制来限制过度竞争和垄断权利的泛滥，以提高生产效率，促进经济发展；多样性就是保证服务内容和服务方式的多样性，以保护“思想市场”的自由度；公正性就是最大限度地实现信息与程序的公开，增加透明度。

(一)进入规制

西方国家的三网融合的规制基本都经历了互不进入、不对称进入和对称进入的三个阶段，互不进入是因为防止强势的电信企业通过市场支配力量采取不公平手段排挤有线电视业，但是当有线电视业通过整合足够强大的时候，则开始允许对称进入。1996年《美国电信法》为整个电信业的发展提供了前所未有的竞争性的准入许可，为电信业的发展创造了自由竞争的法律环境，以促进电信业的发展。具体来说，放开了本地和长途通信市场以及有线电视市场，在电信领域可以跨地区混合经营。美国FCC规定，有线电视运营商及其附属机构从事电信业务，不必申请获得特许权；电信企业可以通过无线通信方式、有线电视系统以及开放的视频系统提供广播电视服务。提供有线电视业务需要获得地方政府的本地许可证，有线电视传输对公共、教育、政府频道和商业频道的分配必须合理，有“强制载播”的条款，地方非商业性有线电视台以“必须传输”的条件传输其节目。通过开放视频系统提供电视服务则不需要申请建立经营视频节目分配系统的许可。美国电信运营商通过一系列的资本运作和业务扩展，基本都成为可以向消费者提供一站式服务的综合运营商，例如AT&T公司收购有线电视公司TCI和Media One集团，进入了市话、有线电视及互联网接入和娱乐媒体领域。

① 肖叶飞：《媒介融合语境下西方国家广播电视规制的变革》，《国际新闻界》2011年第2期。

1992年英国颁布《有线广播法案》，允许有线电视公司兼营电话业务，继而又决定逐步取消电信运营商经营广播电视业务的限制，先允许他们为尚未接入有线电视的家庭用户提供上网服务。2003年《英国通信法》规定对于经营电信业务实行一般授权制，不需要许可证，而经营广播电视业务需要许可证，对于融合性业务形态，广电企业和电信企业都可以经营。和美国一样，英国对在互联网上传输的内容和广播电视节目内容实行不同程度的监管，对于互联网上传输的内容监管比较宽松，而对于广播电视内容监管比较严格。1990年欧盟出台了《关于电信服务竞争指令》和《开放网络指令》，确保新进入市场者在自由化进程中的每一个阶段，都能够获取对公共网络开放地、透明地和非歧视性进入。2003年欧盟开始实施《电子通信网络与服务的统一监管框架》，这一举措推动了欧盟各国三网融合的发展，欧盟国家均开放了有线电视和电信市场，允许彼此进入，尤其是对电信运营商提供IPTV基本没有准入方面的限制。

2001年日本放松了有线电视规制，出台了利用电信设施提供广电业务的法律《电信业务利用广播法》，明确了广播业务可以在电信网络上传输。该法实施之后，电信运营商经营广播电视业务不需要有线电视法的许可，有资质的企业在政府规制机构总务省进行登记注册即可。另外电信企业只要经过总务省的批准，就可以申请手机电视业务，大大降低了进入广播电视业务的门槛。2001年日本政府颁布《广电经营电信业务法》，旨在促进通信与广电传输设施的融合，并放松了对卫星广播电视及有线广播电视使用电信设备的规制，使广电经营电信业务制度化。日本政府正在制定《信息通信法案》，对三网融合的内容、载体和平台进行统一的规定和规制，以完全适应新的形势。

(二)法律规制

西方国家基本上是通过立法的途径完成三网融合的规制设计，建立三网融合的法律法规体系，消除政策壁垒，完成产业融合。美国在1996年通过了电信法，电信和有线电视市场正式相互开放，彻底打破了美国信息产业混合经营的限制，获得了前所未有的竞争性准入许可。有线电视运营商及其附属机构从事电信服务，不必申请获取特许权，特许权管理机构不得禁止或限制有线运营商提供电信服务，也不得附加任何条件。修改以前的不对称进入的规定，允许双向进入，允许长话、市话、广播、有线电视和影视服务等业务相互渗透，也允许各类电信运营商相互参股、自由竞争，以促进电信业的发展。2003年《英国通信法》，在立法层面上完善了三网融合的利益纷争和双向进入。2001年日本制定的《电信业务利用放送法》把电信和广电的融合的形式分为两类：利用通信卫星设备播放电视和利用有线通信播放电视，使利用通信设备播放电视以法律的形式合法化。韩国在2008年通过了《IPTV业务法》和《广播通信委员会组织法》，通过融合立法和规制改革清除三网融合的障碍。我国可以通过不同的路径完善三网融合的法律规制体系，可以通过出台融合电信和广电的电信法，统一制定三网融合相关条款，也可以通过通信法和广播法分别完成对三网融合的法律构建。前者规制网络运营商，包括无线、固网和有线运营商，确立网络中立和技术中立、网络互联和对等进入的原则；后者进行内容规制，包括广播电视内容和互联网内容，实行前者比后者更加严格的规制政策。另外，三网融合相关的法规均应受到反垄断法以及相关法规的制约。

（三）价格规制

价格规制，主要是对主导运营商的价格限制，防止产生垄断价格和垄断利润。西方国家对价格一般实行价格上限定价，这是一种激励性的价格机制，运营商可以通过降低成本和提高效率来获取更多的利润。而固定价格规制则由于信息不对称往往成为“随意定价规制”，利润率规制则可能导致低效率和过度资本化。相对来说，价格上限规制则是一种较优的规制方法。《美国通信法》第623条规定，当有线电视系统处于非“有效竞争”的状态时，地方特许权机构有权决定“基本层”节目的收费标准，处于“有效竞争”状态时，则不得对有线电视服务的收费标准做任何规定。

四、西方国家三网融合规制的主要内容

西方国家的三网融合的规制主要是为了创造一个可竞争的市场环境，防止垄断导致低效率，维护消费者福利和公民权利。随着三网融合的发展，放松结构规制；强化行为规制。放松经济性规制，强化社会性规制成为发展趋势；放松进入规制，打破行业壁垒和垄断。针对融合性的业务，免除许可的范围不断扩大，促进有效竞争，同时加强互联互通、普遍服务和价格规制，保护消费者利益。规制的领域具体包括四个方面。

（一）网络中立和技术中立

网络中立就是互联网的中立性，是指在法律允许的范围以内，所有互联网用户可以按自己的选择访问网络内容、运行应用程序、接入设备、选择服务提

供商。这一原则要求平等对待所有互联网内容和访问，旨在防止运营商从商业利益出发控制传输数据的优先级，保证网络数据传输的“中立性”，不能通过调整网络资源使服务产生差别，不能以更快的速度或类似的高速传输服务向网络内容提供商和网络应用提供商额外收取费用[①]。网络中立是一个颇有争议的问题，赞成者认为，用户购买了互联网接入服务，就应该在合同约定的速度下使用任何互联网资源信号，享受任何互联网服务，这种权利不应该被限制，网络运营商实行分层服务的目的是为了通过控制管道来实现利益的最大化。以电信和有线运营商为主的网络提供商为主的反对者认为，为了保证互联网接入服务商的投资激励和扩容动力，提供分级别的互联网服务是合理的，互联网提供商有对提供的服务进行管理的权利，实行网络中立则可能降低网络提供商升级网络与推出下一代网络服务的积极性，造成少数用户侵占无限资源，甚至造成网络堵塞和恶化网络环境，影响其他用户使用。世界上对于网络中立态度各异，欧盟要求最低质量保护的服务，对网络管理权持默许态度，一些国家要求通过合约解决。

技术中立就是交易使用的技术手段应该一视同仁，不应该把某一个技术理解为法律规定的基础，而歧视其他形式的技术，鼓励不同技术和行业部门间的竞争，以加速创新和高级业务的应用。技术中立先由美国提出，后来逐渐被欧盟接受，并在欧盟的电信“框架指令”中成为一项规制政策。但是，如今“技术中立”可能成为各国为了本国的产业利益，获取市场份额和垄断利润的工具。

(二)普遍服务规制

普遍服务使每个消费者以承担得起的价格享受服务，以缩小信息鸿沟，促进社会信息化发展，维护公共利益，推动社会共同进步。电信普遍服务包括三个方面：服务的普遍性，即电信网络覆盖全国，用户在任何时候、任何地方都可以接入网络；接入的平等性，就服务的价格、内容和质量而言，各类用户都受到同等的待遇；可承受性，电信服务的价格为大多数消费者能够承受。西方国家普遍采用如下五种措施促进电信普遍服务的实施：第一是建立普遍服务基金。这种方式是指提供定向补贴用于扩展或支持不具有经济可行性的业务，透明度高，资金来源稳定，规模容易控制，有利于促进企业竞争。普遍服务基金

① 曾剑秋：《网和天下——三网融合理论、实验与信息安全》，北京邮电大学出版社2010年版，第101页。

来源包括政府直接提供，电信运营商按照在业务中获得收入的比例缴纳，电信私有化、频率拍卖或经营许可证获得的收入，电信运营商向用户收取的费用，以及其他机构提供的资金。第二是接入亏损补偿，用其他的电信运营商向主导电信运营商付费以补偿其接入亏损。接入亏损补偿可用于补贴范围广泛的业务种类（例如所有接入业务），或者范围较为狭窄的业务类别（例如仅向居民接入业务提供补贴）。第三是交叉补贴，在主导运营商提供的业务内部或业务之间实现补贴，例如常见的以长途电话补贴市场电话。交叉补贴抑制了提供补贴的高成本业务的要求，同时也提高了竞争者进入被补贴业务市场的门槛，容易降低市场效率，很难防止不利于竞争的市场行为。第四是强制服务义务，通过经营许可证条件或其他规制措施强制性实施普遍服务。第五是市场化改革，特别是私营化、竞争和以成本为基础的定价措施，将私有化与普遍服务义务结合起来[①]。

（三）互联互通规制

互联互通是电信业务经营者实现公平、有效竞争的前提和关键因素，防止主导运营商在网间互联上采取策略性妨碍竞争的行为，互联互通决定了新进入者的网络的质量，决定了新增电信运营商吸引用户入网能力的高低。在透明化和非歧视性的原则下，主导运营商对不同的运营者提供互联服务，在收费、技术条件和服务质量方面一视同仁。在国外的电信规制中，规制的对象是主导运营商，主导运营商的网络必须实现非绑定并同新的运营商实现网间互联，使新的运营商得以生存[②]。网络非捆绑，目的是为了打破固定通信的基础设施“瓶颈”，促进本地市场的竞争，在位的运营商有义务向任何提出接入请求的电信运营商在任何一个技术可行点上、在非捆绑的基础上提供非歧视性的网络元素接入，其资费、条款和条件是公正的、合理的和非歧视性的。

（四）对于内容和IPTV的规制

一般来说，通过互联网传输的内容适度放松规制，主要针对违法和犯罪的行为，倡导行业自律，运营商可以为消费者提供分级过滤软件，禁止利用互联网为未成年人提供不良的节目内容。广播电视内容服务涉及公民表达权、知情权维护，具有公共服务性质，应该实行严格规制，要在最大限度确保其表达自由的时候，调整表达自由和公共利益的关系。另外，对于交互式网络电视IPTV

① 刘颖悟：《三网融合与政府规制》，中国经济出版社2005年版，第210页。

② 杨成，韩凌：《三网融合的边界消融》，北京邮电大学出版社2011年版，第140页。

的规制，大部分西方国家没有对电信运营商进入IPTV进行准入限制。美国有线运营商认为，IPTV无论在何种平台上传输或技术传输，都应该作为电视业务进行管理，必须获取市政当局的本地特许，虽然电信运营商认为IPTV是电信业务，无须获取特许，但是实际操作当中，仍然是按照有线运营商的要求进行的。英国没有针对IPTV的特殊管制；德国虽然把IPTV视为广播业务，但是如果不进行内容制作，则不需要相关的许可；在法国，IPTV业务提供者是通过网络分发电视业务的分发者，是广播电视的一种，IPTV业务要受广播法令的管制，须服从CSA的管理。

我国三网融合要建立职责明确、决策科学和管理高效的规制体系，提高被规制产业的竞争力和效率，降低产业成本和增加社会福利，促进传媒信息产业的发展。具体来说，三网融合方面的网络规制就是建立电信、移动、联通三家网络运营商和有线电视运营商相互进入，互联互通，创造全业务竞争的市场环境，促进信息服务市场的有效竞争。现阶段我国适宜采取不对称进入规制体系，适度扶持有线电视运营商，等有线运营商双向数字化改造完成后，真正完成双向对称进入，维护公平竞争，完善市场结构，促进市场均衡发展。

（原载《中国有线电视》2012年第3期）

第五编

资本运营

DI WU BIAN

ZIBEN YUNYING

媒介融合的重要途径就是资本运营，在“转企改制”以后，传媒产业既要重视生产经营，也要注重资本运营，这是走向融合生产与发展壮大的重要渠道。“资本运营”六篇文章全面分析了新闻出版、广播影视、有线电视等领域的资本运营的现状、路径、特点乃至风险，既有理论层面对资本运营的分析，也有实践层面对各种传媒行业资本运营的考察，全面分析传媒业资本运营的实然与应然。

我国的传媒产业与国外相比，规模较小，业务形态单一，产业链不全，产业结构不合理。在媒介融合的背景下，不少传媒企业的业绩下降明显，需要通过股份制改造与上市融资、并购与重组、剥离与分立等资本运营手段，提高企业内部资本的运营效率，扩大经营规模，增强企业的竞争力。近年来，我国传媒产业的资本运营出现了一些新亮点，跨区域、跨行业的并购重组加快，不但有地方传媒集团对中央级别的传媒企业的并购，而且有国营传媒集团对民营传媒企业的并购，传统媒体并购影视公司、网络游戏、手机游戏等成为并购新趋势。

我国传媒产业并购重组的类型多样，包括横向并购、纵向并购和混合并购；路径多样，包括兼并、收购和重组等多种形式。并购重组的效应非常明显，可以促进文化资产的区域流动，发挥协同效应；可以提高核心竞争力、完善产业链；可以扩大企业规模，实现有效竞争，发挥规模经济效应；可以改变单一的商业模式，寻找新的利润增长点；可以调整产品结构、防范经营风险、发挥范围经济效应。但是需要警惕经营风险、管理风险、文化风险与财务风险。

传媒产业的并购重组之现状

随着新闻出版行业的“转企改制”和广电行业的“制播分离”改革，传媒产业的并购重组进入了快速发展时期。据不完全统计，2013年，文化传媒板块发生56起并购事件，涉及出版、影视、广告、游戏等不同行业，累计资金400多亿元。文化传媒板块总市值从3 120亿元增长至6 438亿元，增长了106%。传媒产业的并购重组有利于打破行业封锁和地区封锁，建立跨媒体、跨行业和跨地域的传媒集团，优化产业结构，推动传媒产业跨越式发展，促进传统媒体与新兴媒体的融合，发挥传媒产业的“软实力”以及实现“走出去”战略。

一、传媒产业并购重组的特点

近年来，传媒产业各领域都出现了并购重组浪潮，不仅出现在新闻出版领域，而且在影视和新媒体领域也出现了并购浪潮，尤以影视企业并购最为频繁。传媒产业并购重组是资源整合的有效方式，成为证券市场并购重组的热门板块，也拉升了文化传媒上市公司的股价，并购重组呈现出如下的特点。

传媒产业并购重组的类型多样，包括横向并购、纵向并购和混合并购。横向并购主要是扩大生产规模，节约生产成本，提高生产要素的利用率，发挥规模经济效应。报纸方面，最典型的案例就是上海解放日报报业集团和文汇新民报业集团的合并，开启了上海国有传媒资产整合的大幕；影视方面，华谊兄弟收购浙江常升影视70%的股权，华策影视并购克顿传媒，提升在影视行业的竞争力；出版方面，工信部旗下的两大出版社重组为中国工信出版集团，资产总额超过20亿元。纵向并购就是形成供产销纵向一体化，降低交易费用，完善产业链。例如，乐视网购买花儿影视100%的股权，形成渠道与内容完美结合的产业链；凤凰传媒整合产业链下游民营制版公司和印刷公司。混合一体化就是多元化生产，提高盈利水平，防范经营风险，发挥范围经济效应。传媒产业混合一体化主要是传统媒体对新媒体企业的并购，浙报传媒、博瑞传播、天舟文化、凤凰传媒等都有并购手机游戏和页面游戏新媒体的动作。

传媒产业并购重组路径多样，包括兼并、收购和重组等多种形式。兼并指企业通过产权交易取得其他企业的全部产权，使被兼并企业丧失法人资格，获得他们控制权的经济行为。例如，天舟文化收购神奇时代的100%股权，进入移动互联网和手机游戏领域；奥飞动漫公司以3 639万元收购《喜羊羊与灰太狼》创作者——广东原创动力文化传播有限公司100%股权，增强公司的动漫形象品牌影响力。收购是一家企业用现金或有价证券购买另一家企业的股票或者资产，收购的支付方式包括现金支付、股票互换和混合支付等。例如，一些传媒上市公司收购控股股东持有的资产，实现规模扩张和整体战略布局，如华闻传媒收购华商传媒38.75%股权及其8家附属公司的少数股东权益和澄怀科技100%的股权，浙报传媒收购东方星空44%的股权。重组是对公司所有权或控制权结构的一种重新安排，包括资产重组、负债重组和股权重组等。重组能够实现资源、市场和技术的统一，拓展产品的市场空间，优化资源配置效率。2014年5月，华智控股向杭报集团有限公司和都市快报社发行股份，购买其拥有的价值约22亿元的经营类资产，此次重组可以提高上市公司的盈利能力和可持续发展能力，杭报集团则可以实现借壳上市，加速向融媒体转型，成立以互联网为核心的传媒集群。粤传媒完成重大资产重组，广州日报社将主要经营性资产注入上市公司，公司资产质量大幅提升，主营业务在广告代理、印刷等业务基础上增加了广告经营、报纸发行、网络服务等业务；长城影视通过资产置换借壳江苏宏宝上市，重组完成后，江苏宏宝的主营业务将转变为电视剧投资、制作与发行及其衍生业务；大地传媒借并购重组控股股东中原出版集团旗下经营性业务，实现资产整体上市。

传统媒体并购网络游戏、手机游戏等新媒体产业成为并购新趋势。在新媒体的冲击下，传统的新闻出版行业利润不断下降。据中国广告协会报刊分会统计，2013年报纸广告刊登额下降8.1%，降幅超过了2012年的7.5%，同时，出版发行行业的一般图书、教材教辅、发行收入等增长缓慢，传统媒体产品结构和盈利模式单一造成经营风险增大。而新媒体发展迅猛，2013年，中国游戏产业产值达到1 230亿元，数字出版产值2 540亿元，互联网广告产值1 100亿元。并购重组新媒体可以降低经营风险，分摊经营成本，实现经营领域的扩张，打造全媒体内容产业。例如，博瑞传播以10亿元收购马化腾旗下页游公司漫游谷70%的股权，奥飞动漫收购方寸科技和爱乐游100%的股权，江苏凤凰数字传媒收购上海都玩网络科技55%的股权和慕和网络64%的股权。这些并购都是为了进军游戏行业，完善产品结构，拓宽市场空间，形成新的利润增长点，完善产业链。

传媒产业跨区域、跨行业的并购重组加快，不但有地方传媒集团对中央级别的传媒企业的并购，而且有国有传媒集团对民营传媒企业的并购，通过资本运营实现跨地区的重组与整合，促进文化资产的区域流动，发挥协同效应。例如，江西出版集团与宋庆龄基金会联合重组了中国和平出版有限责任公司，江西出版集团控股80%；时代出版对中国文联直属的中国文联出版社、大众文艺出版社实施资产重组，重组后的“两社”由时代出版控股、中国文联参股；北京凤凰联动文化传媒有限公司出资跨区域重组了两家图书出版公司——重庆凤凰决定图书传媒有限公司和天津凤凰空间文化传媒有限公司。

传媒产业并购重组的主体多元化，不仅有国有出版集团的并购重组，民营传媒企业之间的并购重组也加快进行，其中尤其是民营控股及中小板上市公司加快并购重组步伐。例如，影视领域，华谊兄弟收购手游企业银汉科技、华策影视收购海宁华凡、光线传媒收购新丽传媒等。

二、传媒产业并购重组的问题

并购重组是实现传媒产业快速扩张的有效方式，有利于延伸产业链，改变产品结构以及单一的盈利模式，实现转型升级以及做强做大的目标。但是，我国传媒产业在并购重组的过程中仍存在一些问题。

第一，传媒产业并购重组大部分是强弱联合，而强强联手的并购重组不多见。近年来，传媒产业之间的跨地区与跨行业的强强并购重组并没有出现，而小规模的并购重组在加速进行。我国传媒产业的市场集中度低，核心竞争力不强，并购重组的首要任务是扩大企业规模，强强联合，降低企业的运营成本，调整产业结构，减少同质化竞争，获取规模经济效应。我国传媒集团与西方大型跨国传媒集团相比实力差距较大，国际竞争力弱。例如，从营业收入方面看，我国出版发行企业上市公司2013年营业收入最多的是中文传媒、中南传媒和凤凰传媒，收入分别是114亿、80亿和73亿元，而德国贝塔斯曼集团2013年收入164亿欧元。基于此，国家鼓励资源相通和业务相近的报刊出版企业进行并购重组，促进资源的合理流通和综合利用，通过优胜劣汰实现资源的优化配置。

第二，并购重组并没有从根本上解决条块分割、地区分割和行业分割的问题。并购重组要打破区域限制和行业壁垒，鼓励有实力的国有骨干传媒企业以资本为纽带，实现跨地区、跨行业兼并重组，推动传媒资源和生产要素向优质企业、优势产业集聚。而实际上市场驱动的跨区域并购重组不多，相反，行政撮合的同一个市场或同一个行业的并购重组屡见不鲜，这没有促进资源的有效配置，反而加重了区域市场或行业的垄断。例如，牡丹江和佛山传媒集团整合报业与广电资源形成综合性的传媒集团，会不会形成对地方广告的垄断高价以及出现舆论单一化损害公共利益的情况，值得思考。世界上大部分国家都制定了反垄断法律法规。反垄断规制理念就是从区域市场和产品市场的集中度看是否存在垄断行为，如果有足够市场控制力而形成垄断价格，则需要阻止这种并购重组行为。同一个区域内的并购重组容易消灭竞争对手而形成区域垄断，加重条块分割，相反，应该通过跨区域、跨行业、跨所有制的并购重组在全国统一市场上配置资源。

第三，一些传媒企业没有处理好“做强”与“做大”、专业化与多元化的关系，通过并购重组来炒作题材，片面追求股价的虚高，而没有相应的业绩支撑。并购是扩张式发展方式，但是近一半并购是失败的。例如，美国在线与时代华纳并购失败就是一例，这个新媒体和传统媒体的合并没有带来有效的整合，反而因文化冲突造成管理的混乱，2009年拆分为两家企业。剥离与分立是收缩式的资源配置方式。剥离主要是剥离非相关业务，达到主业清晰，调整经营战略，获取较高的价值评估；分立主要是提高企业资产定价，发挥公司核心成员的积极性，提高资产质量和使用效率，提升投资回报率。如2012年美国新闻集团分离影视娱乐产业和新闻出版产业，提高管理效率。

第四，我国传媒产业并购重组主要是传统媒体对新媒体的并购重组，而大型新闻出版企业与广播影视企业之间跨区域的并购不多，没有建立全产业链，没有形成融合新闻生产模式。媒介融合时代要通过并购重组实现“全介质、全流程”发展战略，达到内容的多层次开发和多元升值。国际上的大型传媒集团都是跨行业和跨媒体经营的大公司，通过多元化经营，增强企业的竞争优势。而我国目前国有广播影视与新闻出版之间的并购重组面临一些政策瓶颈，不过一些新闻出版企业已经介入电视剧产业，例如，时代出版推动图书版权与影视的互动经营，参与投资《决战前》《江山风雨几多情》等十余部影视剧。

第五，一些传媒产业的并购重组没有形成资源互补与产生协同效应。例如，博瑞传播坚定向新媒体战略转型，深度介入网络游戏领域，缓解传统媒体运营业务的趋势性压力，2013年经营收入15.2亿元，游戏产业收入1.95亿元，占总营业收入的12.8%，主营业务仍是印刷和广告等相关业务，游戏产业对利润的贡献有待增强。相反，一些并购重组产生了互补和协同效应，例如，2013年华策影视以现金、定向增发相结合方式收购克顿传媒100%股权。克顿传媒是国内影视行业“大数据”开发和应用的领军企业，拥有国内领先的影视行业数据挖掘和分析能力，而华策影视又是目前行业里创作、发行能力最强的公司之一，两者合并实现强强联合，可以在版权资源、创作和制作资源、营销团队等方面深度融合和战略协同。又如，2013年浙报传媒收购了杭州边锋网络和上海浩方在线等游戏企业100%股权，还在移动互联网和互联网电视方面加强影视投资，利用大数据系统，突破传统媒体单一广告营运模式，在新闻传媒、互动娱乐、影视方面做一些文化产业的资产整合，使公司真正成为全媒体、全产业链的文化传媒企业。

三、传媒产业并购重组的整合策略

在放松规制和文化体制改革的背景下，并购重组成为传媒产业的整合手段，未来将出现一批跨地域、跨媒体、跨行业的融合传媒企业。并购重组能够产生经营协同、财务协同、低成本扩张、增强市场控制力以及企业战略重心转移等效应，但是在业态融合、公司治理、金融财务和规模控制等方面也存在一定的风险。

企业并购重组要加强经营整合。并购与主营业务无关的企业，会造成因无法形成协同效应而消化不良，赢利能力下降，成本高涨，效率降低。并购的企业要能够对主业的利润率和销售收入有所贡献，尤其要并购数字化新媒体企业，完善产业链，加强经营业务整合，防范因传统业务的低迷造成的经营风险。

企业并购重组要加强管理整合。对于多元化经营的企业，往往因被并购企业员工的抵触与文化差异，管理成本不断增加。并购后要协调采购、产品开发、营销、财务等各项管理活动，协调各项业务的衔接，甚至将一些业务合并，包括相同的生产线、研究开发活动、分销渠道和促销活动等，要建立融合型、高效率、富有弹性的组织机构系统。为了提高管理效率，一些企业专注于自己的领域，甚至把非主业进行出售、拆分乃至转让非主营业务，进行战略调整。

企业并购重组要加强文化整合。不同的企业有不同的经营方式、管理制度、组织结构和企业文化，整合不好则增加经营与管理成本，美国在线和时代华纳并购失败的主要原因就是文化和管理的冲突。并购中的企业文化有相容型、模糊型、摩擦型和冲突型四种。根据南希·爱德勒的观点，解决企业内部文化的差异性有三种策略："凌越"策略，一种文化占据完全支配地位，最终以一种文化压制取代另一种文化，例如，海尔集团并购过程中的"企业文化激活休克鱼"就是这种方式；"妥协"策略，双方求同存异，协调发展；"合成"策略，两种文化相互补充、相互交流，形成一种新文化。

企业并购重组要加强财务整合。特别是对于举债收购的方式，容易出现现金流断裂风险和偿还债务能力风险，而且可能由于信息不对称造成对被并购企业的财务状况、经营能力和可持续发展能力的高估。因此，企业要加强对目标公司财务状况和经营能力的全面分析，防止高估了目标企业的盈利能力、发展前景，以及低估了并购后的整合成本等，防范财务风险。

总之，在转企改制的背景下，传媒产业要通过并购重组等资本运营手段，优化产业结构，提高市场竞争力，降低企业运营成本，减少交易费用，发挥规模经济与范围经济效应，形成媒介融合的新局面。与此同时，并购后要加强经营、文化、财务和资源整合，打造核心竞争力，防范金融风险。

（原载《新闻战线》2014年第11期）

新闻出版企业的资本运营:理论与实践

近年来，除盲文、少数民族和军队等部分出版社保留事业性质之外，我国图书出版社中，有500多家经营性出版社正在或已经完成转企改制。另外，我国9 000多种非时政报刊也正在进行转企改制。“十二五”期末，国家力争培育多个年销售量超过200亿的大型出版传媒集团，鼓励业务相近、资源相通的新闻出版企业并购重组，实现跨媒体、跨行业和跨地区的发展，这些都需要新闻出版企业的资本运营，实现价值增值。

一、新闻出版企业资本运营的理论分析

资本运营是企业实现价值增值的重要手段，是企业走向发展壮大的重要途径。转企改制以后，在媒介融合的背景下，我国新闻出版企业既要重视生产经营，也要注重资本运营，应该把资本运营纳入经营发展战略，依靠资本运营和生产经营共同促进企业的发展。

(一)新闻出版企业资本运营的基本内涵

资本运营是以资本增值和利润最大化为目的，以价值管理为特征，通过价值成本的流动、兼并、重组、参股、控股、交易、转让和租赁等手段，实现生产要素的优化配置和产业结构的动态调整，达到资产增值的一种经营管理方式

和经济活动。广义的资本运营包括金融资本运营、产权资本运营与无形资本运营，又包括产品的生产和经营，既有存量资本运营，又有增量资本运营。狭义的资本运营主要指企业在资本市场所进行的各种交易，包括企业股份制改造和上市、资产重组、企业的并购与分立、资产的剥离与出售、产权投资等[①]。宏观上说，资本运营通过资本层次的资源流动优化社会的资源配置，微观上说，企业通过资本运营实现资本增值和效益增长。

新闻出版企业的资本运营就是把资本运营的原则和方法运用到新闻出版企业的生产经营管理当中去，把企业所拥有的资产转变为可以增值的资本，或通过媒介资产的优化配置提高企业的运行效率和获利能力，或在资产市场进行重组和扩张，以实现价值增值。新闻出版企业可经营性资产既包括无形资产，也包括有形资产。有形资产包括采编设备、出版、发行、广告、印刷、厂房、现金资源和信息等，无形资产包括专利权、书号刊号资源、版权、品牌、销售网络等。例如，中南传媒2012年全年对外版权输出206种，通过版权贸易实现价值增值。

(二)新闻出版企业资本运营的内容与分类

资本运营的内容包括资本筹集、资本投入、资本运营与增值以及资本运营增值的分配等。资本筹集是首要环节，就是企业根据生产经营、对外投资和调整资本结构的需要，通过各种筹资渠道和金融市场，有效地筹集资金的活动。资本投入就是把筹集到的资本投入使用，从事生产经营和资本经营活动，以获取良好的经营效益。企业投资的目的就是追求利润。投资包括实业投资、金融商品投资和产权投资等。资本投资以后，就在资本运动中实现资本增值，以及制定增值部分的分配方案。

从资本运营的状态来看，包括存量资本的运营和增量资本的运营。存量资本的运营就是对企业现有的资产进行运筹与经营活动，通过资本运营促进存量资产的合理流动、重组和优化配置，充分发挥存量资产的作用，盘活存量资产。存量资本的运营方式包括联合、并购、出售、资产剥离、企业分立、股份制、租赁、承包、托管和破产等方式。增量资本的运营包括投资决策、投资方向的选择、投资管理等。

从资本运营的方式来看，包括外部交易型资本运营和内部管理型资本运营。外部交易型资本运营，通过资本市场对资本进行买卖，实现资本增值，包

① 曾江洪：《资本运营与公司治理》，清华大学出版社2010年版，第8页。

括企业产权的交易、股票发行与交易以及企业的部分资产的买卖等。并购与重组是企业外部交易型资本扩张的有效途径，使企业能够降低进入新行业和新市场的成本，优化企业的经营结构和资产结构，降低经营风险，也可以使企业迅速扩大规模，开发新产品，提高市场份额，增强资本的扩张能力。内部管理型资本运营，通过整合内部资源，实现资本增值，包括开发新产品、拓展新市场、调整组织结构、提高生产效率、加快资本周转、降低资本耗费等，增强资本积累，提高资本运用效率，维护并发展企业的竞争优势。一般在企业的创建和成长期间，加强内部管理，完成自身积累，成熟期以后，通过兼并和重组等外部交易策略，实现跨越式发展，迈过衰退期，进入新的企业生命周期。

企业的资本运营包括资本扩张式和资本收缩式两种模式。资本扩张式就是在现有的资本结构的前提下，通过内部积累、并购与重组、追加资本等形式，使企业实现资本规模的迅速扩大，包括横向资本扩张、纵向资本扩张和混合资本扩张。横向资本扩张主要是实现规模经济而进行的产权交易，可以减少竞争者的数量，增强企业的市场支配力。纵向资本扩张就是交易双方处于生产、经营不同阶段的企业之间的产权交易方法，产权交易的双方往往是原材料供应商或成品购买者，形成相互融合的生产纵向一体化。混合资本扩张就是两个没有直接投入产出关系和经济技术联系的企业进行的产权交易，有利于分散投资风险，提高企业的生产适应能力。收缩型资本运营包括资产剥离、公司分立和股份回购等行为。收缩型资产运营是指为了追求企业价值最大化，以及提高企业运行效率，企业把自己拥有的部分资产或子公司转移到公司之外，缩小公司的规模。

(三)新闻出版企业资本运营的动因分析

我国新闻出版企业在资本运营过程中展现出巨大的发展潜力和活力，资本运营在提高资源配置效率、优化产业结构、提高新闻出版产业竞争力、推动产业跨越式发展都起到重要作用。对于资本运营的动因，有三种理论。

效率理论认为，不同公司的管理效率是不同的，目标公司管理的非效率可以经过外部经理人的介入而改善；资本运营给并购企业带来经营协同效应和财务协同效应；资本运营可以实现生产要素的自由流通，促进管理创新和制度创新，为企业构建核心竞争力创造极好的平台；资本运营可以盘活资产，调整经营结构，提高经营效率，实现资源的有效配置；企业经过资本运营可以降低进入新行业或新产品的成本，获取新的营销渠道，获取新产品的设计制造和新技术等[①]。

市场势力理论认为，资本运营可以增强企业对市场的控制力，减少竞争对手，增强企业长期的获利能力。例如，企业并购过程中，并购方在竞争中消除或控制对方来提高自身的竞争力，吸收对方的有利因素以便扩大自己的经营规模，有效削弱产业内的竞争压力，从外部获取竞争优势。但是，并购往往造成行业集中度的提高，容易导致垄断，需要对此进行公正的评价。

代理理论认为，公司的管理人员的报酬是公司规模的函数，因此，管理者往往采用较低的投资回报收益率，而不断对外收购以扩大企业的规模。许多并购不是由股东发起的，而是由并购公司的董事会或者经理代表股东发起的，并购的过程可能肥了管理人员，而亏了股东，并购更多体现的是管理人员的利益。

二、新闻出版企业资本运营的现状分析

我国的新闻出版企业与国外相比，规模较小，业务形态单一，产业链不全，产业结构不合理。在媒介融合的背景下，不少新闻出版企业的业绩下降明显，需要通过股份制改造与上市融资、并购与重组、剥离与分立等资本运营手段，提高企业内部资本的运营效率，扩大经营规模，增强企业的竞争力。

（一）新闻出版企业股份制改造与上市融资

上市融资成为当今最主要的融资方式。随着我国文化体制改革的发展，新闻出版单位转企改制顺利推进，大部分新闻出版单位完成转企改制，成为市场主体，并进入资本市场。自从2006年10月上海新华发行集团首先实现借壳上市，至今有近50家新闻出版企业上市融资。例如，新华文轩、出版传媒、皖新传媒、凤凰传媒、中南传媒等先后实现IPO上市，时代出版、中文传媒、大地传媒、长江传媒、浙报传媒等实现借壳上市。相比直接上市而言，借壳上市手续简单、节省时间、避免了复杂的财务和法律障碍。如果公司具有足够的实力，当采取新股上市难以被市场看好时，选择买壳上市更具有优势。另外，中国出版集团公司、中国教育出版传媒集团有限公司、中国科技出版传媒集团、读者出版集团等十几家出版集团都在积极筹备上市。

① 李曜：《公司并购与重组导论》，上海财经大学出版社2010年版，第41页。

(二)新闻出版企业的并购

并购是一种以产权为对象的交易行为，也是企业资本运营最普遍的经营方式，是企业形成核心竞争力的有效途径。企业的并购包括横向并购、纵向并购和混合并购。西方国家并购的主要方式是横向并购，并购同类业务企业，将大部分无关联的业务剥离出去，使经营活动更加集中。横向并购优势明显：第一，操作简单，可以降低并购风险，也有利于两个企业的生产要素的融合，提高管理效率。第二，横向并购可以提高规模经济效率，增加行业集中度，增强行业的整体实力。第三，横向并购可以实现资源共享，降低企业的生产成本。纵向并购主要发生在钢铁、石油等对原材料依赖强的企业。混合并购可以优化企业的经营结构，提高企业存量资产的使用效率，但是，混合并购可能提高企业的管理成本，容易造成各部门之间的摩擦。

在数字化和网络化的背景下，并购有助于拓展业务，实现业务的优势互补，发挥协同效应；有助于降低成本和费用，共享科技成果，削减研发开支，使企业快速获取自己所需要的能力和资源，建立核心竞争力。例如，加拿大汤姆森整合路透集团，成为全球最大的金融新闻与数据提供商，其所占市场份额将提升至34%，比第一位的提供商美国彭博社高出一个百分点。以前汤姆森专注北美市场，而路透集团专注欧洲市场，并购后带来业务互补，节约了成本。

当前我国的新闻出版企业并购出现了一些新动向。一是新闻出版企业开始积极涉足金融业。出版传媒上市后，出资近2亿元认购中天证券新增的注册资本。江苏凤凰出版传媒集团分别参股南京证券和江苏银行，成为两家金融机构的第二大股东。二是国际资本进入新闻出版、印刷、广告和发行行业。三是我国新闻出版企业积极谋划“走出去”，在版权贸易、数字出版产品出口、印刷服务、实物出口和对外投资等方面增强国际传播力。例如，时代出版成立了俄罗斯新时代印务公司等一批海外文化产业实体和基地，收购了拉脱维亚S&G印刷公司。

(三)新闻出版企业的重组

资产重组就是通过联合、合并、分离、出售和置换等方式，实现资产主体的重新选择和组合、优化企业资产结构等行为。我国新闻出版企业通过重组调整经营结构，实现单一业务形态向多元化相关业务形态转变，以重组的方式实现低成本的跨地区和跨行业的扩张。例如，中文传媒重组了新华联合发行有限公司，中南传媒重组了北京博集天卷图书发行有限公司，时代出版与北京幸星公司合资成立了新公司，并收购了安徽人民出版社，皖新传媒重组了江苏大众书局，新华文轩重组了四川出版集团的出版业务。

从国际上看，强强联合是国际出版集团之间重组的通行法则，每次整合都是两个巨头整合成一个新的行业巨头。例如，2013年，贝塔斯曼集团与培生集团签署合同，合并各自旗下的图书出版公司兰登书屋和企鹅出版集团在全球的业务，成立新的公司企鹅兰登书屋，其中贝塔斯曼拥有53%的股份，培生集团拥有47%的股份。合并以后，可以节约成本，整合在世界范围内的业务，以更大的规模投资于多样化的内容、培养和支持作者与出版人才、纸质书和电子书采购、制作、市场推广和经销的整个过程。

重组要基于战略的需要，实现资源、市场和技术的统一，拓展产品的市场空间，实现从低附加值产品向高附加值产品转变，优化资源配置效率。例如，粤传媒完成重大资产重组，实际控制人广州日报社将主要经营性资产注入上市公司，公司资产质量大幅提升，主营业务在广告代理、印刷等业务基础上增加了广告经营、报纸发行、网络服务等业务。新华传媒提出广告业务转型新思路，从传统的都市报与新华书店定位转变为营销、数字媒体、院线、电子商务、文化地产等全媒体板块。

剥离与分立也是资产重组的重要手段。剥离主要是剥离非相关业务，达到主业清晰，调整经营战略，获取较高的价值评估；分立主要是提高企业资产定价，提高管理效率，发挥公司核心成员的积极性。例如，华闻传媒积极进行战略架构调整，与控股子公司先后收购辽宁盈丰传媒、天津华商广告等公司股权，并将所持海口汇海典当、深圳金兆典当行股权转让出售，完成了新一轮扩张与退出。美国新闻集团则计划把娱乐产业和新闻出版产业分离，提高管理效率。

三、新闻出版企业资本运营的策略分析

我国新闻出版企业的经营风险源于经营范围和收入来源的单一性，市场集中度低，需要实现资金来源的多元化，扩大企业规模，通过高效率的资本运营，向提高核心竞争力、完善产业链、集约化经营、全媒体运营等战略方向发展。

首先，资本运营要提高核心竞争力，增强盈利能力。新闻出版企业要争夺

出版产业链上游的内容资源，兼并同业扩大规模优势，控制下游拓展渠道优势，收购新媒体实现跨媒体经营，提高盈利能力。新闻出版企业核心竞争力主要表现在全国图书出版市场和发行市场上的码洋占有率以及盈利能力。横向并购是提高核心竞争力的主要渠道；另外，通过纵向并购增强核心竞争力，新闻出版企业需要建立出版、印刷、发行具有供需关系的纵向一体化战略，完成产业链；通过混合并购进入其他媒体领域，这是多元化经营的便捷和低风险的途径。

我国出版企业大部分的主营业务在传统的纸质图书出版和发行方面，而一般图书和教育图书利润率不高，发展的空间有限，导致出版发行企业的平均利润率和资产收益率下降。而新闻出版集团并购的大部分是规模较小的企业，对主业结构和利润增长的贡献率不大，行业市场集中度仍很低。出版传媒上市公司营业收入在沪深两市2 000多家企业当中处于中等偏下的水平。作者选择十家新闻出版类上市公司进行分析，如图1所示，新华传媒总利润负增长，华闻传媒、新华传媒、粤传媒广告收入分别不同程度减少，出版传媒和皖新传媒的发行收入不同程度降低，大部分新闻出版企业主业构成和资金来源比较单一。

表1　我国新闻出版类上市公司2013年主营业务收入、总利润及其增长率

收入指标 企业名称	主营业务收入、比重及增长率	总收入	总利润及增长率
中文传媒	物资贸易(66.7亿，占59%，8%) 发行业务(30.1亿，占26%，13%)	114亿元	6.35亿(29%)
中南传媒	发行收入(56.3亿，占70%，16%) 出版收入(21.2亿，占26%，38%)	80亿元	11.2亿(18%)
凤凰传媒	教辅发行(18.8亿，占25%，23%) 图书发行(15.5亿，占21%，1%)	73亿元	9.4亿(1%)
皖新传媒	一般图书(16.1亿，占35%，-2%) 教材教辅(15.8亿，占34%，17%)	46亿元	6.06亿(21%)
时代出版	商品贸易(25.7亿，占59%，82%) 新闻出版(13.7亿，占32%，2%)	43.2亿元	3.47亿(11%)
华闻传媒	信息传播(23.8亿，占51%，-19%)	37.5亿元	5.27亿(95%)
浙报传媒	广告收入(10亿，占42%，36%) 发行收入(4亿，占17%，3%)	23.6亿元	4.12亿(86%)
粤传媒	广告收入(9.68亿，占58%，-17%) 发行收入(3.77亿，占23%，-6%)	16.7亿元	6.42亿(11%)
新华传媒	图书收入(9.48亿，占51%，14%) 报刊及广告(4.38亿，占24%，-28%)	18.5亿元	0.6亿(-45%)
出版传媒	发行收入(6.28亿，占47%，-3%) 出版收入(4.08亿，占31%，4.6%)	13.3亿元	0.7亿(35%)

其次，完善出版、印刷和发行“多介质、全媒体”产业链，促进新闻出版

企业进入数字出版、网络出版和手机出版等新兴产业。目前，我国新闻出版总署和国家广播电视电影总局合并，意味着图书、报纸、有线电视网和影视等文化子行业实现了统一监管以后，各行业的相互渗透有望实现。新闻出版集团需要在数字技术领域有所开拓，打造全媒体内容业态和全媒体终端平台。例如，皖新传媒努力开拓“教育与科技融合”的新方向、新业务，如基础教育云平台的应用和传统教育项目向数字出版、互联网和互动多媒体等新载体演变，搭建数字出版平台和“电子书包”。同时，皖新传媒合资建立皖新物流公司，实现图书物流、仓储、物流管理和多方物流的无缝连接。

2010年上市的中南传媒，利用筹集到的资本进行数字化改造，与华为技术战略合作，打造数字出版平台和电子书包基地，与中国联通合作，推进悦读平台基地建设，与中国移动合作，构建县级手机报网络。长江传媒成立全资子公司长江传媒数字出版公司，以数字版权运营、手机媒体开发、数字教育服务为重点，通过整合集团内品牌、内容与渠道等优势资源，为长江传媒8家出版社和24种报刊提供数字化服务，推进长江传媒转型升级。

再次，新闻出版企业要加强多元化、全媒体经营，特别是要向电视剧、电影和动漫等相关产业发展，成为全媒体公司，发挥协同效应，降低经营风险。例如，皖新传媒与上海华恺文化传播有限公司合作摄制动画电视系列剧；长江传媒涉足影院运营；博瑞传媒收购腾讯旗下的网页游戏公司北京漫游谷；凤凰传媒收购软件公司；浙报传媒斥资32亿收购盛大网络旗下的两家游戏公司，参股华数传媒；出版传媒收购了蓝猫动漫55%的绝对控股权等；时代出版、中文传媒、出版传媒等已开始涉足动漫、影视、视频等领域，加大对视听领域的投资。

加强传统出版与网络出版的互动，实现资源互补。例如，出版传媒与盛大文学签署战略合作协议，公司进入盛大文学的出版业务，为盛大文学提供版权产业发展平台和提供出版服务，而盛大文学拥有起点中文网、榕树下和红袖添香等国内原创网络文学90%的资源。长江传媒致力于整合一个出版向影视延伸的平台，拥有小说《狼图腾》的纸质版权，由其改编的电影在美国拍摄，同时，充分利用少儿出版资源进行动漫影视创作。

最后，资本运营后要加强整合。企业资本运营的目的是为了扩大规模，增强实力，实现价值增值等。但是，全球并购整合业务某合伙人认为，当前70%的并购未能实现期望的商业价值，70%的失败源于并购的整合过程①。并购后

① 上海国家会计学院主编：《企业并购与重组》，经济科学出版社2011年版，第213页。

需要加强战略协同整合。业务活动的整合，包括采购、产品开发、生产、营销和采访方面的联合和调整，还包括管理活动的整合、组织机构整合、人事整合、文化整合，实现价值整合的乘数效应。

（原载《新闻研究导刊》2014年第8期）

新闻出版企业并购重组的路径、效应与风险

近年来，国家加快新闻出版行业“转企改制”，提出破除地区封锁和行业封锁，建立跨媒体、跨行业和跨地域的出版传媒集团，培育多个年销售量超过200亿元的大型骨干出版传媒集团。为此，只有通过并购重组等扩张式发展方式，提高新闻出版资源的配置效率，实现有效竞争，优化产业结构，促进产业升级，推动新闻出版产业跨越式发展。

一、新闻出版企业并购重组的路径

伴随着文化传媒产业的高速发展和利好政策的出台，传媒产业并购重组加速进行。据不完全统计，2013年文化传媒板块已发生55起并购事件，涉及出版、影视、广告、游戏等不同行业，累计资金400多亿元。并购重组呈现出先易后难的特点，首先是影视民营企业的并购加快，其次是国有新闻出版企业对民营影视公司或游戏公司的并购重组，以及国有出版集团跨区域整合加速，但是少见国有广电企业和出版企业的跨区域和跨行业的并购重组。

(一)新闻出版企业并购重组的类型：横向并购、纵向并购和混合并购

据中国广告协会报刊分会统计，在互联网的冲击下，2013年报纸广告刊登额下降8.1%，降幅超过了2012年的7.5%。传统出版发行企业的图书、发行、

印刷收入等增长乏力，而一些互联网企业和影视公司则发展迅猛，新闻出版企业的盈利模式与产品结构单一，增长乏力，亟须通过并购重组降低经营风险。

近年来，新闻出版企业并购重组主要类型是横向并购重组。横向并购可以迅速扩大生产规模，节约生产与管理费用，提高生产要素的利用率，增强市场控制力，发挥规模经济效应。例如，报纸领域，上海解放报业集团和文汇新民报业集团合并，开启了上海文化传媒国有资产整合的大幕；粤传媒收购上海香榭丽广告传媒股份有限公司100%股权。出版领域，时代出版对中国文联直属的中国文联出版社、大众文艺出版社实施资产重组；工信部旗下两大出版集团重组为中国工信出版集团，资产总额超过20亿元。广告领域，2013年华闻传媒收购了广告公司国广光荣100%股权。影视领域，光线传媒收购影视公司新丽传媒27.6%的股权。

纵向并购重组是指优势企业将同本企业生产紧密相关的生产、营销企业并购过来，形成产供、产销或供产销纵向一体化。纵向并购重组可以降低交易成本，有利于生产的不同阶段相互融合，形成完整的产业价值链。例如，乐视网购买花儿影视100%的股权，实现渠道与内容的纵向一体化，有力提升乐视网精品剧制作能力；华策影视收购海宁华凡60%股权，介入艺人经纪市场；凤凰传媒以增资扩股和股权收购的形式，整合产业链下游民营制版公司和印刷公司；奥飞动漫出资9 000万元收购广东嘉佳卡通影视有限公司60%股权，嘉佳卡通拥有“嘉佳卡通卫视”三十年的经营权，构建了内容生产与渠道传播相结合的产业链。

跨媒体并购重组主要是生产不同产品的企业之间的并购，而并购方与被并购方非客户和供应商关系。跨媒体并购重组可以提高盈利水平，扩大企业规模，防范经营风险，发挥范围经济效应。跨媒体并购主要是传统媒体对新媒体企业的并购，特别是收购手机游戏和页面游戏公司的企业较多。例如，博瑞传播以10亿元收购页游公司漫游谷70%的股权；浙报传媒不仅收购东方星空，涉足影视与旅游演艺业，而且收购游戏企业杭州边锋网络和上海浩方在线100%股权；天舟文化收购移动网游企业神奇时代的100%股权。

（二）新闻出版企业并购重组的具体路径：兼并、收购、重组

出版企业并购重组多采用非公开发行股份作为支付手段，发行股份的同时配套募集资金，通过购买资产实现优质资产注入。参与并购重组的主体逐渐多元化，国有新闻出版跨地域的并购重组不断涌现，民营企业和中小企业并购也

不断增多。

第一种路径是兼并。兼并一般指企业通过产权交易获得了其他企业的全部产权，使被并购企业丧失法人资格，获得他们控制权的经济行为。兼并分为吸收合并与新设合并，吸收合并就是一家公司从此消失，另一家公司为续存公司，新设合并为两家公司合并，成立一家新公司[①]。例如，天舟文化收购神奇时代的100%股权，从传统媒体向新媒体转型，构建出版发行、新媒体、教育服务、文化创意投资四大业务板块。2013年华闻传媒收购了国广光荣100%股权，国广光荣是中国国际广播电台国内三套广播频率的广告经营的总代理和经营实体，收购就是为了打造全媒体业务架构。奥飞动漫公司收购了广东原创动力以及方寸科技和爱乐游100%的股权，增强公司动漫形象品牌影响力，进一步提升公司价值，打造未来中国版迪斯尼。

第二种路径是收购。收购是一家企业用现金或有价证券购买另一家企业的股票或者资产，包括资产收购与股份收购，获取该企业的全部资产或者某项资产的所有权，或者该企业的控制权。收购的支付方式包括现金支付、股票互换和混合支付，特别是发行股份购买资产、换股并购等丰富了并购手段，降低了交易成本。例如，华闻传媒以31.5亿元收购华商传媒38%股权及其8家附属公司的少数股东权益和澄怀科技100%的股权，位列2013年并购金额之最。江苏凤凰数字传媒以2.77亿元收购上海都玩网络55%的股权，进军页游行业，用3.1亿元收购上海慕和网络64%的股权，进军手游行业，从而凤凰传媒成为出版、影视和网游为主业的跨媒体公司。

第三种路径是重组。公司重组是对公司所有权或控制权结构的一种重新安排，包括资产重组、负债重组和股权重组。重组一般是基于战略的考虑，实现资源、市场和技术的统一，拓展产品的市场空间，实现从低附加值产品向高附加值产品转变，优化资源配置效率。剥离与分立也是一种重组方式，是收缩性战略。剥离主要是剥离非相关业务，调整经营战略，达到主业清晰，获取较高的价值评估；分立主要是提高企业资产定价，发挥公司核心成员的积极性，提高管理效率、资产质量和使用效率，提升投资回报率。例如，2012年美国新闻集团把影视娱乐产业和新闻出版产业分立，提高管理效率。

通过资产重组可以实现业务转型与资产整体上市，从专业化向多元化、综合化转变。例如，粤传媒实际控制人广州日报社将主要经营性资产注入上市公司，大幅提升公司资产质量，通过重组完成业务转型，主营业务在广告代理、

① 上海国家会计学院：《企业并购与重组》，经济科学出版社2011年版，第2页。

印刷等业务基础上增加了广告经营、报纸发行、网络服务等业务。新华传媒提出广告业务转型新思路，通过重组实现从传统的都市报与新华书店定位转变为营销、数字媒体、院线、电子商务、文化地产等全媒体板块。

通过资产重组可以实现借壳上市。例如，长城影视通过资产置换借壳江苏宏宝实现上市融资。重组完成后，江苏宏宝的主营业务转变为电视剧投资、制作与发行及其衍生业务，长城集团成为新的大股东。

（三）新闻出版企业并购重组的趋势：跨地域、跨媒体、跨行业与跨所有制

跨地域并购方面，例如，江西出版集团与宋庆龄基金会联合重组中国和平出版有限责任公司；吉林出版集团与中华工商联出版社的资产重组等，均是地方的出版集团整合中央级别的出版媒体。跨媒体并购方面，江苏凤凰数字传媒收购上海都玩网络科技55%的股权和慕和网络64%的股权；华谊兄弟收购手游企业银汉科技，都是为了进入互联网和手机游戏领域，实现多媒体、全产业链发展。

新闻出版企业兼并重组广播影视企业，实现跨行业发展。例如，凤凰传媒收购控股股东持有的传奇影业51%股权，形成出版资源和影视产业的优势互补，实现产业链的完善和衍生。中南传媒与湖南教育电视台成立湖南教育电视传媒有限公司，新公司主营广播电视节目的策划、制作、发行以及广告经营、品牌运营等业务，成为教育电视台市场运营主体。新闻出版企业加快了跨所有制的国有与民营文化资本的并购重组，例如，重庆出版集团旗下的重庆五洲文化传媒与北京民营文化企业联合重组成立了混合所有制企业——北京五洲时代天华文化和五洲博尔文化传媒有限公司，两家公司将在原来拥有的“七彩课堂”“一点通”等系列教育图书产品品牌基础上，进一步提升市场影响力和占有率。

二、新闻出版企业并购重组的效应

我国新闻出版行业存在市场集中度低和结构不合理等现象，盈利模式和产品结构单一，经营风险大。我国出版产业市场集中度CR3是13%，CR4是16%，CR8是24%[①]，出版企业前八强的市场占有率低，只有24%，远低于西方国家的市场集中度。为了促进资源的合理流通和综合利用，国家鼓励资源相

① 肖叶飞：《传媒产业所有权融合与反垄断规制》，《国际新闻界》2013年第4期。

通和业务相近的新闻出版企业进行并购重组，通过优胜劣汰实现资源的优化配置，推动新闻出版资源和生产要素向优势产业集聚，实现产业转型升级。

(一)并购重组可以扩大企业规模,实现有效竞争,发挥规模经济效应

规模经济可分为生产规模经济和经营规模经济。生产规模经济是指随着人员、设备的增加，生产能力的扩大以及生产技术的提高，新闻出版企业规模不断扩大而单位成本逐渐下降。经营规模经济是指不同新闻出版企业的联合和合并形成的经营规模的扩张而带来的更高效益，其产生原因是采购成本、管理成本、销售成本、融资成本的降低。并购重组可以降低企业的运营成本、增强企业的市场竞争力。例如，电影巨头华谊兄弟收购浙江常升影视制作公司70%的股权，加强了自己在电视剧制作方面的能力。粤传媒并购上海香榭丽广告公司，香榭丽是中国领先的大型LED户外广告运营商，屏幕资源优势明显，策划创意能力突出，收购既能提升整体的盈利水平，又可丰富媒体形态，扩大资源的商业价值。

(二)并购重组可以实现资源互补,发挥协同效应

并购产生的协同效应分为四类：市场力量协同，通过提高市场集中度，从供应商那里获取更低的买价或从顾客那里获取更高的卖价；经营协同，通过联合经营，获取经验，降低生产和营销成本；财务协同，通过财务市场力量和内部资本市场，实现资本运营成本的下降；管理协同，通过分享和相互交流不同单位的管理诀窍、技术和能力，实现管理协同。例如，“国内电视剧第一股”华策影视收购克顿传媒就是实现资源互补。克顿传媒拥有国内领先的影视行业数据挖掘和分析能力，以及先进的影视行业数据库，而华策影视又是行业里创作、发行能力最强的影视公司。并购可以在版权资源、创作和制作资源以及营销团队方面深度融合和战略协同，推动华策影视向“内容+渠道+受众”循环联动的经营新模式发展。又如，汤姆森公司和路透集团合并成为汤姆森路透公司，这次跨国整体合并为了实现资源整合，形成世界性的销售网络，合并前汤姆森公司的收入83%来自美国市场，而路透集团14亿英镑占54%的收入来自欧洲市场，两者的合并可以实现用户、市场和业务的全覆盖，并在与对手彭博新闻社竞争中形成优势[①]。

---

①裴祖惠，白洁纯，王楠：《规避风险,良性有序——也谈跨国并购的动因与启示》，《中国记者》2010年第6期。

(三)并购重组可以改变单一的商业模式,寻找新的利润增长点,建立全产业链

传统媒体通过并购重组新媒体实现“全介质、全流程”发展战略，发展网络出版、手机出版、云出版等为代表的出版新业态，达到内容的一次生产、多层开发、多元增值。例如，德国贝塔斯曼集团就用2亿美元收购巴诺网上书店的50%股份，获得了与亚马孙竞争的网络渠道支持，通过与大型电子商务企业进行战略合作和资源整合，构建线上和线下相结合的出版物流通体系。江苏凤凰出版传媒集团通过整合民营制版公司、印刷公司，致力于打造图书、影城、动漫、网游和玩具等全产业链经营模式。天舟文化通过收购神奇时代100%股权，从传统媒体向新媒体转型，踏入移动互联网和手机游戏领域。博瑞传播以10亿元收购马化腾旗下页游公司漫游谷70%的股权，在游戏产业链上基本形成了“端游+页游+手游”的全产品模式。大地传媒收购大股东中原出版传媒集团旗下4个控股公司100%股权，通过资产重组实现大股东出版、印刷、发行、物资供应等整个产业链的主营业务的整体上市。

(四)并购重组可以调整产品结构,防范经营风险,发挥范围经济效应

范围经济效应不仅出现在信息的采集、制作、发行、广告和营销等领域，而且在人力资源、技术开发、品牌资源和生产要素等多个领域也可以发挥整合效应。国际上大型出版传媒集团都是跨行业和跨媒体经营的大公司，通过多元化经营，增强企业的竞争优势。对于新闻出版企业，并购广播电视、互联网和移动媒体，可以构建新的运营与传播平台，将不同的内容进行整合传播，降低生产成本，化解经营风险。例如，时代出版推动图书版权与影视的互动经营，参与投资《决战前》《江山风雨几多情》等十余部影视剧。又如，浙报传媒通过兼并重组等资本运作打造互联网时代枢纽型传媒集团，利用大数据系统，突破传统媒体单一广告营运模式，向数字出版、影视、网络游戏、动漫和高端包装印刷等领域拓展，使公司真正成为全媒体、全产业链立体经营的大型文化传媒企业。

三、新闻出版企业并购重组的风险

在放松规制的背景下，并购重组成为新闻出版企业的整合手段，将出现一批跨地域、跨媒体、跨行业和跨所有制的大型新闻出版企业。虽然并购是低成

本扩张的有效方式，有利于完善产业链，提高市场占有率，但是在业态融合、公司治理、金融财务和规模控制等方面也存在着一定的风险。

(一)经营风险

并购导致盈利能力下降，成本高涨，净利润减少，效率低下等经营风险。特别是并购一些与主营业务关联度低的企业，消化不良，无法产生互补与协同效应，甚至可能拖垮原有的业务。就我国出版企业的上市公司来说，主业的利润率和销售收入等都存在瓶颈，时代出版、凤凰传媒和中南传媒的主营业务的利润率在10%左右，但是被并购的资产对主营业务的利润贡献率不高。我国出版业并购多是区域内并购或强弱并购，实际上只有通过高质量的强强联合式的并购重组才能发挥规模经济效应，优化资源配置，实现结构升级和跨越式发展[①]。蓝色光标是A股中并购较为成功的公司，它并购涉及公关、广告等业务，并购后对其业绩的增长贡献大。出版企业要并购新媒体企业，积极投资网络出版、数字出版、版权贸易、网上书店、按需出版等相关领域，完善产业价值链。

(二)管理风险

管理风险主要是管理者片面追求规模，进行非理性投资，缺乏综合管理能力，追求扩大管理者的利益和权限。有的并购重组没有提高核心竞争力，盲目多元化，发展战略不明。如美国在线和时代华纳并购失败后拆分为两家公司，各自专注于自己的领域。专业化和多元化要保持一定的平衡，多元化也要有核心竞争力，例如，贝塔斯曼集团是主营大众出版市场的出版集团，美国的麦格劳·希尔公司主营教育出版。一些报刊出版企业为了集中精力专业化生产，甚至出售、拆分和转让非主营业务，进行战略调整。贝塔斯曼购得美国大型大众读物出版公司兰登书屋的同时，出售赢利能力很强的学术出版公司斯普林格，将其精力集中在大众读物市场上。

(三)文化风险

如果不同企业之间的经营方式、管理制度、企业文化、组织结构不能进行整合，会导致企业低效率运转，造成了文化风险。并购只是手段，而整合才是目的，企业并购后需要在经营、机制、文化、财务和团队等方面加强整合。网

① 周正兵:《轩昂阔步走 畅通四方流——中国出版上市公司发展十年盘点》,《编辑之友》2012年第1期。

络新媒体美国在线和传统媒体时代华纳的并购失败，其重要原因是文化冲突，无法在发展目标、管理方法、资源整合方面达成一致，反而增加了经营与管理成本。所以并购重组后，要加强文化整合，发挥协同效应。

（四）财务风险

企业的并购重组对于业务结构、成本结构和财务结构都会产生影响，可能导致资金流断裂风险和偿还债务能力风险，特别是对于举债收购，当负债率过高，出现到期不能偿还本息，甚至丧失偿还能力，导致企业破产①。企业的并购还由于信息不对称造成财务风险，例如被并购企业的负债多少、财务报表是否真实、有无资产抵押担保、有无诉讼纷争等因为信息不对称引起的财务风险。企业要对目标公司进行财务状况和经营能力的全面分析，防止并购方高估了目标企业的发展前景、盈利能力，以及低估了并购后的整合成本等。同时并购后要加强财务制度体系的整合，包括财务核算制度、内部控制制度、投融资制度等方面的整合，防范财务风险。

（原载《编辑之友》2014年第12期）

① 王楠：《美国、加拿大大型传媒企业并购的启示与借鉴》，《编辑之友》2011年第4期。

有线电视上市公司的资本运营与服务创新

随着三网融合的发展，我国有线电视基本完成了省网整合和双向数字化改造，有近10家有线电视成为上市公司，而且多家省级有线网络公司积极筹划上市融资。有线电视公司借助资本市场的融资功能，积极开展资本运营，改善产品结构，完善产业链，进行服务创新，从传统的网络传输商向综合信息服务商转型，从而提高了三网融合语境下的核心竞争力和可持续发展能力。

一、有线电视上市公司的资本运营

资本运营主要指企业在资本市场所进行的各种交易，包括企业股份制改造与上市、资产重组、企业的并购与分立、资产的剥离与出售、产权投资等[①]。有线电视企业通过资本运营手段，扩大经营规模，提高资源配置效率，优化产业结构，增强企业的竞争力，促进企业跨越式发展。

（一）有线电视企业实现上市融资，通过资本市场来完成网络整合和数字化改造

我国已经有北京歌华有线、陕西广电网络、湖南电广传媒、湖北广电、深圳天威视讯、吉林吉视传媒、浙江华数传媒和上海百视通等近10家有线电视上

①曾江洪：《资本运营与公司治理》，清华大学出版社2010年版，第8页。

市公司，仍有10余家广电网络公司期待上市融资。有线网络公司通过借壳上市、资产重组上市、IPO上市等手段，进入资本市场融资，实现全业务运营，提高核心竞争力。例如，湖北广电通过借壳上市与定向非公开发行股票的方式购买其他有线电视网络公司的资产，实现有线电视网络资源的整体上市。

有线电视公司通过资本市场这个融资渠道，实现网络改造与网络整合。例如，湖北广电依托先进的双向光纤网技术，全网实现了光纤到户，由单一模拟电视业务向多业务运营的转变，已成为集图像、数据、语音传输、社区服务为一体的综合服务信息网。为实施广电网络数字化、双向化、高清化改造，吉视传媒已建成覆盖全省的智能光缆网络，全面提升了网络运营能力和网络传输能力，对全省光缆干线和市县分配网络实施改造工程。一些有线电视上市公司通过资本市场实现跨地区的网络整合，例如，湖南电广传媒等一些有线电视上市公司进行跨区域的整合，已经通过增资收购股权等方式，参股了云南广电网络、河北保定和青海有线电视等项目，同时投资天津和新疆有线网络公司，促进公司在全国的网络布局，实现经营协同和优势互补[①]。

（二）通过并购重组等资本运营手段，进入新媒体、网络游戏、影视制作等其他领域

如果说手机媒体和互联网等新媒体对于有线电视来说是“狼来了”，那么有线电视唯一的策略就是“与狼共舞”。面对新媒体竞争，歌华有线与华为签署“三网融合”战略合作协议，建设下一代广播电视网，在云计算与物联网应用、新媒体业务等方面展开合作，组建面向“三网融合”的下一代有线电视网络联合实验室。歌华有线还参股茁壮网络，占股6.7%。茁壮网络是一家专注于数字电视业务平台及应用软件开发的高科技民营企业。此外，歌华有线与香港富邦媒体有限公司共同出资设立一家合资公司，涉足数字电视频道经营领域。随着电视购物产业的扩大，将会衍生数据服务、客服、物流等方面的新业务。

2013年，百视通国际（开曼）有限公司向Super Sports Media（超级体育媒体）公司以现金增资的方式投资185万美元，取得该公司14%的股权，并与其签署《英超新媒体播映协议》，获得英超2013年至2018年共六个赛季内容资源在中国大陆新媒体电视屏独占许可使用权。“百视通开曼”还向“百视通香港”追加投资3 515万美元，以支撑互联网电视、IPTV、云网络电视系统等相关海外业务，向海外消费者提供互联网电视机顶盒、电子节目指南、媒体资产

①肖叶飞：《三网融合时代有线电视网络的竞争格局与运营战略》，《中国有线电视》2014年第2期。

管理和内容管理系统等业务。同时，东方明珠与索尼等合作开发国际类游戏、流媒体游戏与传统游戏等项目。

（三）完善以网络资源和内容资源为核心的产业链，减少经营风险

华数传媒实现以视频为核心的产业链一体化发展，打造以内容为核心的综合娱乐平台。2014年华数传媒向云溪投资非公开发行2.8亿股，融资65亿元，占本次发行完成后华数传媒股份总数的20%。募集资金主要投向媒体内容建设、华数TV终端销售和传输管道整合，通过加强上游内容优势、撬动下游终端覆盖优势和整合中游传输通道优势，实现产业链的垂直一体化，在产业上实现了“网络+内容+服务”相结合的发展格局，形成了“新媒体、有线电视、通信产业、城市电视信息服务、数字产业园”等产业集群，建立了集团控股式管理架构，发展成为多元化、综合性、多层次、全媒体的全国性新型文创产业集团。华数传媒与云溪投资一方面进行原创内容、视频通讯、游戏、音乐、教育等综合应用体系，以及云计算、大数据等领域的布局和并购；另一方面共同拓展文化传媒产业链上下游，加速构筑以视频为核心的新媒体业务生态圈，推进公司“跨代网、云服务、全业务、多终端发展”的整体战略实施。

（四）参与影视剧制作产业，实现多元化经营

影视剧是有线电视的上游产业，参与影视剧有利于公司延伸产业链，实现多元化发展，打造产业发展新亮点。2014年5月，华数传媒使用1亿元向天津唐人影视有限公司增资，占其增资后8%的股权。唐人影视经营范围为电视剧、专题、综艺、动画片等节目制作和发行，以及影视文化信息咨询等。陕西广电网络出资1 500万元参股西安电视剧版权交易中心，占注册资金30%左右，该公司经营范围为电视剧产业股权、物权、债权、知识产权的代理，转让和授权交易，电视剧项目投资收益，电视剧作品权益的质押，抵押融资交易等。2014年，湖南电广独资设立电广传媒影业（香港）有限公司，香港影业公司主要从事电影投资、制作、引进、发行等业务。对于电广传媒而言，香港影业公司的设立，将有利于公司及时获取国际电影市场最新资讯，并利于促进公司与国际市场的交流与合作，进一步提升公司业务发展水平，以及公司境外知名度及竞争力，有效利用境外资金降低融资成本，对公司提高自身盈利能力起到积极作用。另外，湖南广电巩固和发展已有的金鹰城旅游大联盟和新金鹰城置业两个平台，探索“文化旅游+主题地产”的新模式。

二、有线电视上市公司的财务分析

我国有近10家有线电视上市公司，但是主营业务单一，如表1所示，除了湖南电广传媒的网络传输服务业务占总体收入的44%以外，其余的上市公司网络收视费、信息服务等主营业务比重均超过90%。电广传媒广告制作代理收入18.4亿元，占36%；依次是艺术品经营、旅游业和影视节目制作等业务，收入分别是4.71亿、2.63亿和1.3亿元。其收入的跨地区性明显，除湖南25亿元外，还有广东19.7亿元与北京6亿元。中国缺乏跨地域的有线电视公司，而中国广播电视网络有限公司2014年4月刚刚成立，财政部注册资本45亿元，负责全国范围内有线电视网络的相关业务，成为继移动、电信、联通后的“第四运营商”，开展三网融合业务。中国广播电视网络有限公司首先针对缺乏资金的中西部有线网络运营商通过行政手段加以整合，最后再通过市场手段整合这些有线电视上市公司。

表1 我国有线电视上市公司主营业务及上市方式

名称	股市号码	上市时间	上市方式	2013年主营业务收入及比重
歌华有线(北京)	600037	2001.1.4	IPO	网络运营服务22.3亿元(99%)
广电网络(陕西)	600831	1994.2.24	借壳上市	收视费收入13.9亿元(68.5%)
电广传媒(湖南)	000917	1999.3.25	IPO	网络传输服务21.5亿元(44%)
百视通(上海)	600637	1999.2.24	IPO	信息传播服务26亿元(98.6%)
天威视讯(深圳)	002238	2008.5.26	IPO	有线电视行业9.12亿元(98%)
吉视传媒(吉林)	601929	2012.2.23	IPO	有线电视收入18.5亿元(97%)
湖北广电(湖北)	000665	1996.12.20	借壳上市	有线电视收入11.4亿元(99%)
华数传媒(浙江)	000156	2000.9.6	借壳上市	信息传播服务17.8亿元(98%)

如表2所示，从我国有线电视上市公司财务状况来看，成长能力指标、盈利能力指标和财务风险指标等与美国相比，仍有较大的差距。例如，我国有线网络的营业收入不高，最高的是跨媒体经营的湖南电广传媒，营业收入51亿元。相比较而言，美国最大的有线电视运营商康卡斯特拥有2 460万有线电视用户、1 440万宽带网络用户及560万IP电话用户。2013年康卡斯特的收益为650亿美元，2014年7月以452亿美元价格收购美国第二大有线电视运营商时代华纳有线，吸收了时代华纳1 100万有线电视用户，强强联手以应对Netflix、亚马孙、YouTube等在线视频平台挑战。

表2　2013年有线电视上市公司财务状况一览表[①]

名称	成长能力指标			盈利能力指标			财务风险指标		
	营业收入（亿元）	同比增长	归属净利润（亿元）	毛利率	净利率	加权净资产收益率	资产负债率	流动比率	速动比率
歌华有线	22.5	2.16%	3.77	6.5%	16.7%	6.69%	43.9%	3.51	3.40
广电网络	20.3	17.8%	1.37	37%	6.75%	8.44%	62%	0.22	0.18
电广传媒	51	25.6%	4.48	36%	9.5%	11.4%	42%	2.26	1.79
百视通	26.4	30%	6.77	44%	25.7%	19.8%	24.7%	2.48	2.36
天威视讯	9.3	3.34%	1.43	38%	15%	9.47%	20.2%	2.01	2.01
吉视传媒	19.2	8.94%	4.02	43.5%	20.9%	9.7%	32%	0.80	0.71
湖北广电	11.5	8.69%	1.84	45.8%	15.9%	8.25%	30%	0.68	0.54
华数传媒	18	19.4%	2.54	42%	14%	24.9%	64%	0.58	0.56

成长能力方面。2013年，我国有线电视上市公司的总体营业收入不高，除了湖南电广传媒51亿元以外，其余的有线电视上市公司的营业收入都低于30亿，最低的是天威视讯9.3亿元。另一方面，有线电视上市公司的归属净利润都超过1亿元，效益最高的是百视通6.77亿元，电广传媒和吉视传媒等都超过了4亿元的归属净利润，最低的广电网络也有1.37亿元的净利润，说明有线电视网络资源在收视费收入以及多媒体信息服务方面盈利能力稳定，风险较小。但是，有线电视上市公司的营业收入同比增长大相径庭，最高的百视通高达30%，其次是电广传媒和华数传媒的增长率分别为25.6%和19.4%，而最低的天威视讯和歌华有线只有3.34%和2.16%，说明不同的有线电视公司成长能力不同，一些成长能力弱的企业需要扩大经营规模，拓展业务范围，开发新业务。

盈利能力方面。有线电视上市公司的盈利能力不同，毛利率方面，最高的是湖北广电的45.8%，百视通和天威视讯也分别高达44%和43.5%，而最低的歌华有线则为6.46%，差距较大。净利率方面，最低的是广电网络6.75%，而最高的是百视通25.7%，吉视传媒的净利率也高达20.9%。加权净资产收益率方面，最高的是华数传媒的24.9%，紧随其后的是百视通19.8%，最低的是歌华有线的6.69%。

财务风险指标方面。上市公司的资产负债率保持在50%的范围内是合理的，如表2所示，我国有线电视上市公司的资产负债率都不高，除了华数传媒和广电网络超过60%之外，其他的都低于50%。另一方面也说明，有线电视上

①有线电视上市公司财务数据均来自东方财富网。

市公司资产利用率不高，还应该拓宽投资渠道，培育新的利润增长点。流动比率是企业的流动资产对流动负债的比率，是衡量企业的流动资产在短期债务到期之前可以变为现金用来偿债的能力。此比例越高，就说明企业资产的变现能力越强，短期偿债能力就越强，一般认为流动比率在2∶1以上比较安全，表明流动资产是流动负债的两倍，有充足的流动资产可以偿债。速动比率是指速动资产对流动负债的比率，是衡量企业的流动资产中可以立即用于偿还流动负债的能力，其中，速动资产一般表示流动资产减除存货，速动比率一般为1比较合理。我国广电网络、吉视传媒、华数传媒和湖北广电等都有一定的短期偿债风险，需要提高短期偿债能力，增加现金流，化解短期财务风险。

三、有线电视上市公司的服务创新

有线电视上市公司的核心资源是网络资源，核心竞争力是高清交互数字电视为代表的新媒体平台。随着三网融合的发展，有线电视应加强服务创新，完成几个角色的转变，不断推出三网融合增值服务，向多元化的视频终端提供服务，提高盈利能力和竞争优势，满足受众多元化与碎片化的信息需求。

(一)从单一有线电视传输商向全业务综合信息服务商转变

与电信、互联网相比，有线电视网络具有覆盖面广、接入带宽高、业务种类多、终端用户群体大、公共信息传播成本低，以及网络可管、可控、可信等不可替代的优势。有线电视需要改变单一的有线电视传输商的定位，除了提供高清音视频、高速宽带、视频通讯、社交电视服务等优势业务以外，需要在数字教育、数字旅游、家庭安控、家庭网关、远程医疗、视频点播广告等网络业务方面创造新的增长点。例如，湖南电广传媒能够提供3D、高清、互动、宽带和“推送播存”，包括视音频、信息、娱乐、休闲、远程教育、远程医疗等无限可能的丰富业务。陕西广电网络以建设社会信息化平台、家庭多媒体终端为目标，从单一的有线电视传输服务业务，逐步拓展为包含视音频业务、互联网接入、信息服务、节目运营、集团专网、股权投资在内的全媒体、多网络、综合性业务，除提供丰富的广播电视频道和高质量的节目，还包括高速率的宽带网络VOD点播、网络视频会议、政务网络互联、远程教育和医疗等功能，并将推出电视银行、电视游戏、电视网站等新业务。

（二）从传统媒体向新媒体转变

随着数字技术的发展，互联网电视、网络视频、社交电视等新媒体层出不穷，在这种背景下，有线电视要改变传统媒体的局限，实现跨区域、跨网络、跨终端的覆盖，提升户均ARPU值，培育新的利润增长点。2014年歌华有线获得授权负责具体开办移动通信网手机电视内容服务和互联网电视内容服务，获得新媒体的业务授权，加快公司的实质性转型和跨越式发展。百视通是中国首家专门从事IPTV、手机电视等新媒体业务运营的公司，是中国广电布局最全的新媒体公司。百视通技术采取轻资产、低成本商业模式，其IPTV业务和手机电视业务基于电信运营商网络，无须承担电信网络基础设施建设投资。2014年，吉视传媒与北京阅视无限科技有限公司共同推广“吉视阅视社交电视应用系统”，该系统为业内领先的电视社交应用系统，不仅可以通过手机、平板电脑等终端为用户提供电视遥控器基本功能，还能提供节目搜索、导视、推荐、商务、社交、互动等服务，将有线电视部分业务拓展到移动终端，以去频道化、节目碎片化的方式实现对电视更加方便地操作，并可以通过分享到社交网络的形式增加收视乐趣，吸引用户驻留，能够提高受众对于公司网络的使用黏性，增强忠诚度和提高品牌认知度。

（三）从一屏终端服务到跨屏多媒体终端服务转变

随着视频终端的不断增多，传统的电视终端不能适应多元化的需求，跨屏获取视频信息成为生活习惯，这就需要有线电视实现智能手机、平板电脑、智能电视、笔记本电脑等跨屏服务功能。例如，歌华有线的飞视家庭业务是北京歌华有线推出的无线视频服务，歌华有线家庭高清交互机顶盒连接无线路由器，户外成功认证登录移动WLAN热点后，可通过智能手机、平板电脑等跨屏获取高清晰、时尚便捷的无线视频服务，使电视无处不在，看电视更加快捷多样。歌华有线的飞视提供专业级、无缓冲和高清晰度的数字电视服务，支持Pad、手机、笔记本等智能终端看电视，无须上网，不占用网络流量与带宽。歌华有线还提供互联网WiFi接入服务，提供文件资源本地点播浏览服务，提供网络接入时的Portal页面服务，面向商业场所提供飞视、宽带、本地内容分发、WiFi认证等形态在内的WiFi综合信息服务。

（四）从分散的有线电视网络向互联互通的云电视综合服务平台转变

云电视是基于网络按需为用户提供云端的存储计算资源和服务的平台，并具有智能电视机未能集成DVB协议模块的广电数字电视业务。云电视机是以云计算、物联网技术为支撑，以综合视频语音数据等多媒体全方位地接收广播电视、绿色互联网视频互动以及开放的视频增值业务等全业务服务的安全可控的数字电视机[①]。歌华有线重视多屏业务、手机与PC端延展视频业务等多媒体云平台的搭建，基于高清交互数字电视多媒体云平台，集成更多的互联网内容，为用户提供全方位的内容服务和信息服务。歌华有线与北京永新视博数字电视技术有限公司在云平台技术和业务等方面进行战略合作，增资入股永新视博旗下的视频云计算方案与服务提供商北京视博云科技有限公司，持股10%。在云平台技术和业务合作方面，永新视博公司将协助歌华有线建设并完善全媒体聚合云服务平台，双方将在云游戏、云体感、云健身、云教育和云旅游等方面开展全方位合作等，还在云电视服务平台上引进电商、金融理财、游戏娱乐等第三方应用与服务。湖南有线着力向高品质数字电视、高速互联网接入、高速数据通信、多媒体通信业务、高速“云信息”服务等业务领域拓展，形成“有线电视、互联网、数字电视广告、通信、综合信息服务、融合型业务”六大业态，逐步实现基于有线电视网络的全业务运营，使家庭电视机成为多媒体信息终端。

（五）从看电视向用电视转变

随着数字技术的发展，受众逐渐从被动到主动，实现了从看电视到用电视的转变。有线电视不仅能够提供视频服务，而且可以给受众带来电视银行、股票资讯、电视购物、远程医疗等诸多便民服务，成为政府、企事业单位、百姓用户等信息服务枢纽。例如，吉视传媒开通吉林信息消费网，可以为政府、企事业单位、商业网点和受众提供惠民服务、政企互动、政务共享、医疗健康、食品药品监管等服务，还可以为百姓提供缴费和医疗就诊挂号、民航机票订购、各类信息查询等服务。歌华有线高清互动电视基于广电宽带开展海量视频节目以及各种互动应用，改变“你播我看”的收视习惯，呈现出高清、点播、时移、回看和资讯等五大功能，向“用电视”转型升级。百视通与新东方在教育方面进行合作，基于百视通IPTV业务推出“新东方TV学堂”，包括名师主讲的中学全科教学内容的直播，托福、雅思、日常英语、新东方少儿教育产品等内容，以及先进的电视在线练习、智能学习推送、名师互动等功能均能够实现，打造跨屏联动的新一代“在线教育”产品。

（原载《中国有线电视》2014年第10期）

①沈建辉，席彦彬：《迎接云电视市场》，《中国有线电视》2013年第1期。

我国影视公司资本运营的策略与风险分析

近年来，我国影视产业发展迅猛，市场竞争激烈，各类资本纷纷角逐电影、电视剧、网络视频以及游戏等市场，影视产业成为上市融资、并购重组等资本运营最为活跃的领域。但是，影视市场风险依然较大，一些影视公司通过并购重组达到炒作套现的非法目的，电视剧与电影市场存在生产过剩现象，同时也存在价值高估、盈利能力不稳定以及财务风险等问题。

一、我国影视公司上市融资的路径

融资问题是影视公司发展的重要问题，在我国资本市场上，除了IPO（Initial Public Offerings，首次公开募股）以外，还存在借壳上市、登陆新三板等其他融资方式。与主板、中小板及创业板相比，影视公司申请在新三板挂牌上市的费用要低得多。

(一)IPO上市融资

IPO上市融资可以拓展融资渠道、吸引投资者、增强流通性以及提高知名度等优点。我国影视类上市公司10余家，其中华谊兄弟（2009年）、华策影视（2010年）、乐视网（2010年）、光线传媒（2011年）、华录百纳（2012年）分别在深圳创业板A股上市。另有在境外上市的影视公司，例如2010年在美国纳斯达克上市的博纳影业，成为中国第一家在美国上市的影视公司，2015年前9个月，营业收入达到2.68亿美元，同比增长33%。保利文化2014年在香港H股上市，2015年主营收入25亿元，主要从事艺术品拍卖、影院投资、演出与剧院管理等业务。

近年来，随着文化娱乐产业的爆发式增长，许多影视公司纷纷谋求登陆资本市场。在2014年中，影视机构证券化案例已超过两位数，其中新丽传媒、幸福蓝海、能量影视、唐德影视4家机构直指IPO，但最终仅唐德影视一家闯关成功，成为了2014年唯一一家成功上市的影视机构。目前A股已有影视资产的上市公司已经多达10家以上，而“电影+电视剧”的行业总体产值却不超过500亿元，影院、电视台还将分走近半收益，实际留给影视公司的份额相当有限，由于总体市场规模与盈利能力的限制，影视公司IPO上市存在很大的阻碍。

浙江唐德影视股份有限公司成立于2006年，因出品《武媚娘传奇》而出名，其电视剧投资、制作、发行和衍生业务是公司的核心业务，2015年唐德影视营业收入5.37亿元。此次唐德影视募集8亿元用于补充影视剧业务营运资金，包括《左手劈刀》等15部电视剧和《紫禁城》等6部电影的投资制作。

(二)借壳上市

借壳上市在国外又称为反向收购，是指通过“上市壳公司”控制权的转移，非上市公司将其旗下的优质资产注入上市公司从而间接完成该优质资产的上市。“借壳上市”将上市需求与退出需求相结合，使得那些经营业绩不佳的原上市公司资产退出资本市场，取而代之以新的优质资产，帮助资本市场进行新陈代谢，实现间接上市的目的。

长城影视、印记影视等选择了借壳上市。2014年6月，江苏宏宝宣布与长城影视的资产重组方案是，江苏宏宝以拥有的全部资产和负债作为置出资产，与长城影视100%股份的等值部分进行置换，差额部分由江苏宏宝向长城集团发行股票方式购买，长城影视通过资产置换借壳江苏宏宝实现上市融资。2014年，高金食品公司置出周期性较强且盈利能力较弱的生猪养殖及屠宰加工业务，置换估值逾60亿元的印纪影视娱乐传媒有限公司的资产，印纪传媒借壳上市。印纪公司主营业务为整合营销服务，并通过兼营影视剧和电视栏目的投资、制作、发行及衍生业务，为客户提供品牌化的娱乐营销服务。

收购上市公司，战略控股上市公司，实现借壳上市。例如，百视通重组东方明珠，百视通以新增股份换股吸收合并东方明珠，同时，上海东方传媒集团公司SMG向百视通注入东方购物、尚世影业、五岸传播和文广互动四块优质资产。新公司将致力于打造互联网媒体生态系统，坚持内容和渠道并重，重组完成后，新上市公司成为文广集团统一的产业平台和资本平台。

(三)新三板上市融资

新三板是全国性的非上市股份有限公司股权交易平台，主要针对的是中小微型企业。全国中小企业股份转让系统（俗称“新三板”）是经国务院批准设立的全国性证券交易场所，全国中小企业股份转让系统有限责任公司为其运营管理机构。2015年，挂牌新三板企业共5 129家。受益于整个影视行业的大发展，越来越多的影视公司选择登陆新三板，主动谋求资本与资源的对接。截至2016年3月31日，在挂牌新三板的65家影视娱乐所属公司中，有20家公司已实施增发融资，占比约为30%。通过新三板融资可以补充流动资金，有利于电视剧、电影等项目的开发投资，拓展公司业务，增强主营业务能力，提升盈利能力。

2015年，新三板影视公司的净利润排行榜分别是开心麻花、和力辰光、唐人影视、西安同大、耀客传媒等公司，其中开心麻花凭借《夏洛特烦恼》的高票房收入成为新三板的“盈利王”，2015年净利润1.26亿元。2016年一季度全国票房144.96亿元，同比增幅为51%，在此背景下，资本与影视的联姻加速进行，但在A股高门槛的限制下，大量影视公司将目光转向新三板，因为影视剧的拍摄、制作需要较大的运营资金，募集的资金将用于补充运营资金。可以说，随着影视娱乐市场规模不断扩大，新三板给更多的影视企业带来了成功的机会。

无论是创业板的上市公司，还是新三板的影视公司，导演、编剧、演员成为公司股东变成一种常态。公司采用出让股权的方式绑定明星艺人和知名导演，将影视公司的业绩与演员的收入挂钩。例如，柳岩、谢楠持有光线传媒的股份；王姬持有上海新文化的股份；赵薇持有阿里影业和唐德影视的股份；吴秀波持有幸福蓝海的股份；冯小刚、张纪中、张国立持有华谊兄弟的股份；孙耀琦持有长城影视的股份；海清、陈凯歌、胡军、张嘉译持有新丽传媒的股份；周立波、鲁豫持有能量影视的股份。

二、我国影视公司并购重组的策略

我国传媒类上市公司共50多家，其中影视类上市公司10余家，除了中视传媒、百视通等国有企业以外，大部分是民营影视类上市公司。影视产业通过内生增长模式实现扩张难度较大，想要尽快抢占影视产业市场，大部分通过并购重组等外部扩张式快速占领市场，同时，有利于增加行业集中度，改善行业结构。

（一）从并购重组的模式来看，包括横向并购、纵向并购、混合并购

并购是一种以产权为对象的交易行为，是企业资本运营最普遍的经营方式，也是企业形成核心竞争力的有效途径，包括横向并购、纵向并购和混合并购。

横向并购是为了实现规模运营而进行的产权交易，交易双方的产品相同或相似。横向并购可以迅速扩大生产规模，节约生产与管理费用，增强市场控制力，发挥规模经济效应。例如，华谊兄弟收购浙江常升影视制作公司；华策影视并购克顿传媒、最世文化、合润文化、高格影视；光线传媒收购金华长风、新丽传媒、妙趣横生、蓝弧文化及手游公司热锋网络等股份；新文化购买郁金香传播和达可斯广告的100%股权，收购跨屏互动营销服务提供商创祀网络51%股权；华录百纳以25亿元的价格收购广东百合蓝色火焰100%的股权。

纵向并购就是交易双方处于生产、经营不同阶段的企业之间的产权交易，产权交易的双方往往是原材料供应商或产成品购买者，形成纵向一体化，可以降低交易成本，有利于生产的不同阶段相互融合，形成完整的产业价值链。例如，乐视网购买花儿影视100%的股权，取得东阳九天7.5%的股权，实现渠道与内容的纵向一体化；华策影视作为电视剧第一股，向上游经纪人市场拓展，收购海宁华凡60%股权，介入艺人经纪市场；向下游的电视剧营销、娱乐发行市场拓展，获得佳韵社55%的股权，购买克顿传媒100%股权，收购北京合润德堂20%的股权。

混合并购主要是生产不同产品的企业之间的并购，而并购方与被并购方非客户和供应商关系。混合并购重组可以提高盈利水平，优化企业的经营结构，防范经营风险。

（二）从并购重组的主体来看，电子商务巨头、业外资本等参与并购，影视企业的跨国并购增多，纷纷实施“走出去”战略，成为资本市场的亮点

以BAT为代表的互联网巨头纷纷大举进入影视行业，扩展自己的影响力。例如，阿里巴巴和云锋基金共同斥资12.2亿美元入股优酷土豆。百度和美国普罗维登斯资本合资成立爱奇艺，以3.7亿美元收购PPS视频业务，爱奇艺与PPS整合升级，新品牌为爱奇艺PPS。华谊兄弟增资36亿元引入腾讯等三大投资者，阿里、腾讯所持华谊兄弟股份皆为8%，并列成为第二大股东。

国际化战略是国内影视公司的一个重要发展战略方向，是资本运作的亮点。2014年，华谊兄弟与其他投资人共同组成“华谊兄弟投资方”，购买美国Studio 8公司的股权，成为股东后，将负责其出品的所有电影在大中华地区的发行事宜。2012年，小马奔腾收购美国著名特效制作公司Digital Domain（数字王国），获得“数字王国”旗下电影、视觉特效、广告制作、虚拟人合成技术等核心业务。2015年，万达院线22.5亿元收购澳大利亚电影院线运营商Hoyts集团100%的股权。

业外资本进入影视行业也是显著特点。业外资本主要指文化传媒行业以外的资本，他们寻求多元化的发展，纷纷投资影视行业。例如，中南重工以10亿元收购大唐辉煌100%的股权。松辽汽车实现跨界发展，收购江苏耀莱影城和上海都玩网络100%的股权。共达电声收购春天融和与乐华文化100%股权。凤凰传媒收购南京传奇影业，大力拓展影视制作、发行、电影院线和演艺经纪等产业。玩具企业骅威股份以12亿元收购影视公司浙江梦幻星生园100%股权。传统乳业起家的皇氏集团7.8亿元收购盛世骄阳100%股权。

（三）从并购重组的出资方式来看，包括发行股票模式、现金模式以及混合支付模式等多种形式

出资方式对交易双方都产生重大影响，收购方要从自身的现金流状况、资本结构情况和对股权结构的影响等因素综合考虑。

现金收购方式。现金收购具有速度快、交割简单明了等优点，但会增加公司的债务负担。例如，大连万达集团和全球排名第二的美国AMC（American Muiti-Cinema，美国连锁电影院）影院公司签署并购协议，此次并购总交易金额高达26亿美元，包括万达集团购买AMC公司100%股权和承担债务两部分。光线传媒以自有资金8.29亿元购买新丽传媒27%股权，新丽传媒是一家以影视剧内容及其衍生产品的投资、制作和运营为主营业务的文化传媒企业。

现金及发行股份相结合的混合出资方式。这种方式能够充分发挥两种方式的优点，同时克服两种方式的缺点，是比较理想的出资方式。例如，华策影视以现金及发行股份相结合的方式收购上海克顿文化传媒有限公司100%的股权，交易金额为16亿。乐视网以现金和发行股份相结合的方式，购买花儿影视100%的股权，以发行股份的方式购买乐视新媒体文化（天津）有限公司99.5%的股权，并同时募集配套资金。华谊兄弟向银汉科技股东发行股份及支付现金方式购买其持有的银汉科技50.88%的股权，被称为“中国A股并购手游第一单”。

上市公司之间的换股合作。2012年3月，优酷（纽交所上市）、土豆（纳斯达克上市）以100%换股的方式正式合并，合并后的新公司命名为优酷土豆股份有限公司，联合打造中国网络视频行业领军公司，成为建立在庞大用户群、多元化内容及强大技术平台基础上的优酷土豆股份有限公司。

三、我国影视公司并购重组：效应与风险

资本具有天然的逐利性，在目前政府政策的扶持下，影视公司加入创业板上市受阻，登陆新三板与并购重组成为获得融资、做强做大的有效途径，通过资本运营，实现资源优化配置，从而达到利益最大化。

（一）影视公司并购重组的效应

横向并购以获得规模优势，实现优势互补；纵向并购以降低交易成本、完善产业链；混合并购以分散风险，实现多元化布局。影视公司通过并购重组实现内容、渠道、平台的融合，促进电影、电视剧、动漫、游戏、文学等各种不同内容形态的交叉渗透，完善产业链布局。2010年华谊兄弟投资参股掌趣科技公司22%股权，又收购银汉科技51%的股权，除了电影、电视和艺人经纪三大业务板块以外，通过并购重组后业务延伸到手机游戏，跨平台的页面网游、社区网游，音乐的创作、发行及衍生业务，以及影院的投资管理运营业务，不断完善产业链。乐视网是一个播出平台，通过并购重组花儿影视等内容公司，打造垂直整合的“平台+内容+终端+应用”的生态模式，主营业务涵盖互联网视频、影视制作与发行、智能终端、大屏应用市场、电子商务等领域。华策影视收购克顿传媒可以实现资源互补，克顿传媒拥有国内领先的影视行业数据挖掘和分析能力，以及先进的影视行业数据库，并购可以在版权资源、创作和制作

资源以及营销团队方面深度融合①。

影视行业内的并购重组主要是扩大规模，提高核心竞争力，增强企业对市场的控制力，发挥规模经济效应；影视行业外的并购重组主要是发挥范围经济效应，调整产品结构，寻求新的利润增长点，防范经营风险。2012年，优酷和土豆以100%换股方式合并，兼具影视、综艺和资讯三大内容形态，具有视频内容制作、播出和发行三大环节，重组成为强大的互联网媒体平台，增强市场竞争力。华策影视目前主要从事电视剧业务，电影制作发行业务处于稳健起步阶段，全资子公司浙江金球影业参与合资设立"浙江时代金球影业投资公司"，占股40%，将公司产业链延伸至影城院线业务。同时，从郭敬明手中受让上海最世文化26%股权，并取得郭敬明作品的优先投资权，将畅销文学作品和漫画搬上银幕的成功经验，打造"文学+电影"的平台，为青少年观众量身定制青春、科幻类型影片，实现资源互补，发挥协同效应。

(二)影视公司并购重组的风险

实证研究的结果表明，影视公司的并购重组与多元化经营并没有给公司带来正面效应，反而在短期偿债能力、长期偿债能力与每股收益等方面增加了各种风险。

通过影视公司的多元化与财务指标的实证分析，影视公司的短期偿债能力与多元化经营程度存在极其显著的负相关关系，即多元化经营水平越高，影视企业的短期偿债能力越差，从而加剧了财务风险。同时，公司的长期偿债能力与多元化经营程度存在极其显著的负相关关系，即多元化经营水平越高，影视企业的长期偿债能力越差，从而加剧了财务风险。影视公司的股票筹资能力与多元化经营程度存在显著的负相关关系，即多元化经营水平越高，越容易导致影视上市公司股票的每股收益降低，从而加剧公司财务风险②。

通过影视公司的并购重组与财务指标的实证分析，并购重组对当年或第二年的整体绩效的影响与行业密切相关，影视行业的公司并购重组的绩效不明显，而新闻出版行业则非常显著，说明传统的新闻出版行业对影视游戏行业的跨行业并购能够带来显著的绩效改善，而影视公司为主体的并购的绩效则不然。传媒类上市公司并购重组对12个财务指标影响的显著度不同，只有净资产收益率、营业收入、毛利润、扣非净利润和资产负债率等五个指标有明显差

①肖叶飞：《影视公司并购重组的路径与效应》，《声屏世界》2015年第10期。

②高浠媚，陈有禄：《我国影视上市企业多元化经营与财务风险研究》，《当代传播》2015年第2期。

异。其中最明显的就是成长能力，三个指标都有显著的增长，说明并购对成长能力的贡献最大，而对整个盈利能力、资产管理能力等效果不够显著，其中乐视网、光线传媒和华策影视等三家公司的每股净收益并购后明显减少，影视公司的资产负债率在并购后有显著的增加，但基本都在50%的合理界限以下，偿债风险不明显①。

总之，影视行业成为资本市场的追捧对象，但是，并购重组仍需持谨慎的态度。新丽传媒、幸福蓝海、能量影视等申请IPO的影视公司也暂停，欢瑞世纪、华海时代、笛女影视、金英马影视等近10家借壳上市的影视公司未能成功。影视行业的风险依然较大，作为并购重组标的影视公司，其估值不相称的利润增长速度以及无法完成业绩承诺的隐患也会给并购重组带来不确定性。

（原载《声屏世界》2016年第6期）

①汪晓华，肖叶飞：《传媒类上市公司并购重组绩效的实证分析》，《东南传播》2015年第9期。

影视公司并购重组的路径与效应

影视行业是资本进入壁垒较低的行业，也是资本市场较为活跃的领域，具有较大的成长空间。近年来，我国影视市场竞争激烈，各类资本通过各种渠道纷纷角逐电影、电视剧、网络视频以及游戏等市场。但是影视市场风险依然较大，主要是影视企业是轻资产公司，电视剧与电影市场存在生产过剩现象，也存在价值高估、盈利能力不稳定以及财务风险等潜在问题。

一、影视公司并购重组的类型

近年来，影视类公司成为并购重组的对象，影视板块在资本市场掀起并购重组的热潮，传统媒体、网络媒体以及其他行业的资本都把目标投向影视类公司，试图在电影、电视剧制作行业“分一杯羹”。同时影视公司自身也在加强资本运作，通过IPO（首次公开募股）或者借壳上市，解决融资问题，通过并购重组提高核心竞争力、扩大规模、完善产业链。

（一）我国影视类上市公司的主营收入与利润

我国传媒类上市公司共50多家，包括影视类、出版类、报刊类、网络类以及有线电视类上市公司，其中影视类上市公司10余家，除了中视传媒、百视通等国有企业以外，大部分是民营影视类上市公司，是企业并购重组的热点板块，主营收入与利润增长都较快，是投资热点。

表1　2014年我国影视类上市公司的收入与利润构成

名称	上市时间	2014年主营收入、扣非净利润以及各业务占利润比例
华谊兄弟	2009年	23.9亿元、2.01亿元（影视娱乐12亿元，占利润43.6%；互联网娱乐7.78亿元，占47%；品牌授权及实景娱乐2.34亿元）
光线传媒	2011年	12.2亿元、3.11亿元（电影6.47亿元，占利润76%；栏目制作与广告4.77亿元，占利润10%；动漫游戏0.6亿元，占9.2%；电视剧0.35亿元，占4.8%）
乐视网	2010年	68.2亿元、3.45亿元（终端业务18.9亿元；会员及发行业务14.1亿元；付费广告10.7亿元；版权收入2.83亿元；电视剧发行0.5亿元）
华策影视	2010年	19.2亿元、2.02亿元（影视行业18.5亿元，其中电视剧销售17.3亿元，影院票房0.7亿元，电影票房0.3亿元；广告收入0.3亿元；其他收入0.3亿元）
中视传媒	1997年	7.56亿元、0.5亿元（影视行业3.6亿元，占利润32%；广告业务2.18亿元，占利润10%；旅游业务1.78亿元，占利润57%）
长城影视	2006年	5.08亿元、1.79亿元（影视行业3.98亿元，占利润78%；广告行业1.1亿元，占利润22%）
唐德影业	2015年	4.08亿元、0.49亿元（电视剧业务3.75亿元，占利润88.7%；电影业务0.27亿元，占利润8.7%；艺人经纪0.05亿元，占利润2.5%）
华录百纳	2012年	7.6亿元、1.27亿元（文化内容制作5.5亿元，占利润81%；品牌内容整合营销1.26亿元，占利润17%；媒介代理0.76亿元；经纪及其他0.08亿元）
印纪传媒	2007年	24.6亿元、3.95亿元（整合营销21.6亿元，占利润87.8%；影视及衍生2.97亿元，占利润12%）
新文化	2012年	6.21亿元、1.14亿元（影视行业6.14亿元，占利润98.6%；其他0.06亿元，占1.4%）

如表1所示，影视类上市公司10家，另有在境外上市的影视公司，例如美国纳斯达克上市的博纳影业，2014年主营收入2.54亿美元，税后利润584万美元。保利文化是在香港上市的公司，2014年主营收入22.4亿元，净利润413万元。我国的影视类上市公司盈利能力较强，好于新闻出版类上市公司，具有较大的发展空间，因此，也成为资本市场追捧的对象。2015年唐德影视通过IPO成功上市，此公司因出品《武媚娘传奇》而出名。印纪传媒借壳高金食品成功上市，兼营影视剧和电视栏目的投资、制作、发行及衍生业务，为客户提供品牌化的娱乐营销服务，上市进一步拓宽融资渠道，提高竞争力。

（二）影视公司并购重组的路径

影视产业通过内生增长模式的较少，想要尽快抢占影视产业市场，大部分通过并购重组等外部扩张式快速占领市场。外部扩张式并购重组路径包括兼并模式、重组模式、战略合作模式以及私募并购基金模式等。

（1）并购模式。兼并一般指企业通过产权交易获得其他企业的全部产权，使被并购企业丧失法人资格。收购指一家企业用现金或者有价证券购买另一家企业的股票或者资产，以获得对该企业的全部资产或者某项资产的所有权，或对该企业的控制权。并购是影视企业资本运作的主要方式①。

例如，2014年，华策影视完成一系列的收购，收购韩国NEW公司的15%的股权、最世文化的26%的股权、合润文化的20%的股权、高格影视的18%的股权和海宁华凡的60%的股权。在此之前，华策影视2011年获得佳韵社55%的股权，2013年购买克顿传媒100%的股权及收购北京合润德堂20%的股权。乐视网2011年取得东阳九天7.5%的股权，2013年购买花儿影视100%的股权。光线传媒2012年购买金华长风32%的股权，2013年，收购新丽传媒27%的股份，2014年收购妙趣横生、蓝弧文化及手游公司热锋网络等股权。新文化2014年购买郁金香传播和达可斯广告100%的股权，2015年收购跨屏互动营销服务提供商创祀网络51%的股权。华录百纳以25亿元的价格收购广东百合蓝色火焰100%的股权。

（2）重组模式。重组是对公司所有权或控制权结构的一种重新安排，包括资产重组、负债重组和股权重组等形式。例如，2014年6月，江苏宏宝宣布与长城影视的资产重组方案，江苏宏宝以拥有的全部资产和负债作为置出资产，与长城影视100%股份的等值部分进行置换，长城影视实现借壳上市的目标。百视通重组东方明珠，以新增股份换股吸收合并东方明珠；同时，上海东方传媒集团公司SMG向百视通注入东方购物、尚世影业、五岸传播和文广互动四块优质资产。新公司将致力于打造互联网媒体生态系统，坚持内容和渠道并重，重组完成后，新上市公司成为文广集团统一的产业平台和资本平台。

（3）战略联盟模式。战略联盟是两个或两个以上的企业为了实现特定的战略目标而采取的任何股权或非股权形式的共担风险、共享利润的长期联合与合作协议，包括产权战略联盟与非产权战略联盟。例如，2015年，光线传媒与阿里巴巴签订战略合作协议，光线传媒的影视作品、艺人等优势内容与阿里巴巴数字娱乐产业、电子商务平台、互联网金融相结合，打造以传统媒体、互联网、金融等方式相结合的全新互动体系，获得内容传播与商业收益的双赢。华谊兄弟增资36亿元引入阿里巴巴、腾讯和中国平安三大投资者，定增后，阿里、腾讯所持华谊兄弟股份皆为8%，并列成为第二大股东。华策影视定增20

①肖叶飞：《我国传媒产业并购重组之现状》，《新闻战线》2014年第11期。

亿元曲线引入百度和小米。2014年，华策影视与北京爱奇艺共同出资成立一家主要从事互联网影视剧和综艺节目制作业务的合资公司，华策影视占比51%，爱奇艺占比49%。

（4）“上市公司+PE”模式。PE（Private Equity）就是私募股权投资。私募股权投资通过私募基金对非上市公司进行的权益性投资，会附带考虑将来的退出机制，通过公司首次公开发行股票（IPO）、兼并与收购或管理层回购等方式退出获利。许多上市影视公司成立产业并购基金，适时并购优质资产。例如，奥飞动漫与广发信德携手成立广发信德基金，投资互联网游戏、广告、文学、视频及影视动漫；蓝色光标斥资1亿元参与投资北京华泰瑞联并购基金中心，参与互联网、新媒体、影视等；乐视网成立乐视控股公司，布局互联网应用、移动互联网、云计算与智能终端等；当代东方与华安基金子公司共同发起的并购资产管理计划，基金规模50亿元，参与文化传媒行业优质资产的并购与重组；百度旗下的爱奇艺在2014年7月成立爱奇艺影业公司，并与中国信托合作推出影视文化金融众筹平台“百发有戏”，通过众筹成立影视基金模式①。

二、影视公司并购重组的特点

近年来，各类资本通过并购重组影视公司进入影视领域，把影视行业作为自己的投资领域与投资方向，影视公司并购重组呈现出如下的特点。

（一）互联网巨头纷纷投资影视产业

互联网巨头首先让人联想到BAT公司，即百度、阿里巴巴与腾讯三家公司的首个字母的缩写。阿里巴巴在影视市场收购活跃，阿里巴巴和云锋基金共同斥资12.2亿美元入股优酷土豆，其中，阿里巴巴持股比例为16.5%，云锋基金持股比例为2%。其次，阿里巴巴对文化中国进行62亿港元的战略投资，获得文化中国60%的股份，文化中国更名为阿里影业（文化中国是以精品影视剧摄制、报刊与移动新媒体运营为主的综合性文化产业集团）。另外，阿里入股华数传媒，占股份总数的20%。百度和美国普罗维登斯资本合资成立爱奇艺，百度持有爱奇艺53%的股份，是第一大股东，2015年百度回购美国私募基金股权，拥有爱奇艺绝大多数股份。2013年，百度宣布3.7亿美元收购PPS视频业务，爱奇艺与PPS整合升级。2011年，深圳腾讯公司购买华谊兄弟公司股本的

①郭全中：《2014年传媒业市场并购报告》，载崔保国主编：《中国传媒产业发展报告（2015）》，社会科学文献出版社2015年版，第335页。

4.6%，成为公司第一大机构投资者，投资华谊兄弟是“腾讯产业共赢基金”在影视领域的第一个重大项目。

（二）传统媒体跨界并购风头正劲

近年来，报刊出版企业面临广告与发行量双双下降的挑战，经营风险骤增，亟须拓展新产品与新业务，提高企业的获利能力和运营效率。报刊出版企业通过并购重组向电视剧、电影、动漫与游戏等相关产业发展，实现业务的优势互补，带来经营与财务协同效应，降低经营风险。例如，湖北长江出版传媒与湖北电影发行放映总公司共同投资成立新华银兴影视文化发展有限公司；凤凰传媒收购南京传奇影业，大力拓展影视制作、发行、电影院线和演艺经纪等产业，实现产业链的完善和衍生。皖新传媒与上海华恺文化传播有限公司合作摄制动画电视系列剧；时代出版、中文传媒、出版传媒等已开始涉足动漫、影视、视频等领域，加大向视听领域的投资。

（三）业外资本进入影视行业

业外资本主要指文化传媒行业以外的资本，他们寻求多元化的发展，纷纷投资影视行业。例如，中南重工谋求多元化发展，以10亿元收购大唐辉煌100%的股权。大唐辉煌是一家集影视投资、策划、制作、营销、艺人经纪为一体的影视制作公司，先后投资制作了《鲜花朵朵》《女人心事》等电视剧。万达集团更是从房地产高调进入文化传媒产业，把文化产业作为其支柱产业，2014年，其文化产业集团的年收入高达341亿元，文化产业的布局涉及文化旅游、电影产业、舞台演艺、电影娱乐科技、主题公园等。松辽汽车谋求转型，实现跨界发展，拟收购江苏耀莱影城和上海都玩网络100%的股权。

（四）跨国并购与投资

国际化战略是国内的影视公司的一个重要发展战略方向，也是做强做大的必经之路。2014年，华谊兄弟与其他投资人共同组成“华谊兄弟投资方”，合计向美国Studio 8公司投资1.2亿至1.5亿美元，购买美国Studio 8公司的股权，成为股东后，将负责其出品的所有电影在大中华地区的发行事宜。华策影视全资孙公司华策影视（香港）投资有限公司斥资3.23亿元收购韩国电影行业巨头Next Entertainment World公司发行的15%股份。

三、影视公司并购重组的效应

影视行业内的并购重组主要是扩大规模，提高核心竞争力，增强市场优势，发挥规模经济效应；影视行业外的并购重组主要是发挥范围经济效应，调整产品结构，寻求新的利润增长点。

（一）通过并购重组提升主业，提高核心竞争力

影视企业通过并购重组增强企业对市场的控制力，提高市场份额，实现有效竞争，特别是降低采购成本、管理成本、销售成本、融资成本等。电影巨头华谊兄弟收购浙江常升影视制作公司70%的股权，加强了自己在电视剧制作方面的能力。2008年以来，光线传媒建立创新性的时段联供网、频道联供网、付费数字电视和新媒体联供网，在节目制作方面具有优势，实现并购影视公司增强影视方面市场优势。2012年，优酷和土豆以100%换股方式合并，优酷土豆拥有庞大的用户群、多元化的内容资源及强大的技术平台优势，兼具影视、综艺和资讯三大内容形态，具有视频内容制作、播出和发行三大环节，重组可以增强市场竞争力。

（二）通过并购重组优化企业的产品结构，降低经营风险

通过并购重组降低进入新行业的成本，特别是并购广播电视、互联网和移动媒体，进入其他行业领域，可以构建新的运营与传播平台，优化产品结构。华策影视目前主要从事电视剧业务，电影制作发行业务处于稳健起步阶段，2010年公司全资子公司浙江金球影业参与合资设立“浙江时代金球影业投资公司”，占股40%，将公司产业链延伸至影城院线业务。2014年，长城影视收购两家广告公司的股权，切入院线广告业务领域及电视广告代理领域，提升盈利能力，并降低电视剧制作行业的风险。报刊出版并购重组影视产业也是为了降低风险，调整产品结构。

（三）通过并购重组完善“多介质、全媒体”产业链

乐视网是一个播出平台，通过并购重组花儿影视等内容公司，可以打造垂直整合的“平台+内容+终端+应用”的生态模式，主营业务涵盖互联网视频、影视制作与发行、智能终端、大屏应用市场、电子商务等领域。百视通战略注资风行网，抢占互联网电视的入口，构成了“内容、平台、渠道、服务”生态

圈。2010年华谊兄弟投资参股掌趣科技公司22%股权，又收购银汉科技51%的股权，除了电影、电视和艺人经纪三大业务板块以外，通过并购重组后业务延伸到手机游戏，跨平台的页面网游、社区网游，音乐的创作、发行及衍生业务，以及影院的投资管理运营业务，不断完善产业链。

(四)通过并购重组可以实现资源互补,发挥协同效应

影视产业与报刊出版、互联网、广告行业都很容易产生协同效应，影视公司与互联网公司的并购重组可以形成“影视+互联网”的协同效应，例如，乐视网作为网络终端并购影视内容制作公司可以产生渠道与内容的协同效应。另外，经营业务、人力资源、财务资源、营销资源、管理资源、技术资源等都可以实现协同，例如，华策影视收购克顿传媒可以实现资源互补。克顿传媒拥有国内领先的影视行业数据挖掘和分析能力，以及先进的影视行业数据库，并购可以在版权资源、创作和制作资源以及营销团队方面深度融合和战略协同。

总之，影视行业成为资本市场的追捧对象，但是，并购重组风险仍需持谨慎的态度。例如，2015年，ST申科宣布终止重组海润影视，主要是海润影视完不成业绩对赌，为了保证上市公司股东的利益，只能宣告终止。新丽传媒、幸福蓝海、能量影视等申请IPO的影视公司也暂停，欢瑞世纪、华海时代、笛女影视、金英马影视等近10家借壳上市的影视公司未能成功。影视行业的风险依然较大，较为低落的业绩增速和市盈率、市净率“双高”之间的失衡与反差加剧了整体行业相对过高估值的风险，作为并购重组标的影视公司，其估值不相称的利润增长速度以及无法完成业绩承诺的隐患也会给并购重组带来不确定性。

（原载《声屏世界》2015年第10期）

第六编

数字出版

DI LIU BIAN

SHUZI CHUBAN

数字出版是报刊出版企业媒介融合的重要形态，也是报刊出版企业实现从纸质出版单一的盈利模式向立体多元的盈利模式演变的重要渠道。“数字出版”六篇文章分别论述了数字出版的商业模式与产业链重构、传统出版与网络出版的关系、电子书客户端、美国按需出版与数字出版以及国际出版集团数字出版的路径与策略，力图全面考察国内外数字出版的商业模式、业务形态、产业链关系以及发展策略，为传统出版寻求一条新的发展路径。

数字出版包括网络出版、电子书出版和手机出版等不同类型。出版企业需要通过收购、兼并、重组等战略手段，建立数字出版产业基地，发挥产业集群效应，整合数字出版产业链。传统出版产业、技术提供商、渠道运营商、终端制造商等数字出版产业链各环节都需要进行商业模式的探索，创建互动双赢的局面。

电子书客户端就是电子书的App应用程序，在智能手机、电脑等移动终端安装，具有新闻、图书、杂志、漫画以及听书等各种形态的产品。它已经成为数字出版的新兴产业形态，也是移动数字出版的重要“入口”。按需出版利用先进的数字储存技术、数码印刷技术和网络传播技术，做到“一册起印，即需即印”，满足用户的个性化需求，实现无库存的绿色出版。按需出版主要是针对小印数的出版市场，成为传统出版的有益补充和功能延伸。

数字出版的商业模式与产业链重构

2015年国内数字出版产业整体收入规模为4 403.85亿元，比2014年增长30%，数字出版产业收入在新闻出版产业收入的总比由2014年的17.1%提升至20.5%。其中互联网期刊收入15.85亿元，电子书49亿元，数字报纸9.6亿元，博客11.8亿元，在线音乐55亿元，网络动漫44.2亿元，移动出版1 055.9亿元，网络游戏达888.8亿元，在线教育180亿元，互联网广告2 093.7亿元。数字报纸和博客的收入2015年比2014年有所下降。移动出版和网络游戏合计占比44.16%，接近全年总收入规模的一半，依然是拉动数字出版产业收入的主力军，休闲、娱乐类产品在数字出版产品形态中占据了相当比重。

2015年互联网期刊、电子图书、数字报纸的总收入为74.45亿元，比2014年增长了6.66%，在数字出版总收入中所占比例为1.69%，仍然比较低。相对于传统出版，数字出版具有容量大、时效快、成本低等优势，深刻地改变了人们的阅读习惯和阅读心理。随着互联网技术、移动通讯技术和电子阅读器技术的发展，数字出版产业的形态日益多样化，要做强做大，必须创新商业模式，完善产业链，促进产业升级。

一、数字出版的商业模式

商业模式就是企业在特定的环境下，通过经营管理有效地组织生产要素，有偿地为消费者提供其需求的产品和服务，以此实现盈利模式化的方法和途径。数字出版相对于纸质出版优势明显。首先，数字出版的最大优势是节约纸张、印刷、配送和发行成本，固定成本和边际成本相对较低，更加环保和低碳。其次，数字出版以数字代码形式储存信息，通过数字平台进行创作、生产、批发、营销、零售和消费等，更加有利于信息的组织、管理、传播、保存、检索和阅读，具有开放性、即时性、多媒体性等特性。再次，数字出版的出版形态更加丰富，传统出版的形态无非是文本、图表和图片，而数字出版包括音频、视频和动漫等形式，同时在线讨论、聊天和论坛等增强了数字出版的反馈机制。鉴于数字出版的巨大市场空间，无论是传统出版产业、技术提供商还是渠道运营商都在进行商业模式的探索，已经形成了以“读者”为中心，基于内容阅读、在线广告、出版服务、网络营销等增值服务的多种商业模式。

(一)网络营销模式

通过网络和数据库推动传统出版的营销，实现纸质图书的市场扩容，满足消费者的需求和实现业绩提升。例如，大众出版领域的出版公司的数字化业务主要集中在这个方面，在图书数据库中，图书被分割成不同页面，可以让谷歌、雅虎和亚马孙等进行搜索。调查发现，让读者浏览图书网页，可以使图书销售量上升6%至10%。

(二)在线广告模式

通过免费发布和传播数字出版物，并通过广告费用来为作者和数字出版过程提供利润来源，读者通过接受广告信息免费获取书籍。由于数字出版物可零成本广泛传播的特点，在数字出版物中插入广告会获得意想不到的良好效果，这无疑为广告模式提供了良好基础。例如，创办146年之久的《西雅图邮报》停办纸质版，而保留电子版，依靠在线广告创收，以大的流量换取广告收入。谷歌“图书搜索”也是基于关键字文本广告的销售模式，它与各大图书馆合作建立上千万册图书的电子索引，给读者免费提供图书的提要、片段或者部分页面，同时向读者展示关键字广告，并把电子图书销售渠道的链接提供给读者。谷歌图书目标定位在为用户提供一个可以搜索内容的平台，而不是成为内容的独家拥有者或独家促销商。谷歌搜索的图书有两个来源：出版社与图书馆。目前，谷歌从出版社已经拿到的可供搜索的图书有100万种，全球有1万多家出版社参与了谷歌的图书搜索项目。我国徐静蕾的电子杂志“开啦”也是依靠本人的影响力和杂志的点击率赢得广告商的青睐。

(三)订阅模式

通过手机和电子阅读器订阅电子书、报纸和杂志成为数字出版的新方向，索尼电子书阅读器和亚马孙新款Kindle DX电子书阅读器具有强大的信息承载和传输能力。根据亚马孙网络书店创办人兼首席执行官夫·贝索斯的描述，亚马孙书店的电子书阅读器销售额，已占到了书店12.5万种可供图书销售量的6%上下。亚马孙的kindle电子书已销售50万台，屏幕大小如同32开书籍，电池可在无线网络关闭下持续十天，可以朗读和查字典，可以登录网络，购买图书，订阅报纸杂志等，而且不需要为网络流量付费。亚马孙为kindle提供逾9万种电子书供用户下载，大多数的电子书售价为9.99美元，价格相当于纸质版三分之一。也可以订阅报纸杂志，诸如《纽约时报》《华尔街日报》等，订阅价格每月为5.99到14.99美元。亚马孙还与教育出版集团合作，提供电子版的教科书。另外，出版机构还通过手机阅读平台发布电子书，供用户阅读和订购。

(四)按需印刷(POD)模式

专业图书由于学术性强、读者面窄，发行量一般难先确定。如果印刷过多，供过于求会造成产品积压；印刷过少，又不能满足市场需要。按需出版根据客户需要，可以为不同地点、数量、内容的要求制作个性化出版物。这种经营模式，帮助读者找到图书，增加小众图书销售，同时避免图书脱销导致的损失，发挥“长尾”效益。亚马孙的按需印刷模式就是先做书目数据，将无限多的图书书目信息发布到网络上，最终的目标则是由单纯的网络展示商、销售商转变为数字出版商，成立专业公司“书浪”，专门做绝版图书、弱动销图书的按需印刷业务。国内的商务印书馆首先在这方面迈出了步伐，借助数字技术提供搜索和推荐服务，正将百年历史中的绝版图书通过按需印刷的方式进行二次创造。

(五)补贴数字出版商模式

补贴数字出版商像一个出版代理经纪人，他们有一个价目表对于各种服务有一些追加的收费，这些服务包括增加照片和图表或者版权注册，他们以一定的费用出版书籍，付给作者可以和商业出版商那里相当的版权收入。他们最有可能通过在线书店出售而不是他们自己的网站，把通过在线书店售卖的额外费用给作者，通过出版商网站售卖的书作者可以接受更高的版权费，而通过亚马孙网站售卖的书版权费较低。

（六）免费经销商模式

某种意义上说就是为作者提供一个书店，他们不收费，但是获取版税的一份，免费经销商不提供像编辑和格式设置之类的服务，作者自己确定书的价格。这种模式对于喜欢自我出版模式但是同时又不想自己设置网站或者网站店面的作者非常有作用。这种模式排除了作者作为零售商登记的需要，因为他们通过经销商得到了版税，而非按销售获取收入。这种网络出版可以省去排版、校对等纸质图书出版必须经过的环节，既节省了成本，也使出版过程缩短，而且在第一时间内对市场做出反应。

（七）自我出版模式

一些作者喜欢自我出版他们自己的书籍，不仅便宜，而且对于进程可以总体控制，作者通常在网上进行所有的促销和营销工作。例如Xlibris是兰登书屋投资的一个为网络出版提供技术支持和销售服务的网站，主要的功能是使个人成为数字出版商和销售商，并享有个人作品的一切权利。作者可以自由决定出版的方式和形态，获得比传统出版更高的版税，对于普通的出版者来说是极大的诱惑，其省略和简化了制版、复制、包装、运输等环节，减少了库存，生产成本相对于传统出版来说大大降低了[①]。但是网站向作者收取一定的费用，不仅包括网站服务蕴含的高价值以及经营成本，还包括对网站风险的补偿，作者得到的是网站完善的出版条件，包括技术支持、编辑人员的专业服务以及个性化产品。如果网站出版的某部作品获得了读者的广泛喜爱，那么它将以传统的方式出版印刷，并通过书店、中间商等传统的渠道销售。

（八）开放存取模式

这种模式指任何经由同行评论的电子期刊，以免费的方式提供给读者或机构取用、下载、复制、打印、发行或检索文章，作者可保有著作权。开放存取的出版方式包含很广，有的出版后完全免费使用全文，有的则限于出版后一年才公开使用全文，有的出版社甚至仅提供免费的目录或摘要内容。互联网使得科技期刊以电子版本的格式有效传播，电子出版使完全开放存取传输模式成为可能，这种模式受到作者付费、赞助、广告和自愿工作等支持，虽然过去15年

①丘晨奕：《美国数字出版的赢利之道》，《上海信息化》2009年第7期。

超过2 000多个公开存取的期刊建立起来了，但是同行评议的文章只有5%可以公开存取。开放存取模式增长缓慢的原因主要是通过新建立的期刊和出版商建立起来的，而以前的期刊没有足够的激励措施改变商业模式。

（九）按次付费模式

与开放存取相反，一些学术类和专业类数字期刊或论文，实行按次付费模式以弥补费用支出，但是往往过高的价格会阻止读者的进入，这种模式基于下载的信息量可以分期付款模式和年度付款模式。我国一些电子书也实行按次付费模式销售，中国移动通过为用户提供按次付费和包月付费模式，并且为用户免去流量，只根据内容计费。用户可以选择下载单本书，费用可在1元/本～10元/本；也可以选择按章节下载。约翰·威立集团拥有500种专业期刊，覆盖14个学科领域，其期刊收入70%来自在线期刊。该集团建设了在科学、技术、医学和学术出版方面的专业出版在线平台，将内容结构化，满足了细分人群的个性化需求，同时在高校和研究机构中发展会员，收取相应的费用[①]。

（十）在线教育模式

由于数字在线出版的互动性和参与性强，具有文本、图片、音频和视频等多种出版形态，为高质量的教学素材提供了新的销售渠道，也创造了一个包括公开的作业、在线讨论、聊天和论坛等互动形式的远程教育的环境。因为教育等专业出版具有垄断性、较高的市场准入，内容具有专门性、实用性和针对性，读者有必然性需求。所以在线教育、培训可以为掌握稀缺资源的专业出版社带来可观的效益收入，包括网上增值服务的直接收入和促进纸质图书销售的间接收入，两者发挥了协同效应。例如培生教育集团先后收购了学生信息软件公司以及苹果公司的Power School网络教育软件，以获得在教育软件出版领域的领先地位。把专业课程内容数字化并通过网络数据库、情景模拟为客户提供付费在线学习、下载等以获得收益，现在大约有450万名美国大学生在使用培生的在线学习项目。

二、数字出版的产业链重构

产业链是建立在产业内部分工和供需关系的基础上，以若干企业、产品为

① 陈昕：《一样的斜坡，一样的攀爬：从美国数字出版现状看出版新趋势》，《印刷杂志》2008年第11期。

节点的纵横交错的链状或网状的企业战略联盟，一般包括垂直的供应链和横向的合作链，垂直关系是企业链的主要结构，按照垂直分工关系分为产业上、中、下游关系，横向协作关系是产业链的服务和配套结构。产业链从根本上是上游和下游等关系的企业之间进行资源、信息和创意的交换，从而实现价值增值的管理过程。如图1所示，数字时代的产业链与传统的产业链不同，传统的产业链是内容创造者出版商→传输→存取与接入→使用者，是单向线性的。

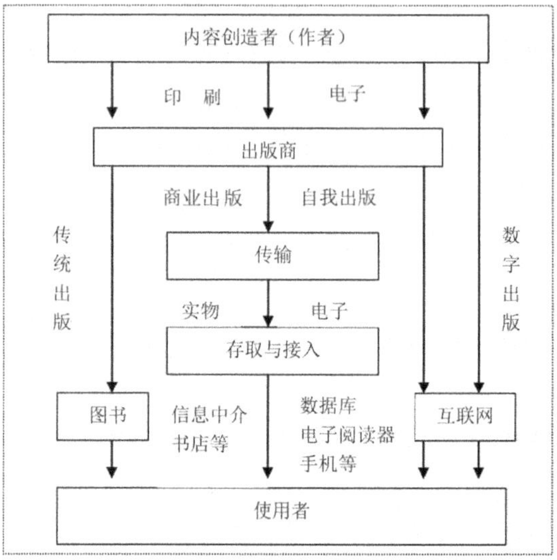

图1　数字时代的多元的出版产业链模式

但是新的数字出版的价值链出现了网状多元的特点，例如，第一，内容创造者→使用者模式，即自我出版模式，个人、各种组织、政府机构和社会团体均可以参加自我出版模式。第二，内容创造者→出版商→使用者，出版商通过互联网直接与使用者接触，既承担了传输者的角色，也成为直接接入商，排除了第三者的干预。第三，内容创造者→出版商→图书馆→使用者，当图书馆能够与出版商议价的时候，就可以通过电子商务的形式直接从出版商那里获取资源，从而提供给使用者。第四，内容创造者→出版商→电子阅读器（移动多媒体）→使用者，这种情况下，渠道运营商和技术提供商都参与到产业链中来。对于数字出版产业来说，要重构数字出版产业链，实现价值增值，包括如下四种途径。

(一)出版企业的内部价值链的重构，实现从单一线性的赢利模式向立体多元的赢利模式演变

传统出版企业的价值链是作者、编辑、出版、发行到读者单一线性的，随

着网络技术和数字技术的发展，出版企业的出版介质、内容形态和工作流程等发生了变化。传统的出版企业要进行流程再造，提高产业竞争力，完成产业升级。特别是受众细分化、个性化和差异化的时代，阅读方式更加多样化，传统的出版企业要充分挖掘内容资源，从单一的纸质出版向互联网、手机、电子阅读器等全媒体出版，延伸产业价值链，实现价值增值。对于传统的出版企业首先要完成文本的数字化，建立数字化仓库和大型数据库，与IT企业紧密合作；其次要加强出版企业的横向的联系，实现内容资源的整合和创新；再次就是建立一支富有创造力的数字出版人才队伍，重塑内容提供商的主体地位[①]。

(二)出版企业的行业价值链的重构

在数字时代，出版企业价值链已经延伸到报刊、电信、广电、网络、技术开发和版权贸易等诸多行业，具体涉及出版商、报社、技术商、图书馆、机构用户、运营商、互联网增值商、网站、硬件厂商和传统书店等各个领域，产业链出现纵横交错和网状结构的特点。如何进行产业链重构，确立商业模式是关键。国内外有不少IT企业、渠道运营商、内容提供商或技术提供商成功整合产业链的案例，例如谷歌与出版公司的合作的商业模式是：充分尊重并保护版权，出版商自主选择哪些内容是否提供；谷歌将广告收入的50%分给内容提供商，实现利益共享。中国电信“天翼数字阅读平台”整合了浙江出版集团、盛大文学、龙源期刊等知名合作伙伴的内容资源，为用户提供各种内容信息的产品，中国电信60%分成。又如文学原创网站起点中文网形成了以创作、培养、销售为一体的电子在线出版机制，还与图书出版、影视发行、动漫制作机构合作，用原创内容进行衍生产品开发，不断延伸产业链。技术提供商汉王科技与内容提供商出版社在版权上的合作坚持“四项原则”，寻求利益最大公约数，包括免费图书数字化；电子图书由版权方定价；电子图书的实际利润二八分成，汉王占20%；一书一个密码，维护版权。

(三)通过收购、合并、重组等战略手段，整合数字出版产业链

通过打破市场壁垒，打通产业链，实现各利益主体的互利双赢。在美国，传统出版企业通过兼并IT企业实现产业链整合，提供技术和渠道支持，例如，哈泼·柯林斯是通过与Newstand合作并拥有10%股权来完成其数字化基础设施

① 张晋升，杜蕾：《数字出版产业链融合的价值和路径》，《中国出版》2008年第8期。

建设的，而桦榭美国公司则通过收购Jumpstart这一拥有数字平台广告销售经验的企业来完成其网上广告销售的。我国也不乏不同企业整合数字出版产业链的成功案例，例如，网络游戏产业与文学、影视、旅游和音乐等文化产业的合作，盛大兼并了起点中文网、红袖添香、榕树下等原创文学网站，又兼并了一批出版公司。巨人网络集团与渠道运营商腾讯联合开发《绿色征途》等游戏产品。IT企业方正集团投资番薯网，与知名出版机构和移动阅读终端厂商建立战略合作，成立"云阅读"平台，提供中文图书搜索引擎、电子商务平台、全媒体发布系统的综合性服务，并开发了"文房"电子阅读器。

（四）建立数字出版产业基地，发挥产业集群效应，提高产业集中度和专业化协作水平，同时搭建数字内容生产、营销和服务的集成出版平台，实现资源整合和信息的无缝对接，促进产业整体转型

近年来，我国分别建立了上海张江、重庆北部新区、浙江杭州、湖南中南、陕西西安等五个国家数字出版基地，优化配置了内容、编辑、印刷、发行、技术、终端、广告各环节战略性产业资源，实现关联企业的信息共享和交流，为数字出版产业提供技术开发、人才培养、资本聚集和信息沟通等支持，发挥孵化、延伸、带动、辐射功能。另外，要建立包括内容生产、技术研发、产业运营、版权保护、支付方式等信息数据库或数字出版平台，促进产业链上下游企业的信息分享和协调合作。国内首个数字出版社团组织——广东数字出版产业联合会以及中国出版集团成立"中国数字出版网"国家项目都是一个很好的探索。

总之，数字出版产业链重构的目标就是将数字出版整个产业链聚集起来，打通上下游，促进数字出版产业在内容生产、技术研发和产业运营等多个层面进行深度交流和战略合作，提高数字出版产业集约化、数字化和规模化水平，促进产业升级。

（原载《编辑之友》2011年第7期，作者为肖叶飞和王业明）

从产业发展的角度看传统出版与网络出版的关系

网络出版是一种新的出版方式与出版理念，是对传统出版的全面革新。按照新闻出版总署2002年颁布的《互联网出版管理暂行规定》的界定，网络出版是指互联网信息服务提供者将自己创作或他人创作的作品经过选择和编辑加工，登载在互联网上或者通过互联网发送到用户端，供公众浏览、阅读、使用或者下载的在线传播行为。传统出版一般指印刷物出版和音像物出版，而网络出版包括网络图书（电子书）、网络杂志、网络报纸、网络学术出版、网络原创文学、网络游戏、网络动漫、网络教育出版、网络音像、网络地图（电子地图）、博客出版、数据库出版和手机出版等业态，网络出版以互联网为载体，主体多元化，形态多样。探讨传统出版和网络出版的产业格局和市场关系，对于传统出版的产业升级和出版产业的良性发展都有重要意义。

一、传统出版与网络出版的产业格局

近年来，网络出版成为出版产业新的经济增长点，不仅改变了传统的出版形态、出版流程和经营模式，也成为传统出版企业转型升级的必由之路。新闻出版总署最近对外公布的2011年我国新闻出版产业分析报告显示，全国出版、印刷和发行服务2011年实现营业收入14 568亿元，较2010年增长17.7%，占同期国内生产总值（GDP）的0.9%。其中我国共出版图书37万种，较2010年增长12.5%，图书出版实现营业收入664亿元，增长19.8%；期刊出版营业收入163亿元，增长8%；报纸出版营业收入819亿元，增长12%；数字出版营业收入1 378亿元，增长31%。从以上数据中，虽然我们可以看到，图书、期刊和报纸等传统的出版保持稳定的增长，但是，数字出版的营业收入超过了图书和期刊的总和，增长速度最快，这改变了出版产业的市场结构。

(一)传统出版产业的市场格局

我国传统出版产业2011年保持较快的增长，但是图书出版、期刊出版、报纸出版和音像制品出版营业收入占全行业的比重分别只有4.4%、1.1%、5.6%、0.2%，均低于数字出版产业9.5%的比重。出版产业营业收入比重最高的分别是印刷复制64%、发行15%以及数字出版9.5%。2011年出版图书37万种，增长12.5%，利润总额94亿元，增长22%，其中总印张、总印数、定价总额等都不同程度增长；出版期刊9 849种，同比降低0.4%，利润23亿，增长23.8%；出版报纸1 928种，同比降低0.6%，利润98亿，降低2.2%；音像制品出版19 408种，同比降低10%，利润2.8亿，增长15%。在国家大力发展文化产业的背景下，随着信息技术发展和出版产业“转企改制”，我国的出版产业营业收入保持了强劲增长，但是，随着纸张价格的上涨，发行、人力资源成本的上升，报纸出版行业的利润出现了负增长。传统出版具有权威性、可信度，商业模式成熟，内容丰富，装帧精美，具有收藏价值，读者形成了一定的阅读习惯，还将保持一定的增长。在传统出版产业中，专业出版主要是满足细分化的受众需求，具有实用性和针对性，纸质出版营收稳定，容易实现网络出版，例如美国约翰·威力出版集团建立了科学、技术、医学和学术出版在线大型数据库，把内容重新结构化，满足受众的个性化需求，吸收高等院校和科研机构为会员。大众出版读者需求弹性大，受众即兴购买，主题分散，受网络技术的影响较大，急需建立网络出版的盈利模式。教育出版弹性小，尤其是学历教育的图书刚性需求大，教育出版的网络化进展迅速。美国培生教育出版集团建立“服务型”网络出版平台，为学校提供课程管理，为教师提供教材教学方案，为学生提供学习辅助信息[1]。

(二)传统出版产业和网络出版产业交叉的市场领域

传统出版企业进入网络出版主要集中在电子图书、网络报纸、网络期刊和

① 杨贵山：《国际出版业导论》，北京大学出版社2010年版，第218页。

网络数据库等领域，也是传统出版在互联网的延伸，其中电子图书和网络报刊最为典型。2011年我国互联网期刊、电子图书和数字报纸的总收入是28.34亿元，其中互联网期刊收入9.34亿元，电子书（E-book和电子阅读器）收入16.5亿元，数字报纸（不含手机报）收入达12亿元，三者平均增长幅度超过25%，在数字出版的总收入中所占比例为2.06%。但是，三者不仅在数字出版中的比例不高，而且占传统出版的比例也不高，如电子书16.5亿的收入只占图书出版收入664亿的2.5%。我国传统出版社在坚持主业的同时，也在积极进入网络出版产业。例如，江西教育出版社开设中小学教学资源库和《疯狂英语》手机杂志，二十一世纪出版社的点读笔系列和儿童绿色网络游戏，百花洲文艺出版社的移动手机杂志平台等。《中国新闻出版报》2009年的报道称，中国75%的报社涉足网络报，55%的报社拥有手机报，全国手机报数量将突破1 500种，《广州日报》手机报发行量达到1 000万份。

我们已经进入"读屏"时代，多媒体信息在电子阅读器、个人电脑、手机、电子书等各种终端上立体呈现，网络成为年轻人获取信息和知识的主渠道。工业和信息化部的数据显示，截至2012年6月底，我国网民5.38亿人，互联网普及率达到39.9%，手机网民3.88亿，手机是第一上网终端。同时，中国互联网信息中心（CNNIC）的报告显示，2012年上半年，我国网民的人均每周上网的时长由2011年年底的18.7小时增加到19.9小时，平均每天2.84小时。而一项调查显示，中国人每周平均读书8.1个小时，远低于上网时间。这些数据说明，虽然网络出版现在并没有给传统出版企业带来丰厚的利润，但是，传统出版企业进入网络出版市场是必然选择。2011年中国新闻出版研究院组织的第九次全国国民阅读调查结果显示，除图书外，报纸、期刊等传统媒体的阅读率下降，而数字媒体阅读率增长迅速，图书阅读率从2007年的48.8%增长到2011年的53.9%，期刊阅读率从2007年的58%下降到2011年的41%，报纸阅读率从2007年的74%下降到2011年的63%，而数字媒介阅读率从2008年的25%上升到2011年的38.6%，其中30%的国民进行网络在线阅读，27.6%的国民进行手机阅读。

（三）网络出版产业的主要市场领域

网络出版的主要领域是网络游戏、网络广告和手机出版，2011年，数字出版全年收入规模1 378亿元，比2010年增长了31%，其中网络广告（513亿元）、网络游戏（429亿元）与手机出版（367亿元）依然占据收入前三位，三者在数字出版中的比重分别是37%、31%、27%，一共达到95%。与技术提供商、网络运营商和硬件制造商相比，在这三个领域传统出版企业很难抢占市场，网络游戏是市场程度高、盈利模式成熟的产业，由盛大集团、网易、腾讯和征途网络等新兴IT企业占据，手机出版大部分是言情、穿越等网络原创文学，由电信等渠道商掌控，网络广告则是门户网站的天下。

虽然网络出版的模式多种多样，但是传统出版企业占据优势的很少。第一种，出版代理模式。例如，美国最大的零售书商巴诺书店控股网站iUniverse.com和兰登书屋投资的网站Xlibris.com，既是图书销售平台，也是出版平台，提供各种出版服务和代理，通过版税提成和服务收费盈利。第二种，按需印刷模式，主要是进行绝版书和小批量书的出版发行，通过数码印刷技术设备在特定时空内高速印刷并装订出来，数字化流程贯穿整个出版过程。例如，美国最大的发行商英格拉姆所属的Lighting Source公司、世界最大的出版集团贝塔斯曼所属的Offset公司等。第三种是自行出版或称个人在线出版，如维基百科等协同写作式的文本系统，博客、播客、维客等。第四种是微软等IT企业或电信企业开发的E-book软件和终端，例如苹果公司的iPad、亚马孙的Kindle终端和中国汉王阅读器等。第五种是出版商发行电子图书。较早进入电子图书市场的出版商包括方正、超星、书生、中文在线等，具有较强的市场整合能力，占领了90%以上的电子书市场，整合了全国500多家图书出版社的120多万种图书资源。第六种是数据库出版模式。例如，方正的阿帕比走专业路线，其网络产品包括电子书、数字报、百科全书、工具书、年鉴等，具有强大的资源整合能力；谷歌利用搜索功能开发数字图书馆，采取免费内容加有偿广告的商业模式。另外，网络学术期刊出版则被清华同方知网、万方数据、龙源期刊、维普资讯等掌控。其中，中国知网是国家知识基础设施，是实现全社会知识资源传播共享与增值利用为目标的信息化建设项目。

二、传统出版与网络出版的市场关系

随着网络出版的新业态和商业模式不断出现，特别是多元化的网络出版主体出现后，技术提供商、网络运营商和传统的出版企业将在出版市场展开激烈的竞争，抢占有限的市场。传统出版企业和网络出版企业出现了多样性的市场关系，既有互补、替代关系，也有博弈关系。

（一）互补关系

传统出版和网络出版各有优势，可以实现互补，共同升值。传统出版企业具有品牌优势、人才优势、内容优势、经验优势等，可以为网络出版提供大量资源支持，提高网络出版的核心竞争力。网络出版具有技术优势、成本优势、渠道优势和传播优势，提供大量信息和鲜活素材，可以促使传统出版实现数字化和网络化转型，实现产业升级。例如，传统出版社把著作的内容提要、主要章节放到网上免费试看，促进纸质版的销售，谷歌图书就是这种模式。人民教育出版社开发《英语（新目标）》网络教材——“英语互动Q学堂”项目，实现教材内容数字化、运营平台网络化、交互功能智能化，结合多媒体技术、语言语音处理技术和丰富的语法词汇知识，全方位拓展了纸质图书内容，让学生从被动学习到主动学习。相反，流行的网络作品则可以向传统出版回归，例如，博客出版热；榕树下与上海文艺出版社合作推出“榕树下·网络原创作品丛书”；网络点击率高的《第一次亲密接触》《明朝的那些事儿》等作品的纸质版图书的出版。传统纸质出版使用方便，不受时空限制，无需设备和仪器，易于收藏与保存，一定程度上满足了受众的审美需求。

（二）替代关系

传统出版产业是否会最终退出历史舞台，对于这个问题见仁见智。但是，随着信息技术和网络技术的发展，网络出版在一定范围内将取代传统出版。这种取代的速度取决于几个因素，出版产业的传播优势、技术条件和生产成本，消费者的阅读习惯，成熟的商业模式，以及新的出版业态对于人们思想创新和传递信息的满足程度。从传播优势来说，网络出版具有如下优势：时效性强，超越地域限制；信息量大，实现海量的储存和发布；互动性强，便于读者反馈与参与；按需印刷，实现个性化的服务；具有文字、图片、视频、音频等多媒体特点，超越纯文本传播模式，实现产品数字化、流通网络化和交易电子化，消除了技术门槛、资金门槛和编辑守门人门槛。从成本来说，传统出版库存率和退货率高，印刷、运输和发行成本上升，而网络出版没有印刷、装订、物流和仓储费用，成本低廉，边际成本低，具有低碳效应。从阅读习惯看，网络阅读增长迅速，成为年轻人的首选。从满足受众需求来看，传统出版功能单一、程序烦琐、节奏缓慢且缺乏互动，而网络出版形式多样，维基百科的协同式、论坛的社区式、博客的拉取式、邮件的推送式等，还具有全文搜索、做电子笔记、标记文本、引用的超文本链接等优势。从商业模式看，传统出版盈利模式单一，而网络出版商业模式多样。匡文波教授从六个方面逐一驳斥了纸质出版物的优势：便于携带、真实性和权威性、纸质出版更经济、符合阅读习惯、对身体健康影响小和便于保持，得出结论是纸质出版的优势无一成立，纸质出版将在50至100年间逐渐消失[①]。不管这种预测是否准确，随着读者阅读趣味的转移和对传统出版购买力的分流，传统出版和数字出版此消彼长的局面不可避免。

（三）博弈关系

传统出版企业和网络出版企业具有博弈关系，双方要加强合作博弈，减少非合作博弈。合作博弈即正和博弈，合作双方在一方利益不受损失的前提下，双方的利益增加或一方的利益增加，而非合作博弈则是零和博弈或负和博弈，双方不能达成约束性的协议，造成利益受损。传统出版企业和网络出版企业博弈领域是多方面的。首先是在电子图书市场的博弈。北大方正、中文在线等非传统出版单位整合了全国500多家出版社和百万种图书资源，占有中国电子图书市场的大部分的份额，具有市场控制力。其次是争夺作者的博弈。一些在线销售让作者自由传稿制作电子书的网站（如Lulu.com或Scribd.com），他们给作者的销售提成通常高达70%~80%，传统出版给作者的版权只占10%左右。第三是资金的博弈。我国传统出版社资金不足，总体规模小，条块分割明显，图书市场竞争激烈，但许多网络出版企业已经上市融资，并有大量风险资金涌入。第四是争夺读者的博弈。网络出版分流了一批传统出版的老读者，培养了一批新读者。第五是渠道的博弈。网络出版具有更大的渠道话语权，特别是对于手机出版和网络数据库出版，新兴的网络出版商占有绝对优势。第六是盈利模式的博弈。IT企业、互联网企业和电信业等网络出版商建立了合适的盈利模式，占有技术、渠道和资金优势，可以根据用户的阅读历史、喜好和习惯来制定专门的个性化的服务，真正实现以顾客为中心的营销。而传统出版社只能贱卖内容，没有找到合适的盈利模式。最后是版权的博弈。网络出版不仅经常盗用传统出版社内容资源，而且直接联系作者，在版权方面展开博弈，如盛大文学网站，号称拥有300万部网络小说、近万部传统图书的数字版权。中文在线与国内300余家出版机构、逾1 000名知名作家正式签约授权，每年可提供7万~10万种电子图书。中国知网则收录了国内学术期刊7 900多种，全文文献总量达

---

① 匡文波：《电子与网络出版教程》，中国人民大学出版社2008年版，第12页。

到3 400万篇，核心期刊收录率96%。在与网络出版商博弈的过程中，传统出版社处于不利的市场地位。

三、传统出版产业的转型升级

网络技术重构了出版产业链，这就要求传统出版社要积极介入网络出版，实现产业升级。传统的出版产业链是“作者—出版社—负责代工的印刷厂—担任物流与发行的经销商—零售商—作者”，出版社处于主导地位，盈利模式清晰。而网络出版形成了新产业链，作者—内容提供商（出版社）—数字技术提供商（数字发行平台）—运营商（中国移动或中国电信的支付系统）—终端商（计算机、电视、手机或电子阅读器），新产业链中，出版社主导地位被打破，传统印刷商的角色被边缘化，技术提供商、渠道运营商和终端生产商往往主导产业链。在网络技术的推动下，传统出版社要从产品为中心模式转变为服务为中心模式，提高内容的盈利能力，为用户寻找内容，通过网络出版带动传统出版。

(一)传统出版社把自己的内容资源进行多层次的开发和利用,发挥内容优势,延伸产业链

首先，出版社要发挥专业化和特色化功能，如商务印书馆的“辞书语料库及编撰系统”，凤凰传媒集团的“教育培训”数字出版品牌等。同时，搭建网络电子商务平台，实现销售模式的转型，通过网络提高各类信息与服务功能，包括信息查询、书目检索和链接、新书介绍、网上售书、在线阅读、版权贸易和读者反馈等服务。其次，提高内容资源的网络化和数字化水平，促进数字内容的生产和销售，例如商务印书馆和上海世纪出版集团都推出了工具书的网络版；中国大百科全书出版社利用网络版百科产品构建了百科搜索平台；有的出版社将纸质书的电子版授权给方正、汉王等电子书平台，将收益进行分成。第三，为了加强内容资源的整合能力，传统出版社可以抱团发展。例如，由北京出版集团公司牵头，40余家出版单位、民营出版商等共同作为发起单位，成立了数字出版联盟，此联盟旨在内容和版权两个方面开拓网络出版的有效盈利模式，保护成员单位和著作权人的合法权益，促进版权贸易。最后，要提供出版增值服务，满足个性化的需求，包括数据库服务、出版代理服务、定制化内容服务、咨询顾问服务等。

（二）利用网络技术改造传统出版的业务流程和经营模式，不仅要改造编辑出版流程，而且要加强出版的网络化和数字化的管理

一是利用在线编审、排版系统软件，实现编校一体的自动化流程处理。二是实现印刷和流通的数字化管理，拓展电子商务等营销模式，通过直接下载或按需印刷，消除库存。三是建立网络数字管理平台，实现历史资源和新增资源的整合优化，将历史文献和出版物按时间、作者、关键词等标记入库，通过网络科学调控资金运行方式、生产组织方式和营销策略。四是建立新的发行渠道，或建立自己的网上电子商务平台，也可与当当网、淘宝网和卓越网等专业电子商务网站合作建立自己的销售窗口。新的网络化出版系统包括信息管理系统、产品开发系统、电子交易系统、印刷复制系统、用户管理系统、安全维护系统、销售反馈系统、在线支付系统等。

（三）传统出版企业要加强行业内和行业外企业的优化组合或者并购重组，完善产业链，实现传统内容资源一次生产、多次售卖、多重增值

首先，传统出版企业要加强行业内的重组，整合资源，甚至跨地区、跨行业的并购重组，建立出版集团，创造条件在境内外资本市场上市融资，提高市场竞争力。其次，要学会与狼共舞，与投资商、技术开发商、设备生产商、网络运营商等合作，创新合作模式，实现双赢。一些出版社通过收购网络公司部分股权，或者通过内容资源换取股权，加强版权贸易。例如浙江少年儿童出版社和盛大文学“全媒体出版”战略合作，是国内传统少儿出版社首次与网络数字媒体联姻，双方旨在共同推动中国儿童文学线上和线下的繁荣。

（四）探索传统出版社的网络出版的盈利模式

传统出版社面临网络出版的最大难点是缺乏盈利模式，许多出版社的网络出版只是停留在销售纸质图书的阶段。在数字时代，出版产业的商业模式多种多样，例如，网络电子商务模式、免费内容加在线广告模式、手机和阅读器的订阅模式、按需印刷模式、数据库的付费下载模式、在线教育模式、自我出版的代理服务模式、开放存取模式等①，关键是传统出版社要根据自己的内容资源的特点，建立适合自己的商业模式。例如，商务印书馆的在线工具书模式，开发了工具书在线、按需印刷网、《东方杂志》数据库、英语世界网络学习平台等一系列数字出版产品；高等教育出版社的在线教育增值服务和远程教育模

① 肖叶飞，王业明：《数字出版的商业模式与产业链重构》，《编辑之友》2011年第7期。

式，通过互联网建立高校教学平台，内容包括数字教案、课程网站、多媒体实验和在线考试等，可以通过网络实现布置作业、学习交流和考试测评等。

（原载《编辑之友》2013年第3期，作者为李娟和肖叶飞）

电子书客户端:数字阅读终端的红海竞争

移动互联网最主要的两种应用形式是Web和App，前者是指用户通过网页获得相关信息，后者则是通过特定程序满足需求。App是应用程序“Application Program”的简称，现在多指应用于智能终端的应用程序，俗称“客户端”[①]。App应用在利用硬件性能、页面布局、交互习惯、流畅性等各方面都考虑到智能终端的特殊性，从而获得良好的用户体验。电子书客户端就是电子书的App应用程序，在智能手机、Pad、电脑等移动终端安装，它已经成为数字阅读的新兴产业形态。电子书阅读客户端内容丰富，功能全面，实时更新，具有新闻、图书、杂志、漫画以及听书等各种形态的产品，是移动数字出版的重要“入口”。

一、电子书客户端的“端口之争”

2014年12月，我国网民数量达到6.49亿之多，手机网民达到5.57亿，其中80%的手机网民通过智能手机上网。手机网民下载阅读客户端成为移动阅读的重要方式，用户可以利用碎片化的时间进行阅读。这种数字阅读程序成为进入移动阅读市场的重要端口，也是各类客户端传播主体激烈竞争的“红海”。

① 文艳霞:《移动互联环境下的APP与期刊APP》,《出版发行研究》2012年第9期。

(一)电子书客户端的类型分析

电子书客户端的类型多样，按照内容类型来划分，可分为综合类、大众出版、教育出版和专业出版等类型。

综合类的客户端提供书籍、资讯、漫画、连载、杂志、有声听书等各种类型内容的电子书，例如当当阅读、掌趣阅读、百度阅读、开卷有益等客户端，还包括天翼阅读、和阅读、沃阅读等电信运营商的阅读客户端。

大众出版方面，小说阅读是最主要的类型，如书旗小说、宜搜小说、小说下载阅读、17K阅读、AA小说下载阅读器等。尤其以网络原创小说阅读终端最多，如起点、红袖、言情小说吧、潇湘、晋江等网络原创小说都设有客户端，小说的类型也多种多样，囊括豪门、总裁、穿越、玄幻、王妃、都市、逆袭等各种题材小说。大众类的客户端还包括《青年文摘》《读者》等单本大众杂志读物的客户端。

专业类的客户端也是阅读客户端的重要类型，涉及专业出版的各个领域，包括医学、汽车、摄影、美食、时尚、宗教等方面。例如，手机安卓系统设置有临床指南、中医阅读、医学文献、创意设计、时尚芭莎、摄影技巧、爱地图、美食菜谱、114美食等客户端。

教育类客户端包括英语、汉语等语言学习以及各种词典等工具书阅读程序客户端。语言学习方面的客户端涉及少儿、成年人等语言学习，例如，苹果IOS系统设置有点读识字、儿童阅读游戏、汉字学习、阅读教程、英语阅读、考研英语、读点历史等客户端软件，还有《走遍美国》《唐诗三百首》《十万个为什么》等单本书的客户端，以及金山词霸、汉语词典、成语词典等词典类的客户端。

客户端还包括对象性或单一型的客户端，如漫画、女性、听书等各种类型的客户端。漫画阅读是客户端重要阅读形式，包括手机漫画、漫画魔屏、布卡漫画、暴走漫画、开卷漫画等客户端。女性客户端方面包括潇湘书院、红袖添香、女生小说阅读器、葛小姐等客户端。互联网听书客户端也是广受欢迎的有声阅读应用软件，包括听说、氧气听书、酷我听书、懒人听书、宝贝听听、爱播听书等听书软件。另外，Google话语提示客户端是一项辅助功能服务，设备上添加语音、声音和振动反馈功能，可帮助盲人和有视觉障碍的用户使用。

（二）电子书客户端的传播主体

电子书客户端成为数字阅读领域的红海之争，传统媒体、网络媒体、电商、出版社、电信运营商以及终端制造商等都积极介入电子书客户端。传统媒体客户端既有《华尔街日报》（中文版）、《人民日报》、《英语阅读》（China Daily）、《南方周末》等报纸客户端，也包括《青年文摘》《Vista看天下》《故事会》等流行杂志客户端。网络媒体的客户端不仅有百度阅读、谷歌电子书、搜狗阅读等搜索媒体客户端，以及新浪读书、凤凰读书等门户网站的客户端，而且有豆瓣阅读等网络社区客户端、网络原创小说媒体客户端等。例如，海纳小说阅读器、书旗小说、免费小说读书城、书香云集、小说阅读网等，涵盖各种类型小说图书。另外，还有村上春树作品全集、张小娴作品集等个人作品客户端，新浪新闻、网易新闻、搜狐新闻与腾讯新闻等网络门户网站的新闻客户端。

电子商务运营商的客户端有当当读书、淘宝阅读、苏宁阅读、亚马孙Kindle阅读等，电商具有庞大的客户群、大量的电子书存量以及成熟的营销策略，具有先天的资源优势。电信运营商客户端包括中国电信的天翼阅读、中国移动的和阅读以及中国联通的沃阅读等，他们具有庞大的用户群以及便捷的支付手段，在移动阅读领域最接近受众，具有先天的平台优势。另外，电子书客户端还包括小米读书等终端制造商的客户端，安卓读书等软件运营商的客户端等。

（三）电子书客户端的传播载体

为了适应不同的传播载体，电子书客户端程序开发了不同版本客户端软件，其中主要是针对PC（个人电脑）、iPhone、Pad、电子书阅读器的客户端。2014年，我国销售智能手机近4亿台，苹果iPhone系列、小米、三星、华为等智能手机销售量排名前列，这些智能手机预装了电子书阅读终端几十种，智能手机超越了电子书阅读器成为电子书阅读终端的主要载体，成为数字阅读的主要方式。另外，我国苹果iPad等平板电脑市场销量也达到2 000多万，成为第二大数字阅读终端。与此相反，我国亚马孙Kindle、汉王科技阅读器、盛大阅读器Bambook以及索尼电子书阅读器等市场销售萎靡不振。

二、电子书客户端的阅读优势

电子书客户端具有独特的阅读优势，功能全面，内容丰富，更新快速，可网络查词，英汉互译，音乐伴读，音视频完美融入，以及享受听书的乐趣。同时，电子书客户端还具有个性化设置、搜索、分享、互动等功能。

(一)功能全面,支持各种格式,具有良好的阅读体验

随着数字技术的发展，电子书客户端的功能不断完善，甚至具有传统阅读无法比拟的阅读体验与传播功能：支持仿真3D翻页特效和自由滑动等多种阅读操作模式，字号、亮度、背景颜色均可根据个人习惯调整；支持TXT、UMD、EPUB、PDF等各种阅读格式，提供翻书、全屏等阅读模式；支持多点触摸缩放，支持轨迹球、超链接、书签及列表浏览，自由选择横竖屏阅读；更有夜间、书香、护眼、羊皮纸四种阅读背景，不同场景随心切换；批量下载，批量删除，自动识别手机屏幕大小分屏阅读，具有跳转、查找、书签等功能；可以在线播放，WIFI无线网络下，快速下载，离线阅读；支持书签、批注、注音、简繁转换、拆分/合并章节、词典查阅、中英互译、分卷/全文阅读等功能；具有文本直接转换成语音的有声阅读功能，用听书的方式随时随地阅读文本和图书。

(二)内容丰富,更新快速,具有文字、图片、音视频全媒体显示功能

电子书客户端具有联网功能，内容丰富，可以传播全媒体符号，还具有网络同步更新功能，男女声智能朗读让读者充分享受“懒人”听书的乐趣。例如，掌阅iReader拥有畅销、生活、文学等类别的优质图书数字版权30万册，为超过3亿多的用户提供高品质的图书内容及智能化的用户体验。快看小说客户端包含精品小说、言情小说、武侠小说、伦理小说、乡村小说、穿越小说等各种类型，各类小说排行榜实时更新，极大地满足受众的阅读需求。

安卓读书是一款包含各种内容的阅读软件，网罗海量小说资源，集下载、搜索、阅读、管理、共享等多功能为一体的阅读平台，具有各类题材小说，以及养生、职场、悬疑、励志人物传记等题材电子书。当当读书拥有电子商务的资源优势，汇集超过20万册电子书，包括各类畅销书、首发书，其中有大量免费资源，拥有流行小说、社科教育、青春文学、历史经管、投资理财、旅游等40多个品类图书资源。酷我听书具有5万部有声小说，3万段相声小品，1 800档电台栏目，百万正版音乐，以及数十万部儿歌儿童读物、笑话段子、名家评书等资源。

（三）互动功能强，可以通过微博、微信、人人网、豆瓣、邮件、短信等社交媒体分享阅读体验

电子书阅读互动性强，可将任何内容通过微信、微博、邮件、短信等转发分享，书籍评论、云书签、云书摘、云笔记等多终端无缝同步联结，读者随时参与讨论，具有看、评、听、搜、存等阅读功能。例如，云中书城具有独创的书摘笔记系统，随手选取书中内容，可加批注本地保存，更可联网上传，分享给好友和微博粉丝。17K小说网推出集阅读与写作相融合的智能客户端，在支持阅读17K网站小说和离线下载文件的同时，还支持用户本地记录稿件和在线创作小说，激发读者写作的欲望。

（四）利用大数据个性化推荐，实现阅读的云同步，增加用户黏性

许多电子书客户端提供众多优质图书资源的在线阅读、搜索、下载功能，强大的云服务可以轻松记笔记，电脑、手机、Pad多终端云同步。读者行为影响内容走向，客户端利用大数据以及阅读历史智能推荐关联书籍。一方面，利用客户大数据对读者的阅读行为和兴趣偏好进行分析，判断用户的需求，优化营销配置。另一方面，利用内容大数据，判断用户的内容偏好，个性化设置和推荐新书。例如，熊猫看书拥有图书、原创小说、杂志、漫画、听书等多种内容形态，通过对用户行为大数据的全面分析，精准预测用户的知识需求，实现真正意义上的按需出版与个性推送。淘宝阅读通过大数据技术推动一种更为智慧的个性化服务的实现，提升读者阅读体验，增强读者的参与感，提高用户黏性。

三、电子书客户端的市场竞争

随着智能终端的不断升级，电子书客户端是用户规模最大的阅读类APP应用，不仅成为传统出版的竞争对手，也成为电子书阅读器的替代品。目前，电子书客户端呈现出寡头竞争的局面。为了促进移动数字阅读的发展，需要加强电子书客户端的产业链重构与整合，协调产业链各方利益。

（一）电子书客户端与传统出版、电子书阅读器的竞争

电子书成为纸质书的延伸，甚至是替代品。电子书客户端引发了阅读终端市场的残酷竞争，特别是随着手机、Pad等智能终端的出现，Kindle电子书阅读器的热卖，实体书与电子书呈现出共存博弈的竞争格局。根据尼尔森图书调查

公司公布的最新数据，英国纸质书的销量连续5年下降，2014年，纸质图书的销售额下降了1.3%，降至13.9亿英镑。美国电子书的销量大约相当于总销量的30%，不过中国的电子书销量占总销量的2%，电子书仍有较大的发展空间。

电子书客户端迅猛增长导致了电子书阅读器市场的整体低迷，汉王、亚马孙Kindle、盛大Bambook、纽曼等电子阅读器仍然在角逐电子书市场，而方正集团彻底放弃阅读器硬件业务，这种低迷不仅有内容、受众、版权、营销等层面的因素，而且与当当网、京东商城等电商开始涉足电子书市场密切相关。随着电子书客户端的步步紧逼，国内电子书阅读器市场面临着残酷的竞争。

（二）电子书客户端的市场格局

随着移动数字阅读市场的发展，电子书客户端市场呈现出寡头竞争的局面，市场集中度CR4是73%，电子书客户端市场出现了“二八定律”。其中，掌握渠道优势的电信运营商占据主导地位，“内容与平台服务”提供商如QQ阅读、塔读文学及盛大文学自有内容优势逐渐显现，高质量、差异化的内容资源对读者的吸引力逐渐体现出来。易观国际对国内移动阅读客户端市场监测数据显示，2014年上半年中国移动阅读应用客户端市场中，三大运营商收入占67.9%份额，中国移动“和阅读”市场份额高达49.1%；中国联通“沃阅读”和中国电信“天翼阅读”市场份额分别为12.5%和6.3%；掌阅iReader依靠强大的渠道优势和创新的产品体验，占5.2%的市场份额；盛大文学依靠起点读书等丰富的内容资源和海量的付费用户，达到4.2%的市场份额；QQ阅读则依托庞大的用户基础和娱乐社交基因，占3.8%的份额；塔读文学经过大力培养作家、增强优质原创内容资源，拥有了一批差异化、高质量的原创文学作品，占市场份额1.5%；而熊猫看书被百度收购后，加大布局客户端，市场份额达0.8%。

（三）电子书客户端的产业链重构与整合

在电子书阅读产业链中，内容的版权授权运营是产业发展的关键。无论是传统出版社、电商、作者，还是技术提供商、内容集成商、终端制造商和网络运营商，如果不解决著作权人的授权问题，就不能数字化复制、使用与传播作品。所以，电子书客户端APP应用要注重产业链的重构与整合，建立良好的协同机制与利益共享机制，共同促进数字出版产业的发展。例如，美国苹果公司的电子书采取“代销模式”，由出版商定价，苹果拥有30%利润，而版权机构拥有剩下的70%利润。我国当当网电子书与版权方为四六分成，亚马孙为三七分成，通过密码登录后台结算平台，可实时查询销售数据，杜绝了在线阅读、终端阅读隐瞒销售收入的问题，这种分配方案激发内容提供商的积极性与主动性。

云中书城是盛大文学旗下手机出版客户端，为消费者提供包括图书、报纸、杂志、漫画等各类数字商品。其中，在线图书共有上百万册，一部分来自旗下网站拥有的线上版权作品，另一部分来自线下合作单位提供的版权作品，包括传统出版社、出版公司、杂志社、报社等。京东商城拥有超过3 800万优质客户和庞大的销售平台，这些构成了京东电子书刊业务的先天优势。通过“全开放”平台战略，京东商城在产业链上游与业内主流的内容供应商合作，积极保护知识产权；终端方面则与包括电脑整机、智能手机、电子书和平板电脑等在内的诸多品牌硬件厂商都有深入合作，构建完整的电子书刊产业链。

电子书产业链包含内容提供商、技术提供商、设备制造商和渠道运营商等产业环节，其产业链由内容原创、编辑加工、数字转换、芯片植入、平台投送、设备生产、市场销售和进出口贸易等环节构成，是出版发行和互联网、数字化等高新技术相融合的产物。目前，电子书出现了三种商业模式：一是以电子阅读器为主导，以亚马孙为代表的全产业链模式；二是利用平台优势，专注于提供资源的平台服务模式；三是优化阅读软件，提供极致阅读体验的精品策略模式[①]。无论是采取内容收费还是免费内容加广告的盈利方式，电子书客户端都需要加强产业链的重构与整合，建立有利于各方的商业模式与产业链。

（原载《出版发行研究》2015年第4期）

①安小兰：《中国电子书发展商业模式类型分析》，《出版发行研究》2014年第2期。

美国数字出版的产业形态与商业模式

在数字出版领域，美国的数字出版无疑具有世界风向标的作用，反映了世界出版传媒业态变化的趋势，了解和分析美国数字出版产业的发展，建立一个新的参照系，将有助于我国数字出版产业的发展。2010年美国出版商的净销售额（总销售额减去退货额）达到279亿美元，比2008年增长了5.6%。其中面向消费者的图书净销售额是140亿美元，高等教育和中小学教育出版的净销售额分别是45亿和55亿美元，专业出版和学术出版分别是37亿和2亿美元，各种类型的出版都出现了增长。

一、美国数字出版的产业形态

数字出版具有几个基本的特点：第一，具有数字记录、储存、呈现、检索、传播、交易的特点；第二，具有网络上运营，实现即时互动、在线检索的功能，具有创造、合作和分享的特点；第三，满足大规模定制的个性化的服务需要。根据数字出版的介质可以分为网络出版、电子书出版和手机出版等不同产业形态。

（一）网络出版

网络出版有多种形式，例如网络营销、网络出版和网络出版服务，亚马孙的Kindle电子书店、巴诺书店Nook电子书店、苹果电子书店为代表的上百家电子商务平台。近年来，互联网广告发展迅速，2011年上半年美国互联网广告总收入为149亿美元，同比增长23%。但是美国印刷版报纸的读者量和广告量在急剧减少，特别是面临经济危机，美国纸质版报纸出现了倒闭风潮，印刷广告收入从2006年的492亿美元下降到2010年的258亿美元，报纸网络广告2010年为30.4亿美元。2007年最后一天，斯克利普斯报业集团的两家地方报纸（《辛辛那提邮报》和《肯塔基邮报》）宣布关闭。2008年更多的报纸静悄悄地消失，丹佛市的《落基山新闻报》正式停刊。2009年赫斯特集团所属的《西雅图邮讯报》停刊，改为新闻网站，1908年创刊的《基督教科学箴言报》也停刊转网，并发行周报和电邮新闻。同年，美国著名IT杂志《PC Magazine》也停办印刷版，通过网络出版。美国的大部分报纸的网络版是免费的，但是例如《华尔街日报》等金融类的报纸收费模式却比较成功。网络出版省略和简化了制版、复制、包装、运输等环节，没有物流，没有库存，美国网站Iuniverse.com和Xlibris.com就是成功的网络出版先锋。前者是美国最大的零售书商巴诺书店和风险投资商Warburg Pincus控股投资的网络出版技术提供商，提供作者服务、出版商服务和商业服务；后者是兰登书屋投资的网络出版和销售网站，它的用户主要是个人作者和读者，它在服务模式上最大的特点是分级别服务，即根据作者交纳费用的多少，包括基础服务、专业服务、个性化服务。一些教育类的图书提供纸质版和网络版本，相互呼应，优势互补。

（二）电子书出版

美国出版商联盟统计结果显示，在纸质版的图书销售保持平衡下，2010年美国电子书销售额占总图书销售比重从2008年的0.6%增长到2010年的6.4%，美国2010年的电子书销售额达到了4.413亿美元，同比增长164%，通过电子阅读器订阅电子书、报纸和杂志成为数字出版的新方向，亚马孙新款Kindle DX电子书阅读器具有强大的信息承载和传输能力。Kindle用户除了报纸、杂志及博客外，还可阅读24.5万本书目。亚马孙为kindle提供逾9万种电子书供用户下载，大多数的电子书售价为9.99美元，价格相当于纸质版三分之一。相对于亚马孙的经销商模式，索尼和苹果阅读器是代理制模式，即出版商制定零售价格，零售商获取30%的代理佣金，出版商重新获取了对数字图书在定价和上架选择上更多的主导权，并掀起了一轮数字图书的提价潮，由9.99美元提高到12.99美元或14.99美元，但消费者却需要支付更多的费用。索尼电子书阅读器的用户可以免费下载谷歌提供的公共电子书，作为迎战Amazon的“Kindle阅览器”的最新一轮举动，苹果公司也进入了电子书市场，推出了IPAD平板电脑，内置电子书店Ibooks Store，并与柯林斯等五大出版集团达成协议，出版商拥有定价权，一定范围内自主定价。苹果和谷歌的进入，迫使亚马孙调整策略，同意出版商自主定价，收取30%的利润，亚马孙开发平板电脑Kindle Fire，凭借拥有电子商务购物中心、MP3在线商店、VOD视讯服务商店、应用程序商店等与苹果公司相抗衡。

（三）手机出版

随着手机应用不断丰富，智能手机可以随时上网，手机阅读成为新的阅读形式。近年来，美国手机出版产业发展迅速，美国无线电协会统计美国有超过3.03亿受众有手机，占到人口的96%，6 000万拥有智能手机，Google的Android和Apple的iPhone是最流行的智能手机，根据eMarketer统计，2010年美国移动广告收入达到7.43亿美元，估计2014年可能达到25亿美元，广告形式包括信息、显示广告、搜索和视频等形式，用以扩大品牌认知、增加销售、提供特别优惠券，除了广告之外，手机出版还有各种订阅费和下载费。手机铃声、游戏、动漫、手机报、手机杂志和手机小说的多元化手机出版形式蓬勃发展，例如苹果推出出版物订阅服务，包括报纸、杂志及其他内容应用程序，订阅收益的分成，苹果依然保留30%，出版商获得70%。手机出版的三种类型，一是短信，即移动用户通过短信定制、短信点播来获取信息，主要包括普通短信和彩信；二是WAP型，即通过WAP平台把互联网上的信息和业务引入到移动电话等无线终端，把互联网上的HTML语言转化为WHL语言显示在移动电话显示屏上；三是掌信型，即通过安装一个绿色手机软件，移动终端联接在互联网上实现各种资讯的动态下载和随身浏览。出版机构还通过手机阅读平台发布电子书，供用户阅读和订购[①]。

二、美国数字出版的商业模式

美国数字出版的商业模式呈现出差异化的格局，根据服务模式和运营模式大体可分为依靠产品、服务和广告收入等三种不同类型：一是提供产品获取收入，例如网络付费阅读，手机音乐下载等；一是提供服务获取收入，例如Xli-

①吴小坤，吴信训：《美国新媒体产业》，中国国际广播出版社2009年版，第168页。

bris.com等自主出版网站都提供在线编辑出版服务；一是提供部分免费产品而靠流量来获取广告收入。正是这种不同类型的数字出版商业模式共同促进数字出版的蓬勃发展。

（一）网络营销模式

利用网络和数据库推动传统出版的发展，实现纸质图书市场的扩容，达到业绩提升、服务改进、顾客满意度提升的目的，在这里网络是作为传统出版营销升级的工具。在图书数据库中图书被分割成不同页面，可以让谷歌、雅虎和亚马孙等进行搜索，同时让读者在哈泼·柯林斯网站上进行浏览。调查发现，让读者浏览图书网页，可以使图书销售量上升6%~10%。美国图书越来越依靠Twitter、Facebook、Flickr等社交媒体进行图书网络营销，这些平台成为图书的宣传员、营销员和零售商，网络营销就是要通过网络建立新的读者关系，通过多媒体数字平台开发新的内容，通过网络实现新的广告服务。

（二）按需出版模式

按需出版是数字印刷技术在数字化信息远距离传输和高密度储存的基础上，通过数码印刷技术设备在特定时空内高速度的印刷并装订出来，数字化流程贯穿整个出版过程，规避了库存风险，是小众图书出版的福音，也是长尾理论的最佳印证。用按需印刷方式取代胶印机印刷方式，首先权衡的是用一个较高的单位成本和较低的打印质量来换取较低的单位成本和较高的管理成本，并消除库存[①]。此类公司包括美国最大的发行商英格拉姆所属的Lighting Sourse公司、世界最大的出版集团贝塔斯曼所属的Offset PaperBack公司等，其主要特定的服务对象是出版商和发行商，实现图书先定购、后制作，出版社可以利用这种技术保持旧版书的再版和短缺的新书迅速补偿库存，按需印刷方面领先的闪电资源公司最近出版了他们的第1亿册按需印刷图书，如今他们的书目已经从1998年的1 100种已经增长到600万种。一些实体书店安装Expresso印刷机开展按需印刷业务，按需印刷产业进入蓬勃发展期，按需出版图书总量以每年14%的速度增长。

（三）IT企业的出版模式

Google等IT企业的出版模式与传统的出版商的商业模式是不同的。传统出

① 莫里斯·罗森塔尔：《按需出版——国际图书印刷与营销新途径》，陶晓鹏译，清华大学出版社2009年版，第27页。

版的商业模式是靠内容收费的，而Google是靠免费的内容带来人气和流量，靠广告来生存，颠覆了传统的商业模式。Google可供搜索的图书有两个来源：一是出版商直接获取，一是图书馆。谷歌已从出版社拿到100万种可供搜索的图书，世界上有1万多家出版社参加了谷歌的图书搜索项目。谷歌的"普遍化搜索"功能将图书内容与新闻等即时性资讯合并搜索，改变了以前只能在图书搜索时才能搜索到图书的情况，提高了图书内容的联动搜索功能。谷歌的商业模式是匹配性广告，读者使用谷歌搜索引擎的时候，搜索的结果的右边出现与其相关的匹配性广告。当你点击广告时，广告商就要按照点击的次数付费给谷歌。谷歌公司把图书扫描的方式放入自己的服务器内，如果读者进入谷歌搜索的图书网页，就可以看到书中的一些页面，但每月最多只能看到书的20% 的内容，读者不能够打印、下载或者粘贴书中的页面。谷歌图书搜索项目产生的任何销售、订阅和广告收入都将由版权拥有者和谷歌按63∶37的比例分享，这为处理数字出版过程中类似的问题提供了一个范本。

（四）互动教育出版模式

网络既是传统出版营销的升级工具，也是内容生成经营的平台。对于教育出版而言，混合模式是最主要的模式，如威力的互动原创教育模式就是针对在校教师和学生的教育平台。威力图书不仅提供在线版和纸质版，而且通过多媒体手段整合到电子图书中，如CD、PPT和视频等。电子图书不再是传统的课程目录、图书内容，而是以"教学活动"为形式，以学生学习中的"问题"为联结点，将教师、学生、教科书、作业等结合到一起。教育出版数字化形式大概有6类：第一是在线课程，使用视频、音频的多媒体技术，使学生可以在线学习，作为对平时课程的一种补充，也作为远程学校的一种学习。第二是家庭作业管理。第三是在线测试，利用开放的软件系统对学生学习结果进行测试。第四是在线书，可以在线下载。电子图书有两种版本，一种是跟印刷本完全一样的，另外一种是在印刷本的基础上加上视频等多媒体的因素。第五是在线的课外辅导。第六就是虚拟的体验材料，比如说做游戏作业等①。

（五）网络出版和网络营销一体化模式

以Iuniverse.com和Xlibris.com为代表，这些公司从业人员多来自出版社、印刷和设计公司，对于他们来说，网络既是出版平台，也是图书的销售平台，

① 陈昕：《一样的斜坡，一样的爬涉——纵观美国数字出版》，《出版参考》2007年第36期。

出版和销售一体化，一方面依托网络出版服务，一方面向传统发行渠道回归，在线出版和传统销售相结合。出版服务包括作者服务、出版商服务和商业信息服务等。作者服务为个人作者提供自费出版机会的平台，根据作者提供费用的多少提供分级服务，如提供基础服务、专业服务和个性化服务；出版商服务是一个管理整个出版流程的完整系统，它负责从创造最初的出版资源到最终的发行版税追踪，实际上为传统出版社提供了一个在网上操作出版发行的平台；商业服务是为普通的商业公司出版内部文件和手册的平台。收入来源于作者、出版者和读者，以及商业公司，同时还在网上销售pod图书或者e- book，它们都有一个合法的规范的ISBN，并且被收入《在版图书目录》中，如果交纳一定的费用，还可以在国会图书馆进行登记编目，一定程度上表明数字网络出版取得和传统出版相等的地位，促进网络出版的发展。

（六）专业学术期刊和图书的数据库发展模式

这种模式就是以网络平台经营内容资源，把各种文本数字化放到网上，建立了各种类型的数据库和在线的编纂平台，创造出新的“成本－营收”模式。这种以网络为生产经营平台做得比较成功的是专业期刊、图书和大型品牌工具书的出版公司。约翰·威立出版集团是目前在数字出版方面最成功的出版传媒企业之一，该公司开发的在线出版平台（Interscience），已建成了覆盖科学、技术、医学和学术出版等领域的若干大型专业数据库。随着约翰·威立并购布莱克维尔，将威立的Interscience和布莱克维尔的Synergy这两个在线平台整合起来，可在线提供1 300多种期刊和5 000多种图书以及众多的参考工具书、数据库和实验室指南。约翰·威立公司大约有70%的期刊收入来自在线期刊，超过10%的图书收入来自在线图书。在北美的专业数字出版领域，lexis.com法律库和lexis-nexis academic学术大全库，统计数据库、环境数据库以及美国国会数据库等，均是重要的数字化产品，为全球100多个国家和地区提供服务。

三、美国数字出版的启示

在相当长的时间内，纸质出版与数字出版都是复杂的冲突、博弈和共存关系，美国各大出版集团普遍建立了各种类型的大型数据库、在线编辑平台、在线教育平台和各种数字产品，以网络和数据库为主体的数字产业经营也在各种机遇和挑战中拓展。

（一）通过并购重组，实现纵向一体化战略

美国出版集团在推进数字化的进程中，对于新技术的采用主要是通过与IT企业合作或收购IT企业的方式来进行的。例如美国培生教育集团收购了远程教育的电子大学网站，利用网络增强学习效果的评估、学习兴趣的跟踪和学习进程的把握，使教育功能更加强大，以获得在教育软件出版领域的领先地位，目标就是打通数字出版产业链，实现内容制作、销售平台、终端设备三位一体的全流程解决方案。这种战略极大保护了出版集团的利益，如谷歌以31亿美元的价格收购网络广告公司DoubleClick，进一步巩固自身在网络广告市场的领先优势。微软以57亿美元收买下aQuantive公司，为了尽快在网络广告出版业赶上谷歌和雅虎，微软在这个交易中支付了较高的溢价。

（二）美国的数字出版具有完整的产业链，建立合理的分工和利益分配机制

例如电子图书产业，内容提供商包括培生教育出版集团、麦格劳-希尔出版社等出版机构，电子图书销售平台，OverDrive、英格拉姆数字集团等电子图书批发商，零售商如亚马孙的Kindle电子书店、巴诺书店Nook电子书店为代表的大小数百家电子商务平台，以包月服务为主要收入模式的爱思唯尔和Safari Online为代表的在线阅读服务平台。Kindle、Nook系列为代表的电子墨水阅读器等硬件生产商，以iPad为代表的平板电脑设备，以Adobe等为代表的数字版权保护技术提供商，主要为电子图书销售平台提供版权保护技术的服务。大量图书数字化服务商，以及电信或移动运营商提供数据传输服务，如Kindle、Nook、iPad等设备内置运营商数据传输模块，如AT&T 3G上网卡、Sprint数据卡等[①]。

（三）以读者为中心，加强数字平台建设，建立个性化和创新的服务模式

美国的数字出版产业不仅关注内容，而且关注读者的需求，由传统的产品为中心、内容为王，转变为客户为中心、服务为王。近年来，兰登书屋出版收入很大一部分来自有声图书，这些有声图书可以直接从网络下载。仅以听书为例，2007年，西蒙与舒斯特公司的听书销售取得了大幅增长，其中听书下载销售额猛增100%，另外，美国的许多出版公司不断建立和完善数字化基础设施，积极完成文本的数字化、仓储的数字化，把已经出版的图书转换为PDF格式放在网上，把已经出版的期刊转为Flash格式放到网上，而且普遍建立了各种

① 肖叶飞，王业明：《数字出版的商业模式与产业链重构》，《编辑之友》2011年第7期。

类型的大型数据库和在线编辑平台、教育平台以及各种数字化产品和工具，正是数字化平台的建设和应用，调整了出版结构，促进了产业升级。

（四）建立合理的商业模式

美国的数字出版呈现出多元客户价值，商业模式也不再单一，国外转型成功的出版商要么是委托技术提供商研发平台，要么是直接并购技术提供商，以巩固在数字出版领域内的竞争优势。而我国的传统的出版企业没有找到合理的数字出版模式，无法与技术提供商合作共赢。我国出版企业要盘点出版单位资产，建立良好的数字内容资产管理系统，整合内容资源，与其他的出版集团联合起来，建立共赢模式，提高议价能力。同时要认识到产业并购和资产运作的重要性，加强与技术商合作，打通数字出版产业链，使技术更好地为内容资源的传播和增值服务。

（原载《编辑之友》2012年第11期，作者陈净卉和肖叶飞）

美国按需出版的运营机制与启示

按需出版就是利用先进的数字储存技术、数码印刷技术和网络传播技术，把出版信息储存在计算机系统中，在需要的时候直接印制成印刷文本的形式，做到“一册起印，即需即印”，满足用户的个性化需求，实现无库存的绿色出版。按需出版主要是针对小印数的出版市场，而传统出版是针对高印数市场。按需出版成为传统出版的有益补充和功能延伸，同时也促进了出版产业的健康发展。

一、美国按需出版的业态类型

2008年美国按需出版的图书品种首次超过传统出版，2009年和2010年按需出版的图书分别同比增长了181%和169%，但是受金融危机影响2011年同比下降了69%。美国按需出版业态包括两种类型，一是按需印刷服务，解决短版书和断版书的印刷问题，通过数字传输技术和数码印刷技术，直接将数字文本制成纸质文本，面向出版社、零售商、读者服务。二是帮助作者进行自助出版服务，提供出版和编辑加工服务等，满足作者个性化需求。这两种按需出版业态具有各自不同的市场空间和核心竞争力，按照主导者和服务对象的不同，按需出版又可分为不同的业态类型。

首先，发行商主导模式。发行商为出版社、书店和图书馆提供按需印刷和按需发行服务，图书先订购，后出版。例如美国最大图书发行商英格拉姆公司（Ingram）1997年投资建立了闪电之源（Lightning Source）按需印刷公司，该公司定位为图书印刷商，而不是图书出版商或者图书销售商。其业务流程就是先发行，后印刷，将转化好的图书储存在数字图书馆，通过内容交换中心向用户提供各种数字版权的图书，实现按需印刷，利用母公司英格拉姆以及巴诺连锁店、亚马孙的发行渠道和完善的物流系统，覆盖美国、欧洲许多地区，可以直接发货到仓库、出版社或者出版社的自办发行系统。迄今为全球2.4万家出版社印刷了1.2亿本图书，拥有760万种书的电子文本数据库，每月增加几百本，包括新书、断版书、短版书和畅销书等，每年对图书的电子版收取12美元的管理成本，大部分图书只印几册到几十册，每年大约印制700万册图书。所以该公司不仅提供按需印刷业务，而且将业务扩展到内容管理、数字版权管理、储存和按需出版图书物流等领域。该公司的宗旨就是所有图书，任何时间送到任何地点。大批量的印刷业务，加速了资金的周转，降低了成本。因为实现了规模化生产，该公司2001年在英国建立了全资子公司，2004年就实现了盈利。

又如，图书批发商萌芽公司“Sprout”开发的按需印刷系统，为兰登书屋、时代华纳、西蒙与舒斯特等大中型出版社提供服务。世界上最大的出版集团贝塔斯曼集团所属的Offset公司依托贝塔斯曼集团自身的发行网络，为贝塔斯曼、培生、麦克劳·希尔等大出版公司所属的100多家出版社提供印制和发行服务，一般印数在2 500册以内的图书都实行按需印刷，平均印数几百册。该公司跟闪电之源公司一样，依托出版机构资源，靠规模出效益，只有达到月印量五千万以上才能盈利。以上这些发行商还与巴诺公司连锁书店、亚马孙网络书店合作，开展按需印刷业务，发挥规模经济效益。

其次，印刷商和零售商主导模式。他们主导按需出版业务，为客户服务。例如，美国出版界元老前兰登书屋编辑部主任杰生·爱泼斯坦创立了按需出版公司，该公司是一个出版新技术公司，拥有专利产品“图书快印机（Espresso Book Machine）”，2008年与闪电之源签订战略合作协议，并与英国的图书馆供应商布莱克维尔（Blackwell）和学术图书连锁店签订了独家代理协议，在英国有60多家分店。图书快印机成为实体书店和网络书店之外第三种图书销售模式，即实体网络混合模式，在与闪电之源合作之前，图书快印机可供书目主要来自40万份公有领域的电子档案，合作后联上了世界上最大的受著作权保护的电子书库，这样可供图书达到100万种。目前图书快印机上印刷、销售最多的不是公版图书，也不是出版社的图书，而是书店现有客户自费出版的图书。美国最大的书店集团之一的鲍德斯（Borders Group）购买了按需出版（POD）设备和数据库供应商萌芽公司19.9%的股权，在部分连锁书店中提供按需出版服务，可以按照客户的要求即时出版图书。又如，美国的“Color Centric”作为一家新兴公司，其业务主要集中在数码印刷书刊、印刷相册等，每个月平均印制20万本书刊，拥有技术先进的数码印刷机，主要是B2B的电子商务业务。

再次，自助出版的按需出版模式。主要服务对象和收入来自作者，作者可以得到高质量的出版服务、快速进入图书市场和获得更高比例的版税收入。例如，“Xlibris”网站是美国著名出版社兰登书屋投资的按需出版机构，以定制自费服务作为核心业务，将网络出版、传统出版和电子商务有机地结合于一体，作者提供电子文本，网站提供编辑加工和出版发行服务。“基本服务”要收取500美金的费用，而“个性化服务”收费则高达1 600美金，完全按照作者的要求出版图书，至今已为3.5万名作者按需出版了4万种图书。针对作者不同的出版需求实行分级服务，作者个性化程度越高，出版费用也越高。这些服务包括提供书号和条形码，提供文字编辑服务，包括语法、标点、句法和拼写的编辑服务，不同形式的封面和内文格式，在出版社网站上或者网络书店进行营销、提供图书的电子光盘，以及其他的营销服务，帮助作者们实现出版梦想。作者出一本书从成千上万美元降到几百美元，但是低门槛也造成许多书的质量不高。图书的印刷依靠按需印刷公司，发行依靠出版社直销以及实体书店和网上书店等途径。

美国自助出版发展迅速，亚马孙旗下的“Create Space”“Lulu”“Smashwords”和“Author Solutions”占据此行业90%以上的份额，自助出版图书既有电子版，也有纸质版。2011年美国自助出版发行的纸质版图书达14.8万册，占全美纸质书出版总数的43%。例如，按需出版网站“Lulu.com”提供免费的作品发布平台，任何人都可以免费在“Lulu.com”上发布作品，并设定版式、装订方式及定价等。该公司的服务对象主要是作者、内容集成商、企业和普通的消费者。例如，普通大众的日记、旅行、结婚和育儿记录等，根据读者的需求网站会自动进行印刷与配送，并与作者分成。从2002年建立以来有110万名作者与该公司签约，可售图书以月均2万种的速度增长。

另外，美国出版社也建立了按需出版平台，开展按需出版业务，如兰登书屋就建立了专门的按需出版部门，搭建自己的销售平台，开展电子商务活动，在自己的网站上为作者开设个人页面或图书页面，附上图书内容介绍、书评及其他信息，并与亚马孙 、英格拉姆、巴诺书店等大型图书销售商建立了良好的合作关系，进入到它们的书目数据库，在零售书店安装POD设备，随时为读者印制图书。

二、美国按需出版的运营机制

2010年美国的按需出版业务量占到了全国印刷业务量的20%，2011年传统图书出版34.7万种，比2010年的32.8万种增加了6%，这种增长得益于自助出版的迅猛发展。除本土外，美国还在非洲建立了非洲按需图书出版中心（Book on Demand for Africa），并在南非、尼日利亚、肯尼亚设立三个分点。美国按需出版的内容提供商、技术商、发行商、零售商都积极参与按需出版业务，在技术、资本和内容方面相互融合，形成了立体网状的按需出版产业链。

（1）定制性、个性化、小批量、即时性是美国按需出版的基本特征，同时按需出版依靠网络平台完成交易。例如，美国自助出版服务公司目前已经有100多家，如“Xlibris”“Universe”“Authorhouse”“LuLu”“Infinity”等，这些公司的从业人员大多来自出版、印刷和设计公司。图书内容的编排、字体、字号、装帧等都可以按照客户的需要来进行个性化的设计，作者自助出版的书通过按需印刷来完成，从印刷到装订切边仅需5至10分钟，没有最低印数的限制。按需出版依靠按需印刷平台、自助出版平台、图书销售平台等完成，首先将图书目录在网上发布，读者订购后在网上以电子商务的形式完成结算，然后通过网上商务平台完成部分营销活动、业务往来和读者反馈等。

（2）美国的图书批发等中间商主导了按需出版。因为中间商一头连着出版社，一头连着众多的零售商，可以在自己的营销网络中向众多的客户提供按需印刷业务，而出版社或零售商单独实现按需出版业务则需求量有限。图书批发商可以积极将数字印刷技术引入图书流通领域中来，建立强大的数据库资源、畅通的销售渠道和稳定的客户资源，促进按需出版的发展。另外，美国各类出版机构、图书批发商、零售商和印刷机构也都积极介入按需出版业务，图书的品种也开始从学术出版向大众出版转换。按需出版通过建立高效率的数字印制中心，通过小印数、多品种和大规模相结合的方式，提高设备的利用率，降低生产成本。

（3）网络出版与按需出版形成了良性互动，促进了按需出版的发展。随着网络出版的发展，图书的种类不断增多，而印刷量却不断减少，但是网络出版的繁荣反过来也在一定程度上促进了按需出版业务。2012年美国全球按需出版公司（Publish On Demand Global）力争通过电子书的网络传输做全球按需印刷，与中国的安徽教育出版社、福建教育出版社等多家出版社建立合作关系，通过全球化的发行、印刷和分销网络做全球图书的版权贸易，业务达到30多个国家27种语言。该公司的商业模式就是将电子文本转化为实物，通过网络全球营销，以定制服务实行按需印刷，取代传统图书的供应链。例如，闪电之源公司把他们的电子版图书供给它的伙伴零售商，这反而拓展了电子书的按需印刷业务。谷歌的电子书也促进了按需出版业务，因为谷歌电子版图书只展示内容的一半左右，如果读者对书感兴趣必须购买纸质版的图书。

三、美国按需出版的启示

美国按需出版业务发展迅猛，其优势是传统的胶印出版无法替代的，经济性在于利用较高的单位成本和较低的印刷质量来换取较低的单位成本和较高的管理成本，并消除库存[①]。而我国按需出版则发展相对缓慢，上游的出版社和下游的发行商、零售商没有形成完整的产业链，需要建立一个按需出版平台，这种平台要集成出版社、发行商、书店、图书馆、作者和读者等信息资源于一体，满足按需出版的市场需求。

（一）按需出版是未来发展的必然趋势，是传统出版的功能延伸

第一，零库存，可远程传递数据，能够异地小批量出版，减少了运输成本，延长了图书的生命周期。从“先印后卖”到“先卖后印”的转变，解决了我国图书出版业库存大、退货多、回款难、起印数高等问题。2011年全国新华书店系统和出版社自办发行系统年末库存总金额达到804亿元，同比增长9%。按需出版能够满足出版社、作者和读者的特殊需求，使图书不再绝版、断版，成为长尾理论的应用典型。第二，按需出版采取即需即印的操作方式，将编审、录入、编排、印刷和装订等结合为一体，省去了传统出版过程中的征订、制版等中间环节，按照不同的时间、地点、数量和内容的需求，通过网络传播和数字印刷技术为用户提供快速的、高度个性化的新型出版服务。第三，按需出版缓解了出版社的压力，平衡了图书市场上的供求关系，为著作权人、出版者和读者提供了更多的选择，拉动出版需求。第四，按需出版可以满足受众的个性化需求，受众根据个人的爱好选择自己喜欢的开本、字体、字号、封面、

① 莫里斯·罗森塔尔：《按需出版——国际图书印刷与营销新途径》，陶晓鹏译，清华大学出版社2009年版，第27页。

色彩、装帧和版式等。第五，我国每年出版20万种图书，55%在流通后逐渐退出流通市场。特别是学术专著、专业教材、艺术作品、古籍典册、大众传记、回忆录、国外的文献、文学作品、新书样书和信息资料等，其中许多具有学术价值、史料价值。按需出版通过虚拟数字技术和数字印刷技术使所有图书处于流通状态，起到知识传承和文化传播的作用。

（二）出版企业的管理理念应从“产品导向”向“顾客导向”转变，使顾客成为营销的中心

按需出版是一种定制营销模式，可以满足多品种、小批量、个性化和即时性的需求，生产、出版、仓储和零售相结合，重新整合出版价值链。按需出版企业的营销部门通过各种渠道获取读者需求信息，编辑部门对定制图书的内容进行策划、组织和加工，财务部门根据图书定制的成本状况制定参考价格。例如，我国知识产权出版社2004年开始按需出版业务，将传统出版的优势资源和数字出版技术紧密结合在一起，具有图书电子化的OCR系统和网络化的专利信息服务平台，解决了数字出版资源和按需印刷设备的对接问题。另外，我国凤凰出版、大恒数码、虎彩集团等大手笔引进高速喷墨印刷设备，解决了按需印刷的技术与设备问题。

（三）建立按需出版数据库，使数据库成为按需出版的平台和窗口

按需出版首先要保证图书数字化，对内容资源进行深入开发和管理。例如，商务印刷馆利用按需印刷网，实现了《商务印书馆图书目录（1897—1949）》中1.5万余种现存纸书的按需印刷，使绝版书重现光彩。其次，提高按需出版的信息服务系统和管理系统。按需出版要求加强作者、出版单位、发行单位、印刷商和读者之间的联系，保证信息链的沟通和共享，以及协调利益分配机制。例如，2004年，知识产权出版社的按需印刷部门业务包括新书出版、图书复版、寻找断版、按需印刷、网上书店和分类专利文献订阅，分属编辑出版、发行营销和印刷印制不同业务，开展了断版书和短版书的寻找和销售工作，计划3年内使5万种断版书按需出版。再次，按需出版要建立三个平台，包括数字资产平台、在线交易平台和按需印刷平台等，数字资产平台是“数据之源”，主要用于对数字资产的数字化、资源化和版式化处理，实现数字资产的标引、检索和分类管理，并加强对数字资产的保护。在线交易平台方便用户通过网络浏览、检索和查看数字资源，对感兴趣的内容在线下订单。按需

印刷平台就是根据用户的订单状态和印刷任务实现有效管理，为在线交易提供有效的交互信息。

（四）创新按需出版的商业模式，建立合理的利益分配机制

第一，社店合作模式。新华书店和快印店安装按需印刷系统，出版社提供数字内容资源，书店根据读者的需求与出版社合作，配备专业的按需出版系统。这种模式无需物流系统，节约了成本，及时满足了读者的需求。第二，出版社一条龙服务模式。如商务印书馆按需印刷网、知识产权出版社开通的“中国按需出版网”等。作为出版社的网络书店和网络出版的增值服务而存在，专门提供断版书和短版书的按需出版服务和按需印刷服务，不仅集中于本社的业务，而且可以兼营其他按需印刷业务。第三，出版网站的自助出版模式。开设图书的定制服务，帮助作者实行自助出版，如上海世纪出版集团的易文网开设的“我的书定做工场”。第四，出版社和大型按需印刷公司合作模式。这类模式主要适合于短版书、样书和无库存的书，如北大方正的印捷网、印客网，商务印书馆的按需印刷网。第五，出版社与发行商合作模式。出版社将授权的图书数字化存档，跟发行商合作，使图书资源进行共享，促进短版书的按需印刷。

当然，按需出版的新书需要大量的书号，对于小批量、多品种的按需出版来说，显然无法满足需求。另外，按需出版如何保护版权也是一个问题，需要国家有关部门政策的跟进与调整，同时按需出版要提高设备利用效率，降低费用，实现规模经济，促进按需出版的发展。

（原载《编辑之友》2014年第2期）

国际出版集团数字出版的路径与策略

出版业务按照不同出版内容一般分为专业出版、大众出版和教育出版等不同类型，贝塔斯曼、爱思唯尔、培生教育集团等不同类型的国际出版集团拥有内容方面的核心资源，在数字出版领域具有竞争优势，他们通过网络出版、电子书出版和手机出版等不同渠道寻求数字出版的最佳路径。其中，专业出版的数字出版形成了基本稳定的盈利模式和完整的产业链，而大众出版和教育出版的数字出版业务发展相对滞后，仍在探索新的盈利模式和产业形态。

一、国际出版集团数字出版的产业形态

（一）专业出版的数字出版业态

励德·爱思唯尔（Reed Elsevier）、施普林格（Springerlink）、约翰·威利（John Wiley）等都是世界顶级的科技出版集团，在数字出版领域颇为成功。这些专业科技出版集团提供在线期刊、在线电子书、在线参考书、在线工具书等多种格式的数字文档，用户可以按学科、语言、日期和出版物类型等下载内容。同时，他们提供大规模定制业务服务，满足用户个性化需求，为专业人士提供高效率的解决方案。专业出版一般采用会员制业务，在高等院校、科研机构、政府中吸收会员，提供最新的专业信息和科研成果。

励德·爱思唯尔集团由英国的里德国际公司（Reed International PLC）和荷兰的爱思唯尔公司（Elsevier NV）合并组成，分设了出版集团和金融集团两家公司，其中出版集团具有突出核心竞争力，是一家主导科技、法律和商业信息的出版公司，拥有《柳叶刀》《细胞》等2 000多种世界一流的科技、医药期刊，每年出版STM（Science，Technology，Medicine）、法律、商业等专业类书籍2万种，在全球学术期刊出版领域市场份额占25%~30%，排名第一。爱思唯尔依托专业内容资源优势，将200年来出版的400多万篇论文全部电子化，以B2B的模式把科技成果以数据库形式销售给科研与教学单位，其数字出版收入占66%。

施普林格是德国著名STM出版集团，致力于医学、生物、物理、化学等方面图书的出版，主要是医学类和生命科学类。1996年推出全球第一个电子期刊全文数据库Springerlink，2006年升级成为集成功能更大的Springlink2.0，这个数字出版平台共提供2 000多种期刊的509万篇文献，5万种电子图书的约303万篇数字文献，以及3.8万种参考书和3.5万种实验室指南。

约翰·威利是美国的专业科技出版公司，在科学、技术、医学和学术出版方面建立了专业出版在线平台——威利Interscience，该平台有1 500种期刊、1.4万种在线图书，以及成百上千的回溯文档集、参考工具书、数据库和实验室指南。2007年约翰·威利收购了英国最大的学术书刊出版社布莱克·威尔出版公司，这次并购大大增强了学术出版的实力。约翰·威利的Interscience和布莱克·威尔的Synergy整合成一个统一的在线平台，利用这一平台提供大规模定制业务服务，满足用户个性化需求，在线期刊收入在总收入中大约占到70%。

威科集团（Wolters kluwer）与汤姆森路透集团（Thomson Reuters）是旨在提供高质量信息、工具以及解决方案的专业出版公司，帮助专业人士进行高效决策。威科集团是一家全球领先的专业信息服务和出版集团，总部位于荷兰，2013年收入36亿欧元，它为税务、财务、公司、金融、医疗健康、法律和法规等相关领域的专业人士提供产品和服务，威科集团52%的收入来自在线和软件产品。汤姆森路透集团是由加拿大汤姆森与英国路透合并组成的商务和专业智能信息提供商，主要为专业企业、金融机构和消费者提供数字化财经信息服务，还可以为法律、税务、科学、会计、医疗保健和媒体专业人员提供信息及解决方案。

（二）大众出版的数字出版业态

世界上有企鹅兰登书屋出版公司、阿歇特出版集团以及哈珀·柯林斯出版集团等著名的大众出版集团。这些出版集团的数字化转型主要表现为：大众图书的在线访问、网络书评和数字化营销等方面的发展，加强与技术、平台、销售上下游相关产业的合作；移动阅读是关键，着力点在于借助图、文、声、像，提高内容表现力；借力技术进步，提升获取内容的便捷性；充分利用多种阅读平台，做到多元营销；关键词检索的利用、社交网站的合作、数据商的联合成为互动营销的常态化措施。

哈珀·柯林斯出版集团（Harper Collins）是新闻集团的全资子公司，2004年，柯林斯集团启动了创建图书数字仓库的工作，以购入IT企业Newstand的10%股权的方式与其合作，2006年以5.8亿美元的低价收购了世界知名的社交网站My Space，期望为图书的推广和营销提供渠道。哈珀·柯林斯集团从多个方面推进数字出版：加强数字化基础设施建设，将1.2万种图书扫描入库；利用数字图书和资源来开拓新的数字化市场；与谷歌、微软、亚马孙、苹果等网络伙伴合作，增加网站的访问量；推出Bookperk.com网站，为读者提供购买和活动服务。

2012年，贝塔斯曼旗下的兰登书屋与培生集团旗下的企鹅出版集团合并，共同组成新的合资企业——企鹅兰登书屋（Penguin Random House）。企鹅兰登书屋通过数字化图书数据库的建立、网络出版平台的开发以及手机出版业务的启动，迅速开拓了图书的数字出版渠道，促进了在线收入的快速增长。同时，收购数字营销公司Smashing Ideas，将网络作为营销平台和工具的功能发挥到了最优，甚至尝试把电子书拆成单章来卖，实现了图书的增值。另外，企鹅兰登书屋在有声读物、游戏领域乃至影视领域的跨媒体数字出版都有不错业绩。

约翰·威利的旅游图书数字出版也颇具特色，提供“B2B”和“B2C”个性化的创新服务，收入主要来源于广告、订机票和其他旅游产品服务等，满足读者在各个旅游环节的需求，其网上业务增长很快。除了提供品牌图书内容以外，约翰·威利还开设了旅游信息、旅游计划、旅游活动等频道，以及一些著名的旅游博客，包括音频、视频、个性化旅游地图，还增加了以GPS为基础的产品，借助传播旅游内容来吸引酒店、旅行社在它的网站上做广告，收取费用。

日本在手机游戏、动漫领域的数字出版与手机出版发展很快，形成了稳定的产业链。日本最大的动漫出版商讲谈社、小学馆、集英社均已同手机运营商合作，开辟了漫画下载Wap网，讲谈社还与索尼公司共同投资合作成立了一家开发手机漫画的公司。在日本，内容提供商拿走了手机出版的大部分利益，而手机阅读平台开发商、手机图书中盘和手机移动运营商共同分得图书实际销售额的50%左右，形成了合理的数字出版利益分配机制。

（三）教育出版的数字出版业态

世界著名的教育出版集团有英国培生集团、美国麦格劳·希尔公司、牛津大学出版社、剑桥大学出版社和圣智学习出版集团等，这些教育出版集团的数字出版主要是为学生提供在线教学支持、学习平台远程教育、广泛的测试和评估教学用品等，提供优质而且富于个性的内容，以最大限度地增加所提供内容的附加值。

培生集团由培生教育、企鹅集团和金融时报组成，其中培生教育集团是世界领先的教育出版公司，占集团总收入的四分之三，在65个以上国家通过多种语言以印刷品、在线方式提供课程及学习资源。培生教育集团先后收购了学生信息软件公司Chancery与苹果公司的PowerSchool网络教育软件，奠定数字出版的技术基础。培生集团从单纯的销售产品转变为销售产品与服务；从提供课程教案到提供目标服务机构的整体解决方案；从提供形式单一的静态产品转变为提供形式多样的动态化产品。它的基本服务内容包括网上资源库、网上教学区、网上交流平台、网上课程管理工具和在线教师辅导等。它的核心功能是帮助教师解决在教材使用过程中的问题，为学生提供辅助学习信息，为学校提供课程管理工具。

麦格劳·希尔创建了在线教学软件“Connect”，这种软件传递一种不同的学习理念，学生可以不拘泥于课本，随时随地根据自己的需求选择要学习的知识。软件可以在学生的使用过程中了解学生的不足，并为学生提供更加具有针对性的学习规划。学生还可以通过使用软件观看教授讲课，浏览笔记，进行自我测评并立即获得在线反馈，这激发了学生学习的主动性和积极性。

约翰·威利推出威利Plus，将教科书和数字化手段结合起来，将CD和PPT等整合到教学内容中，为学生在线学习提供更好的交互性平台，为教师和学生提供在线解决方案。2012年，约翰·威利收购学习解决方案提供商Inscape Publishing公司，利用他们的内容、资本和关系资源，向职场教学和评测市场迈进。英国麦克米伦教育出版公司以出版英语教科书见长，不断开发电子出版产品，例如，所开发的“网络词典”及CD-ROM将声音、动画、图片等资源集中到一个网站或一张光盘中，利用多媒体增加了对使用者的感官刺激，有效地加强了学习效果。“英语校园”项目整合网络资源，将教师的课堂教学和学生的网络自主学习结合起来，为学习者提供有关词汇、语法、听力和语音等方面的练习。

二、国际出版集团数字出版的盈利模式

国际出版集团通过自建平台或跟谷歌、亚马孙、苹果等合作，发挥数字出版的即时互动、在线检索、个性化定制服务等优势，依靠内容资源与渠道资源，寻求合理的盈利模式，布局数字出版产业。

(一)网络营销模式

电子书的销售是大众图书数字出版主要盈利模式，例如，2013年美国电子书市场主要份额是亚马孙占60%、巴诺书店占25%、苹果占10%。其中，亚马孙电子书采取“批发零售定价模式”，从发行商批发采购图书，后自主定价出售给用户，亚马孙新款Kindle DX电子书阅读器可存储24.5万本书目，超过15万种电子书提供给用户下载，客户可以较低的价格获得更多的内容。亚马孙网站也有自助出版系统，出版社和个人作者或者版权拥有者直接登录该系统将电子图书上传给亚马孙网站，图书即可在Kindle Store销售。另外，亚马孙具有的图书评价、关联图书推介系统以及高效的投递系统服务也受到用户的欢迎。苹果公司与企鹅出版集团等五大出版集团达成“代理模式”协议，出版公司提供内容资源，电子书、报刊由出版商定价，苹果收取30%佣金，同时，苹果公司还为用户提供数字音乐付费下载。

(二)数据库盈利模式

这种模式主要应用于专业期刊、图书和大型品牌工具书的专业出版公司，他们建立各种类型的数据库和在线编纂平台，把各种文本数字化放到网络上，以网络平台经营内容资源而盈利。例如，美国约翰·威利出版公司的在线出版平台Interscience，基于该平台建立了几个大型的专业数据库，包括科学、技术、医学和学术出版等，并按照学科不同将内容结构化，满足细分化的受众需求。另外，爱思唯尔、施普林格等专业出版集团依靠内容资源，以B2B模式把科技成果以数据库形式销售给科研与教学单位。

（三）互动教育出版模式

对于教育出版而言，网络既是传统出版营销的升级工具，也是内容生成互动的平台，这二者呈现交叉融合的态势。例如，约翰·威利图书不仅提供纸质版和在线版的教科书，而且通过CD、PPT和视频等多媒体手段将内容资源整合到电子图书中，创造出一种针对在校学生和教师的互动教育平台。这些电子图书以“教学活动”为形式，以学生学习中的“问题”为连接点，将学生、教师、教科书和作业等有机结合起来[①]。苹果也与三大教科书出版商谈判，推出电子版的教科书，里面有互动图表、音频和视频，将带来教科书市场的重大变革。英国麦克米伦的英语校园采用注册和获得密码的盈利方式，语言教学机构可以直接购买该网络学习平台的使用权。

（四）网络出版模式

以兰登书屋投资的Xlibris.com和巴诺书店控股的iUniverse.com网站为例，这两家出版网站既是出版平台，也是图书销售平台。作为出版平台，他们为出版商、作者和普通商业公司提供个性化的服务。出版商服务是帮助出版社管理网上出版发行的整个过程，从挖掘出版资源开始，一直到发行之后版税的统计和追踪，为出版社提供数字化的出版发行服务；作者服务为个人提供自费出版机会，根据提供费用的多少而实行分级服务，有基础服务、专业服务和个性化服务等；商业服务即为普通的商业公司提供形象设计，编辑出版一些内部的文件和手册等。作为销售平台，他们在网站上销售自己出版的POD图书或者e-book，并与其他大型出版机构和图书销售商合作，在网上销售其他图书。

（五）按需印刷模式

按需印刷就是利用数字化信息远距离传输技术和高密度储存技术，将图书通过数码印刷技术设备在特定时空内高速印刷并装订出来，数字化贯穿整个出版流程。美国按需印刷公司有发行商英格拉姆所属的闪电之源公司以及贝塔斯曼集团所属的Offset公司等，其服务对象是出版商和发行商。按需印刷可以实现图书先定购，后制作，出版社可以利用这种技术保持旧版书的再版和短缺的新书迅速补充库存。闪电之源公司为全球2.4万家出版社印刷了1.2亿本图书，拥有760万种书的电子文本数据库。另外，一些实体书店也开始安装Espresso印刷机开展按需印刷业务。

① 陈净卉，肖叶飞：《美国数字出版的产业形态与商业模式》，《编辑之友》2012年第11期。

(六)有偿广告模式

谷歌核心优势在于拥有全球一流的搜索技术，凭借技术优势聚集了大量内容资源，靠免费的内容带来流量，从而吸引广告获得利润。例如Google搜索的图书主要来自图书馆和出版社，全世界参与谷歌图书搜索项目的出版社有1万多家，谷歌可以通过客户搜索的关键词了解客户的需求，搜索结果的右边出现最适合客户的匹配性广告，做到广告精准投放。谷歌图书搜索最多只能看到书的20%的内容，读者不能打印、下载或者粘贴书中的页面，这有助于纸质版的销售。谷歌对内容提供商实行三原则，即内容提供由出版商自主选择、尊重版权以及利益共享。谷歌在与出版商的合作中，只提取10%的分成，90%的收入归出版商，这使其在与苹果公司争夺内容资源方面具备了一定的优势。

三、国际出版集团数字出版的策略分析

国际出版集团采取积极策略，依托内容资源，与电子商务网站以及网络信息服务商合作，或主动参与数字出版技术的研发与应用，迎接数字化的挑战。

(一)加强数字出版基础设施的建设

面对数字化和网络化的机遇，国际出版集团把所出版的图书和期刊转化为PDF格式，以完成数字化图书仓库的创建，建立各种类型的数据库、在线编辑平台、在线教育平台以及各种数字产品和工具。例如，爱思唯尔集团不惜重金打造全球领先的数字出版平台，将纸质刊物转化为电子资源，同时进行产品更新以及新功能的研发，集中发展增长更快的网络订阅和信息服务业务，加快向数字出版商的转型。爱思唯尔向中国市场提供的科技与医学全文数据库产品，涵盖了24种学科中的2 200多种期刊，数据库中收录了1 000多万篇全文文献，通过网络检索可以很便捷地寻找到顶级和前沿的学术信息。培生集团在教育类书籍出版方面，通过世界领先的技术中心、数字实验室的在线平台研究开发教育类读物。2012年，法国阿歇特集团成功推出了数字评估发行系统（Digital Assess Distribution），基于该评估系统平台，出版社得以在没有语言障碍和国界的条件下向全球销售作者的图书。阿歇特跟谷歌合作，将已经绝版但仍有商业价值的图书数字化，编辑成电子图书，建立与作者的合作关系，说服作者允许出版社发行其图书的电子版[①]。

①吴锋，陈雯琪：《法国阿歇特出版集团最新动态及经营模式》，《出版发行研究》，2014年第2期。

(二)营销理念从“以产品为中心”到“以客户为中心”，满足消费者的多样化需求

例如，Wiley Interscience注册用户可享受订购电子资源、保存论文标题、保存论文、保存搜索记录、追踪我的文章、账户信息及客户支持等服务，此外，Wiley还通过电子邮件向注册用户免费提供新刊物的简介信息。在文章尚未印刷出版之前，Wiley先提供给读者在线阅览，这些文章是完整和可被引用的，这也是Wiley独有的服务。Wiley将其拥有的期刊、图书、工具书、数据库、实验室指南等出版资源，聚合为威利在线图书馆，从而通过互联网向用户提供产品和服务。爱思唯尔实现了从传统的出版商到信息解决商的转型，专注于知识的搜索与发现以及科研绩效的评估与规划，在全球的平台上，利用大数据和高质量内容，帮助科学家做出新的发现，律师赢得官司，医生挽救生命，保险公司评估风险，政府和金融机构检测到欺诈行为。2013年，爱思唯尔的收入中，订阅费占52%，业务交易费占44%，而广告收入仅占4%。

(三)通过并购重组等资本运作，完善数字出版产业链，提高核心竞争力

兼并重组是企业扩大经营规模和经营领域的重要措施，有利于企业之间强强联合，聚集优质资源，优化资源配置，提高竞争力。例如，爱思唯尔奉行高盈利、高科技策略，通过并购与出售等一系列资本运作进行结构性调整，增强专业出版的核心竞争力，卖掉期刊类、大众类、教育类图书出版公司，并买进STM类、法律类、商务类的出版公司，大力投资数字出版。爱思唯尔2002年收购了以出版医学教材为主要业务的汉力·贝尔富斯出版公司；2007年将哈考特教育集团出售给教育出版商霍顿·米弗林公司和培生集团；2008年以41亿美元收购了Choice Point公司，创建一个风险分析业务部门，监测与评估其全球范围内的业务与投资风险；2011年收购Accuity Holdings Inc（该公司是美国一家为金融服务行业提供在线数据的网站），而同时卖掉和停办了《贸易展览》《宾馆》等几十家商业杂志。又如，2012年，培生集团以6.5亿美元的价格并购了美国最大的网络教育服务商Embanet Compass公司等，完善数字教育产业链。

(四)实现内容与技术的融合，在资本层面、业务层面、市场层面加强与技术提供商的合作

企鹅出版与手机运营商合作，使得企鹅的文学作品能够以更加多样的形式展现给读者，从而争取更多的潜在受众。施普林格公司与苹果和谷歌合作进行

面向个人的电子书销售，扩大电子书消费群体。施普林格充分利用高科技对出版业进行革新，推出了为 iPhone 和 iPod Touch 专门设计的移动应用软件——Springer Link App，用户只需通过 iTunes App Store 就能免费下载安装，从而检索平台上丰富的学术期刊以及各种书籍信息，用户还可以通过 Springer Link App 访问开放获取期刊全文，预览图书和期刊封面。

（原载《出版发行研究》2017 年第 1 期，作者李娟和肖叶飞）

第七编

版权贸易

DI QI BIAN

BANQUAN MAOYI

媒体转型要改变单一的依靠广告盈利的模式，而传媒版权贸易是媒体创收的另一条重要渠道，是产业转型升级与参与国际竞争的重要途径，是促进产业发展、实现产业创新以及“走出去”目标的重要措施。“版权贸易”四篇文章阐述了媒介融合时代的版权贸易与版权保护的现状、问题与发展策略，分析了美国电视网模式下电视节目的版权贸易的现状与机制。

版权贸易就是通过作品的版权许可或转让而获利的贸易行为，是一种无形财产贸易，也是版权资源开发的重要手段。版权贸易不仅可以促进知识经济的发展，给权利人带来丰厚的经济收益，创造文化财富，而且可以促进精神文明建设，弘扬民族文化，加快文化交流与传播。

我国的版权贸易逆差明显，要改变这种现状，需要创新贸易模式，改变单一的盈利方式；建立和完善数字版权开发、贸易和监控平台；提高版权贸易的公共服务水平，建立版权代理中介机构；促进授权要约和版权印的增长；减少谈判成本和版权贸易的供需失衡问题。同时，要加强版权保护，进一步完善版权保护法律制度；建立版权行业协会组织，代表权利人的集体权利许可和权利保护；通过数字加密技术保护版权；加强我国版权保护的宣传力度和侵权行为的执法力度。

文化强国背景下的版权贸易与“走出去”战略

在经济全球化的背景下，版权贸易日益成为国际贸易的重要组成部分，也成为民族凝聚力、创造力以及综合竞争力的重要表现。特别是随着世界经济从工业经济时代向知识经济时代转型，世界对文化产品和文化服务的消费需求不断增加，国际间的竞争逐渐从经济领域向文化和科技领域转变，因此，版权贸易成为国家软实力的象征。中国是世界贸易大国，也理应成为版权贸易大国，通过版权贸易提升文化软实力，增强国际话语权，实现文化强国梦想。

一、文化强国背景下的版权贸易

版权贸易就是通过作品的版权许可或转让而获利的贸易行为，是一种无形财产贸易，也是版权资源开发的重要手段。版权贸易不仅可以促进知识经济的发展，给权利人带来丰厚的经济收益，创造文化财富，而且可以促进精神文明建设，弘扬民族文化，是进行文化交流和传播的重要手段。

（一）版权贸易是国家软实力的表现

软实力是一个国家的文化与意识形态吸引力所体现出来的力量，包括意识形态的吸引力、价值观的感召力和文化的感染力。软实力与经济、科技、军事等硬实力相对应，是综合国力竞争的重要因素，是民族凝聚力和创造力的重要源泉，是民族复兴的重要支撑。在全球化时代，软实力变得越来越重要，影响力要比硬实力久远。特别是随着中国经济的持续稳定发展，需要建立与我国国际地位相对称的文化软实力，提高中华文化国际影响力，培养高度的文化自觉和文化自信，传播当代中国价值观念，弘扬中华文化，建设社会主义文化强国。

我国实施国家文化软实力的战略，需要提高文化产业的国际竞争力，不仅要促进传统文化与民族文化的继承与发展，而且要加强对当代中国政治、经济、文化等方面的内容开发，创作符合海外受众阅读需求和欣赏习惯的好作品，以人们喜闻乐见的方式讲好中国故事，传播好中国声音。

(二)版权贸易是国家硬实力的表现

以出版、影视、动漫和软件等版权资源为核心的版权产业在一个国家的经济中占有很大的比重，对经济结构、产业结构调整具有巨大的推动作用，对促进国际贸易与经济发展具有重要意义。据美国出版商协会的数据统计，美国核心版权产业2012年的产值是1万亿美元，占美国GDP的6.5%。2012年，美国总版权产业（包括交叉版权产业、边缘版权产业）的产值达到1.7万亿美元，占美国经济总量的11.25%。2012年，美国版权贸易的出口额达到1 420亿美元，远远超过航空（1 060亿美元）、农业（701亿美元）、食品（647亿美元）的出口额成为出口第一，核心版权产业聘用了540万工人，占美国就业工人的4%。从2009年到2012年，美国核心版权产业的增长率为4.7%，而同期美国经济的增长率是2.1%。

中国版权相关产业产值已占国内生产总值的近7%，北京、上海等经济发达地区甚至接近欧美国家的平均10%的水平，版权相关产业促进经济发展和文化繁荣的作用日益突出。据世界知识产权组织的统计，2009年中国核心版权产业附加值占GDP的3.5%，达到1.192万亿人民币，而版权相关产业的附加值占GDP的6.55%，明显超过世界平均水平5.6%，对中国就业的贡献占6.8%，占总就业人口的4%。说明中国版权相关产业在国民经济中起到举足轻重的作用。

(三)我国版权贸易一直处于逆差状态

由于传媒产业实力不强、国际市场经验缺乏、文化与价值观冲突等原因，我国版权贸易一直处于逆差状态，与贸易大国地位不相称，但是近年来版权贸易逆差进一步缩小。中国新闻出版研究院统计数据显示：2014年，全国共输出版权10 293种（其中输出出版物版权8 733种），降低1.0%（其中输出出版物版权增长3.4%）；引进版权16 695种（其中引进出版物版权16 321种），较2013年降低8.1%（其中引进出版物版权降低7.3%）；版权输出品种与引进品种比例由2013年的1∶1.7提高至1∶1.6。2014年，全国累计出口图书、报纸、期刊、音像制品、电子出版物、数字出版物数量2 147.5万册（份、盒、张），降低10.1%；金额10 044.9万美元，降低4.0%。全国累计进口图书、报纸、期刊、音像制品、电子出版物、数字出版物数量2 552.3万册（份、盒、张），较2013年增长6.8%；金额49 381.7万美元，增长2.7%。进出口总额59 426.6万美元。2013年我国进出口贸易总额达到4.16万亿美元，超过美国成为世界第一贸易大国，但我国版权贸易在进出口贸易中比例很小。

二、版权资源开发与版权贸易发展

我国从版权资源大国成为版权贸易强国，必须从数字化、网络化、多元化角度立体开发版权资源，促进版权贸易。从来源渠道来看，包括作者、出版社、版权代理人以及著作权、集体组织授权等各种渠道；从资源利用的角度来分类，包括复制权与发行权等核心版权权利，翻译权、汇编（或缩编）权、重印权、版式设计权和连载权等辅助权利，以及其他衍生产品的附属权，包括电子版权、多媒体版权与网络传播权、改编及影视摄制权等；在传播渠道上，通过不同载体出版和营销，提升内容附加值，延伸版权产业链①。

(一)促进版权贸易产品多样性与结构多元化

我国版权贸易结构呈明显失衡状态，表现为：版权引进主要是英语为主的欧美地区，以及日本、韩国和中国台湾地区，版权输出以中国台湾地区与美国为主；除图书和电视版权输入与输出相差较小以外，电影、软件、录像与录音制品以及电子出版物输入与输出相差很大；版权输出的内容和题材仍显单一，这与我国版权引进的题材丰富化、畅销化形成了对比。

2014年，全国共输出版权10 293种，其中图书8 088种，录音制品139种，录像制品73种，电子出版物433种。版权输出地情况如下：美国1 216种，英国507种，德国408种，法国371种，俄罗斯226种，加拿大129种，新加坡416种，日本388种，韩国642种，中国香港地区437种，中国澳门地区107种，中

① 邓志龙，黄孝章：《数字时代我国出版业版权资源开发利用状况思考》，《大学出版》2009年第2期。

国台湾地区2 412种，其他地区3 034种。2014年，全国共引进版权16 695种，其中图书15 542种，录音制品208种，录像制品451种，电子出版物120种。版权引进地情况如下：美国5 451种，英国2 842种，德国841种，法国779种，俄罗斯98种，加拿大165种，新加坡213种，日本1 783种，韩国1 216种，中国香港地区229种，中国澳门地区8种，中国台湾地区1 270种，其他地区1 800种。

（二）改变单一的版权贸易模式与盈利方式

版权贸易要通过实施外向型产品线建设和选题论证制度，向选题策划工作端前移，寻找国外知名学者、作者，主动策划热点选题。例如，中国人民大学出版社发挥其严肃专业的学术出版优势，在选题阶段就与国外合作伙伴进行探讨，了解国外读者的需求，向国外输出了一批介绍当代中国政治、经济、人文、科技状况的图书，受到广泛欢迎。另外，积极探索合作出版或联合出版，国内外出版机构共同确定作品的选题，共享作品版权，共同或按约定分工合作进行有关图书的编辑、出版和发行，共担风险，共享利润，如上海世纪出版股份公司与美国汤姆森学习出版集团联合在海外出版的上海系列丛书。

改变传统出版的单一盈利方式，通过互联网、电子阅读器和手机等多媒体出版，形成一种文本、多方授权、多方受益的全媒体版权贸易的盈利模式。例如，盛大文学经营网络的原创内容，每年向港台地区输出100余部作品，挖掘网络文学中的商业价值。京东图书建立中文电子书海外版权推广平台，寻求与亚马孙等成熟的电子书销售平台合作，其中文学类图书销量位居榜首，占图书总销量的24.4%。

（三）发挥集体管理组织、行业协会和版权中介机构的市场主体作用，促进版权贸易的发展

尤其要发挥版权代理制度的作用，权利人将自己的部分或者全部著作权委托给代理人，由使用者与这些代理机构签订授权合同，获得授权。代理人是作者和使用者之间的桥梁，掌握着足够多的作者、作品和版权资源，具有更加专业的知识和市场洞察力。代理人在代理版权纠纷、代理收取转让使用费、代理版权贸易洽谈、代理转让或许可使用合同以及提供法律服务等方面都具有专业的优势。例如长江文艺出版社出版的《狼图腾》就把英文版权出售给英国企鹅出版集团，委托企鹅集团代理全球25种语言的版权，并获取了10万美元的版

税预付金。另外，促进授权要约的增长。授权要约是合同的一种形式，要约方在要约中列出合同的核心内容，如果受要约方接受合同条件，双方即可达成合同关系，减少交易成本，巧妙利用要约自愿达成授权关系的要求，建立起作者和使用者之间的版权交易的桥梁。

三、版权产业“走出去”战略

近年来，我国通过建立版权基地、项目资助、交易会营销、构建版权贸易公共服务平台等机制实现版权产业“走出去”战略。

（一）发挥版权示范城市、示范单位和示范园区（基地）的主导作用

我国鼓励各级政府加大对版权创造和运用的投入，通过在财政、金融、税收、进出口等方面有关优惠政策，推出全国版权示范城市、国家版权贸易基地、国家科研教学基地、国家版权相关产业基地等，树立全国版权示范典型，充分发挥各版权示范主体的自主创新和市场竞争能力，提高版权产业规模化、集约化、专业化水平，加快内容和技术的融合，提升产业基地、产业园区、产业带的聚集能力和开发能力①。例如，国家版权局近年来陆续将青岛市创意100产业园、南京市徐庄软件产业基地、上海张江高科技园区等授予全国版权示范园区（基地）称号，发挥版权基地的集群效应。

（二）通过交易会、年会、博览会和各种展会，搭建展示、交流和贸易平台

例如，法兰克福书展、东京书展、美国书展、中国数字出版博览会、中国国际图书博览会、全国图书交易博览会、中国国际版权博览会、中国国际广播影视博览会、中国（南京）国际软件博览会，以及中国国际漫画节、中国国际纪录片节、中国数字出版年会等提供了各种版权交易大平台，促进版权贸易。例如，第20届北京国际图书博览会上，中外出版商达成版权贸易协议3 667项，其中我国各类版权输出与合作出版协议2 091项，同比增长12%。2012年的伦敦书展，中国代表团输出版权1 859项，加强了对外版权综合交易和版权资本运作。

（三）通过拓宽营销渠道、实施项目资助等带动版权贸易

首先，中国出版物国际营销渠道拓展工程实施两年多来，一批优秀中国图

① 柳斌杰：《增强三个自信 建设文化强国》，《中国出版》2013年第1期。

书进入全球3 100多家实体书店等主流销售网络，数十万册中文图书在全球100多家华文书店销售，亚马孙“中国书店”上线中国图书达到22万种。其次，从2006年开始，国家就实施了中国图书对外推广计划，以鼓励图书出版机构翻译出版中国图书。例如，经典中国国际出版工程实施5年来，共有571个项目、2 100种外向型图书获得了资助，累计资助金额超过1.15亿元。再次，重点新闻出版企业海外发展扶持工程取得很大进展，2012年13个重点企业获得了“走出去”项目。中外经典互译出版项目已经启动了与俄罗斯、印度、沙特阿拉伯等国家的合作。同时，发挥作家、翻译家、汉学家以及输出国使领馆、孔子学院的作用，扩大中华文化的影响力。

(四)提高版权贸易的公共服务水平

首先，要为著作者、出版社、代理商和公众提供一个互动交流的版权贸易平台，使访问者了解对方的授权产品、方式、价格和联系方式，使版权交易更加规范化和方便化。例如，天津数字版权交易为客户和版权所有者搭建交易平台，推出更符合市场规律的版权运营、交易、计算和分成模式。这种交易机制方便权利人决定他们转让或许可版权作品的权利类型，也可以让用户快速确认权利人，从而取得可能的许可或投资交易。最后，政府要提高版权交易公共服务水平，建立版权交易机制。诸如数字化版权许可合同、著作权信息的查询系统、版权交易管理模型、版权价值评估、版权质押以及版权投融资制度建设等，不断完善版权运营的市场机制。再次，我国批准成立了中国文字著作权协会、中国音像著作权集体管理协会、中国摄影著作权协会和中国电影著作权协会等集体管理组织，形成了文字、音乐、音像、电影和摄影等比较完备的著作权集体管理体系，这些完善了版权开发、贸易和监控平台。

(五)打造跨国新闻出版集团

我国新闻出版企业在境外投资或设立分支机构459家，但是缺乏真正跨国新闻出版集团。版权贸易企业要通过并购与重组等资本运作成为跨国企业，实现“走出去”的目标。同时，加大外文网站建设，设置版权贸易和国际合作等专栏，利用互联网等新媒体开展市场营销。例如，中国出版集团着力打造现代化、大型化、国际化的著名出版集团，通过加强外向型产品线建设、国际营销渠道建设等“五项建设”，进一步提高版权输出和产品出口比例。在2012年“中国图书对外推广计划”中，中国出版集团公司以573种版权输出数量（不含中国港澳台地区），名列全国出版集团第一名。2012年，中国出版集团输出欧美国家的版权423种，占输出总量的74%，增强了中华文化在国际主流市场的传播力。中国出版集团在伦敦书展上举办《于丹论语心得》版权成果展示会，该书已出版28个语种、34个版本，海外销售36万册。

（六）健全版权贸易的运营机制

通过“版权印”实现多平台上交易达成和多平台间交易协作，使得版权随时随处可查询、可交易。版权印是一个大的版权交易机制，包括3个层次：第一层是版权印；第二层是版权交易电子化公共服务体系；第三层是版权银行和全国版权交易所。版权印是基于“作品与版权不再分离”的理念，构建一套结构化描述作品版权信息和授权规则的机器可识读的版权标识。权利人只要向“版权印”平台上传作品，并自行选择授权范围、期限、价格，便自动生成一个含有版权授权信息的链接，也就是给作品盖上了“版权印”。用户点击作品的“版权印”，按选择的授权条件支付费用，会自动生成授权书，迅速获得授权使用。同时，基于版权集约化运营理念建立版权银行，通过广泛吸纳专业机构和社会化版权资源，形成规模化、规范化托管运营机制，实现动态、智能、端到端的供应链体系，形成可持续的版权产业上下游供需生态。我国需要在文学、纪录片、艺术、影像、网络视频等9大领域建设版权银行，建立各类版权托管运营平台，构成专业版权银行集群，促进版权贸易的发展。

（原载《新闻研究导刊》2014年第5期）

数字时代的版权贸易与版权保护

随着工业经济向知识经济发展，以出版、影视、动漫和软件等版权资源为核心的版权产业在一个国家的经济中占有很大的比重，版权产业的发展促进了经济的发展，对于出口和就业都有很大的贡献。美国是世界上版权产业大国，也是版权贸易大国，版权产业不仅在产业经济等硬实力方面作用明显，而且在文化传播、意识形态等软实力方面发挥着重要作用。中国是版权产业大国，但是版权贸易处于逆差状态，没有形成相应的核心竞争力和文化影响力，亟须完善版权贸易机制，提升文化软实力，提高国际话语权，实现“走出去”的目标。

一、数字时代的版权产业与版权贸易

从技术层面看，版权产业经历了印刷技术、广播电视技术和数字技术的发展，其中，数字技术是通信技术、微电子技术和计算机技术的总称，历经了三个发展阶段。20世纪70年代中期，个人计算机发展起来，进入数字技术的第一阶段。20世纪80年代中期，数字技术进入多媒体技术和数据库技术快速发展的第二阶段。20世纪90年代以后，数字技术以多媒体技术与计算机网络技术相结合为特点，开始进入第三阶段。数字技术时代的版权产业进入发展快车道，其特征表现为：内容生产数字化，以二进制的方式传递；管理过程的数字化；产品形态的数字化，通过互联网和数字光盘进行传播；传播渠道的网络化[①]。

数字技术使版权产业发展呈现出快捷化、多元化、全球化的特点，从资源利用的角度来看，数字时代的版权包括复制权与发行权等核心权利，翻译权、汇编（或缩编）权、重印权、版式设计权和连载权等辅助权利，以及其他的衍生产品的附属权，例如电子版权、多媒体版权与网络传播权、改编及影视摄制权等[②]。从传播渠道看，数字技术使版权产品可以通过不同载体出版和营销，提升内容附加值，延伸产业链；从授权渠道看，包括作者、出版社、版权代理人以及著作权集体组织授权等各种渠道；从版权资源开发方式看，数字技术推动版权资源的立体开发，从单一的出版物售卖到版权转让、影视改编权、网络出版权以及国际出版权等多层次的开发，实现版权价值的最大化。

(一)数字技术促进了版权产业的快速发展

随着技术的进步，创作版权产品手法增加了，使用方式改变了，作者群扩大了。例如，数字技术使得作品创作更加方便，任何作品都可以数字化；创作版权产品的主体增多了；版权产品复制和传播更为方便，也使盗版侵权更为容易；在数字状态下不同艺术风格的文本、图形、声音和图像可以任意组合、增删、移位和重新排列。数字技术给作品的创作、传播、管理、使用和保护等产生了深远影响，同时也促进了版权产业的发展。

版权产业反映了一个国家的创新能力、经济硬实力和文化软实力，对一个国家的经济贡献越来越大，甚至成为支柱性产业。美国把“全部版权产业”分为四大部分：核心版权产业、部分版权产业、边缘版权产业和有关版权产业。其中，核心版权产业是指那些主要目的是为了创造、生产、发行或展示版权产品的产业，包括报纸、图书、期刊、电影、唱片（录音带）、音乐出版、广播电视播放以及计算机软件（包括商业性软件和娱乐软件）等。部分版权产业（the Partial Copyright）是指生产的产品的一部分可以申请版权，这些产品包括织物、珠宝、家具、玩具和游戏等；边缘版权产业（Non-Dedicated Support Copyright）就是分发或运输版权产品的部门，例如，交通服务业、电信业和批发零售业等；相关版权产业（Interdependent Copyright）是指生

① 康建辉，赵萌：《我国数字出版产业发展中的版权保护问题研究》，《情报理论与实践》2012年第1期。

② 邓志龙，黄孝章：《数字时代我国出版业版权资源开发利用状况思考》，《大学出版》2009年第2期。

产、制造、销售的设备和器材是为了方便版权的创造、生产和使用，包括电视机、个人电脑、录音材料、各种类型纸张以及其他版权相关设备的生产、零售和批发等。

美国的版权产业富有创造力与活力，版权产业的经济增长速度明显高于美国经济的增长速度。据美国出版商协会的数据统计，美国核心版权产业2012年的产值超过1万亿美元，占美国GDP的6.5%。美国版权产业2012年增长4.7%，超过美国经济增长的2倍。2007—2010年，美国核心版权产业的增长速度明显高于同期的美国经济的增长水平。美国核心版权产业实际年复合增长率为1.1%，全部版权产业的年复合增长率为1.47%，而同期美国经济的年复合增长率仅为0.05%，其中2007—2008年以及2009—2010年美国核心版权产业的增长率都超过了3%，但是2008—2009年由于受到经济危机的影响，核心版权产业的增加值下降了3%。2009—2012年美国核心版权产业增长4.7%，全部版权产业经济增长为4.99%，而同期美国经济的增长率为2.1%。

表1　2007—2010年美国版权产业增值①

产值＼年度	2007年	2008年	2009年	2010年
核心版权产业（亿美元）	9 043	9 139	9 010	9 318
全部版权产业（亿美元）	15 836	15 930	15 627	16 269
美国GDP（亿美元）	140 618	143 691	141 190	146 604
核心版权产业占GDP比重	6.43%	6.36%	6.38%	6.36%
全部版权产业占GDP比重	11.26%	11.09%	11.07%	11.10%

据世界知识产权组织的统计，2010年中国核心版权产业附加值占GDP的3.52%，达到1.414万亿人民币，而版权相关产业的附加值占GDP的6.5%，明显超过世界平均水平5.6%。五年来，我国核心版权产业以及相关版权产业发展迅速，国家版权局网站最新数据显示，2013年我国版权相关产业对GDP贡献达6.57%。但是，我国版权产业与美国等最为发达的国家相比，仍有较大的差距，以2010年为例，美国的核心版权产业的增加值为中国的4倍多。

① 美国版权产业2010年前的数据均来自报告：*Copyright Industries in the U.S. Economy*：The 2011 Report，IIPA。

表2　2006—2010年中国版权产业增值[1]

产值＼年度	2006年	2007年	2008年	2009年	2010年
核心版权产业（亿元）	6 471	8 879	10 240	11 928	14 141
全部版权产业（亿元）	13 489	16 790	19 568	22 298	26 370
中国GDP（亿元）	216 314	265 810	314 045	340 902	401 512
核心版权产业占GDP比重	3.06%	3.45%	3.41%	3.50%	3.52%
全部版权产业占GDP比重	6.39%	6.54%	6.51%	6.55%	6.57%

作为第三产业，版权产业对于解决就业做出很大的贡献。我国版权产业在当年就业人数中的比重不断提高，对中国新增就业起了很大的促进作用。版权相关产业占就业人口的比重从2006年的6.52%增加到2010年的7.89%，版权产业成为就业生力军。2010年中国核心版权产业解决就业535万，占总就业人口的4.1%。以美国为例，2010年全部版权产业就业人数为1 063万人，占当年美国就业人数的8.2%，其中核心版权产业人数降为509万人，占全部版权产业就业人数的48%，占当年美国就业人口总数的3.9%。2012年美国核心版权产业就业人数超过540万人，占美国就业人口的4%，核心版权产业的年均收入为8.56万美元，远高于美国年均6.46万美元的收入。同年，全部版权产业就业人数超过1 110万人，占美国所有就业人口的8.35%，全部版权产业工人的人均工资为7.59万美元，比美国人均工资高出18%[2]。

（二）数字技术促进了版权贸易的发展

版权贸易就是通过作品的版权许可或转让行为而获利的贸易行为，是一种无形财产贸易，也是版权资源开发的重要渠道。版权贸易可以实现版权的商业化与产业化，增加版权产品的附加值，不仅给版权权利人带来丰厚的经济利益，通过外贸拉动经济增长，也给国家的经济发展和文化传播做出很大贡献，增强软实力。

在数字时代，随着世界贸易的发展，贸易结构开始从以商品为主的有形贸易向以知识产权为主的无形贸易转变。各国都积极开发版权资源，创新版权贸易模式，促进版权贸易发展。例如，2012年，在美国的版权产业中，仅电影

① 中国版权产业的数据均来自国家版权局、国家统计局以及2007—2009年中国版权相关产业经济贡献调研报告。

② Infographic: *How US Copyright Industries Lead the Economy in Value Added to GDP*, Economic Growth, Good Jobs, Foreign Sales And Exports,http://publishers.org/press/ 119 /.

业、音像业、软件业和出版业（报纸、书籍和期刊）四个核心版权产业部门的外销和出口额达到1 420亿美元，远远超过航空（1 060亿美元）、农业（701亿美元）、食品（647亿美元）、药品（509亿美元）的出口额成为出口第一。2007年核心版权产业出口约为1 280亿美元，到2010年升至1 340亿美元，版权产业的外销市场明显超过包括航空、汽车、农产品、食品和药品在内的其他行业，在美国的出口增长方面发挥着越来越重要的作用。

我国版权产业的商品出口额、服务贸易出口额占当年海关商品与服务出口的比重都比较低，2006—2010年核心版权产业的出口总额（包括商品与服务贸易）均不到当年全国对外贸易出口总额的1%，如表3所示。其中，2010年核心版权产业商品出口额为41.90亿美元，占全国出口总额的0.27%，同期美国的核心版权产业的出口额为中国的12.9倍。2010年我国核心版权产业服务贸易出口额为62.33亿美元，占全国服务贸易出口总额的3.84%。2010年我国版权相关产业的出口额达到2 663亿美元，占当年海关商品出口总额的16.88%①。这些数据说明我国版权产业“走出去”任重道远。

表3　2006—2010年中国核心版权产业出口总额

年度 / 出口额	2006年	2007年	2008年	2009年	2010年
核心版权产业出口额(亿美元)	50.96	70.55	91.35	87.50	104
全部版权产业出口额(亿美元)	10 609	13 399	15 778	13 311	17 399
核心版权产业占出口额比重	0.48%	0.53%	0.57%	0.66%	0.59%

(三)我国版权贸易逆差明显,呈现结构失衡状态

我国版权贸易方面逆差状况近年来有所改善。2012年版权引进品种与输出品种比例由2011年的2.1∶1降至1.9∶1；全国共输出版权9 365种（其中出版物版权7 831种），较2011年增加1 582种，增长20.3%。2012年，全国共引进版权17 589种（出版物版权17 193种），其中图书16 115种，录音制品475种，录像制品503种，电子出版物100种。版权引进前五位国家美国、英国、日本、韩国、德国分别是5 606、2 739、2 079、1 232、941种，占总数的72%，中国港澳台地区分别是590、5、1 558种，其他国家地区1 501种②。

据中国新闻出版产业分析报告统计，2012年全国累计出口图书、报纸、期

① 赵双阁，李剑欣：《中美版权产业比较研究》，《河北经贸大学学报》2004年第1期。

② 根据国家版权局网站历年的版权贸易资料统计。

刊、音像制品、电子出版物和数字出版物2 087.9万册（份、盒、张），较2011年增加530.4万册（份、盒、张），增长34%；金额为9 474万美元，增加2 078万美元，增长28%。2012年，全国共输出版权9 365种（出版物版权7831种），其中图书7 568种，录音制品97种，录像制品51种，电子出版物115种[①]。版权输出前五位国家美国、英国、日本、德国、韩国分别是1 259、606、405、354、310种，占总数的31%，中国港澳台地区分别是511、1、1 796种，其他地区3 475种。另外，2012年我国数字出版产品境外收益率不断提高，期刊数据库的海外付费下载收入超过千万美元，海外机构用户数量超过1 000家，分布在42个国家和地区，电子书海外销售收入近500万美元，网络游戏出口额达到5.7亿美元。

表4　2007—2011年我国版权贸易分类表(单位:种)[②]

项目	图书	电子出版物	录音制品	录像制品	软件	电影	电视	其他	合计
2011年输出	5 922	125	130	20	5	2	1 559	20	7 783
2011年引进	14 708	185	278	421	273	37	734	3	16 639
2010年输出	3 880	187	36	8	0	0	1 561	19	5 691
2010年引进	13 724	49	439	356	304	284	1 446	0	16 602
2009年输出	3 103	34	77	0	0	0	988	3	4 205
2009年引进	12 914	86	262	124	249	0	155	3	13 793
2008年输出	2 440	1	8	3	3	0	0	0	2 455
2008年引进	15 776	117	251	153	362	0	2	308	16 969
2007年输出	2 571	1	0	19	0	0	0	2	2 593
2007年引进	10 255	130	270	106	337	1	0	2	11 101

版权贸易逆差是文化产业不强的反映，需要加强文化资源的开发与利用。我国文化产业的发展面临着规模不大、实力不强、活力不足的问题，与欧美和日、韩等国家的文化产业发展相比，差距在于文化资源是否被有效利用和发扬光大，从“文化制造”到“文化创造”需要加快我国文化产业的品牌化发展，提升“文化软实力”[③]。

面对版权贸易逆差现象，需要加强版权资源开发。版权资源指能为社会创

① 国家新闻出版广电总局：《2012年新闻出版产业分析报告》，《中国出版》2013年第15期。

② 根据国家版权局网站历年的版权贸易资料统计。

③ 顾江：《文化产业研究》（第5辑），南京大学出版社2012年版，第1页。

造财富的各种版权与邻接权的总和，蕴藏着巨大的商业利益和市场需求。版权资源开发不仅对于著作权人来说创造版权财产权和版权人身权，而且激发公众的原创热情和动力。随着互联网、手机和阅读器等新兴媒体的出现，要加强版权资源的数字化经营，建立“一种内容，多渠道出版”的全媒体开发模式。例如，2012年，我国数字出版收入占全行业营业收入的11.6%，数字出版实现营业收入达到1 936亿元，比2011年增加558亿元，增长40.5%，超过传统出版营业收入。以网络动漫和在线音乐为代表的新型数字内容服务营业收入增速高达291%，数字报纸、电子书、数字期刊的营业收入增长52.6%，超过数字出版整体增长速度。通过对图书、音视频、应用软件、游戏等资源数字化开发和版权贸易，使中国优秀的文化产品“走出去”，促进文化生产和文化传播。

二、数字时代版权贸易的发展策略

在数字时代，不仅要开发数字版权资源，而且要在产品、渠道、模式等方面适应数字化需求，促进版权贸易。

(一)版权贸易要创新贸易模式

传统的版权贸易模式很难适应竞争激烈的信息社会，版权贸易要通过实施外向型产品线建设和选题论证制度，向选题策划工作端前移。积极探索合作出版或联合出版，国内外出版机构共同确定作品的选题，共享作品版权，共同或按约定分工合作进行有关图书的编辑、出版和发行，共担风险，共享利润。例如上海世纪出版股份公司与美国汤姆森学习出版集团联合在海外出版了上海系列丛书。

数字时代的版权贸易的主体从内容提供商向技术提供商和网络运营商扩展。例如，亚马孙等一些IT企业绕过传统的出版社，建立起出版代理模式，直接在作者和读者之间搭桥，另外，九九图书公司、超星图书馆等绕开出版社，直接与图书作者签约获取图书内容的信息网络传播权，现已经签约了一大批国内外负有盛名的实力派作家和学者。

版权企业要围绕版权贸易加快建立多媒体数字化改造系统，与IT企业合作，加强产品的多媒体数字化改造工程，建立自己的版权营销平台，设置版权贸易和国际合作等网站专栏，利用互联网等新媒体开展版权产品的市场营销，解决作者、版权单位、运营商和受众之间的信息不对称问题。在版权贸易的过程中寻求合理的盈利模式、定价原则和合作模式，协调作者、出版商、运营商、技术开发商和消费者之间的利益。数字版权贸易的最大受益者应该是知识创造者，利益分成要向内容原创部门更多地倾斜，这样更有利于知识创造。

（二）版权贸易要改变单一的盈利方式

通过互联网、电子阅读器和手机等多媒体出版，形成一种文本、多方授权、多方受益的全媒体版权贸易的盈利方式。例如，盛大文学集中经营网络的原创内容，又从网络出版向传统纸质出版回归，做好版权的分销，通过版权增值创造利润，该公司每年还向中国港台地区输出100余部作品，开发挖掘网络文学中的商业价值。

版权贸易要从复制权、发行权向改编权、摄制权、信息网络传播权、表演权等权利拓展，突破对传统出版和发行模式的依赖，实现多媒体版权贸易。例如，作家出版社立足专业文学出版领先优势，制定了以版权为核心，辐射传统出版、数字出版、音像电子、影视制作和动漫等多领域的全新版权战略规划，把莫言、铁凝、张炜、贾平凹、海岩等一批国内著名作家的作品推向国际市场。又如，盛大文学旗下的文学原创网站起点中文网形成了以创作、培养、销售为一体的电子在线出版机制，还与图书出版、影视发行、网络游戏公司、动漫制作机构和无线增值服务提供商等合作，用原创内容进行衍生品开发，不断延伸产业链，成为一个版权运营商，在《鬼吹灯》上进行的版权贸易收入达到500万元。

（三）建立和完善数字版权开发、贸易和监控平台，提高版权贸易的公共服务水平

首先，版权贸易平台要为著作者、版权主体、代理商和公众提供一个互动交流平台，使访问者了解对方的授权产品、方式、价格和联系方式，使潜在顾客和版权所有者的版权交易更加规范化和便捷化。其次，通过交易会、年会、博览会和各种展会，搭建展示和交流平台，推动版权贸易新技术、新经验、新模式的深度交流。例如，法兰克福书展、东京书展、美国书展、中国数字出版博览会、中国国际动漫创意产业交易会、中国国际漫画节、中国数字出版年会、中国国际图书博览会等提供了各种版权交易大平台。再次，政府要提高版权贸易公共服务水平，完善版权交易机制。

（四）建立版权代理中介机构，促进版权贸易的发展

与自主授权不同，代理授权中的代理人具有更加专业的知识和市场洞察力。权利人可以将自己的部分或者全部著作权委托给代理人，由使用者与这些代理机构签订授权合同，获得授权，代理人收取一定比例的代理费用。代理人是作者和使用者之间的桥梁，掌握着足够多的作者、作品和版权资源，采取商业运营的模式开发资源，维护著作权人的经济利益。政府应该规范代理行业，培养专门的代理人才和建构海量的信息交易平台。代理授权要维护权利人的合法权益，尤其是授权费用的收取与分配要公开、合理、透明。例如长江文艺出版社出版的《狼图腾》就把英文版权出售给英国企鹅出版集团，并委托企鹅集团代理全球25种语言的版权，并获取了10万美元的版税预付金。

（五）促进授权要约和版权印的增长，减少谈判成本和版权贸易的供需失衡问题

随着数字技术的发展，版权贸易急剧增加，但是版权的供给与版权的需求不平衡，特别是当权利人愿意传播自己的作品，使用者愿意使用该作品，却由于版权授权通道的狭窄而无法完成知识的传播，使各方利益受损。授权要约是合同的一种形式，是降低交易成本和提高交易效率的有效方式。标准的授权要约模式是在图书中发表版权声明，权利人以要约的形式规定公众能以何种方式使用本作品，只要使用者愿意接受权利人的要约条件，即可以自动达成与权利人的合同关系。例如，第一本刊登授权要约的图书是《最后一根稻草》，其授权要约包括三点：第一，授权范围是数字形式的发行权、复制权和信息网络传播权；第二，授权费用是收入的5%，需要在6个月内支付给中国版权代理总公司；第三，使用时要保持作品的完整性和保留其他权利，并标明作者和来源。

通过“版权印”实现多平台上达成交易和多平台间交易协作，使得版权随时随处可查询、可交易。权利人只要向“版权印”平台上传作品，并自行选择授权范围、期限、价格，便自动生成一个含有版权授权信息的链接，也就是给作品盖上了“版权印”。

三、版权贸易过程中的版权保护

数字技术为版权贸易增加了更多的传播渠道和营销途径，但是，数字时代版权的专有性和互联网的虚拟性、开放性造成了矛盾，数字化的信息和知识使

盗版侵权行为成本和技术难度降低，监管部门往往缺少有效的技术手段对侵权信息进行监控、对违法事实调查取证。版权产业的发展与版权保护是相互促进、相互影响的关系，具有正相关性。有数据显示，在知识产权诉讼中，版权诉讼约占到70%以上，而在版权诉讼中，网络版权诉讼又要占到70%。版权贸易的过程中，版权保护尤为重要，因为版权产业是一个高投入和高风险的产业，如果作者的创新价值和出版商付出的劳动得不到保护，那么就缺乏价值创造的动力。

版权保护与文化产业创新能力的灰色关联分析认为，版权保护与文化产业增加值的快速增长关联度高，版权保护与创新投入能力和版权引进数量的关联度大，当侵权行为得到有效监控时，创意企业垄断利润的获得与保障进一步增加了创新投入，促进了产业创新能力的提高，从而使得抵制盗版的行为成为社会普遍遵守准则，保证并激励了文化创意的良好社会氛围的培育，有利于版权人创新利益的维护①。因此，数字时代应该加强版权保护。

(一)建立版权行业协会组织,代表权利人的集体权利许可和权利保护

著作权集体管理制度在西方有数百年的历史，是衡量一个国家著作权法律制度是否完善的标准，是有效实施著作权法的一项重要制度。著作权集体管理是指为了保护著作权人、邻接权人享有的著作权，专门成立的代表著作权人利益的集体管理组织，与作品的使用者商谈作品的授权使用或者进行版权诉讼等著作权活动的总称。著作权集体管理组织和著作权人签订信托授权合同，集体管理组织以自己的名义进行相关的法律活动，承担相应的法律责任，权利人享有作品使用许可费的收益。例如，美国1914年成立了词曲作者和出版者协会(ASCAP)，行使向作品使用者发放许可、解决版权纠纷和按照制度分配版税等权利，协会财务公开透明，给会员高达80%以上的版税分配比例。另外，美国1922年成立了美国电影协会和1939年成立了美国广播音乐公司等著作权集体管理组织，1978年成立了世界上最大的处理文字作品为主的非营利性著作权集体管理组织美国版权结算中心CCC（Copyright Clearance Center），有效地保护了该行业的知识产权。

2005年，我国《著作权集体管理条例》开始施行，完善了我国《著作权法》的法律体系。《著作权集体管理条例》从著作权集体管理组织的设立条

① 姚颉靖，彭辉：《版权保护与文化产业创新能力的灰色关联分析》，《首都经济贸易大学学报》2011年第2期。

件、法律地位、管理方式和权利义务等诸多方面对我国的著作权管理活动进行了规范，著作权集体管理机构向版权使用者收取法定许可情形下的使用费并向权利人分配。2008年我国成立了文字著作权协会，是唯一的文字作品著作权集体管理机构，管理报纸、期刊、图书、电子出版物和数字化出版物等各种传媒使用的文字作品。随着2010年中国电影著作权协会的成立，标志着我国涵盖音乐、音像、文字、摄影、电影等领域比较完备的著作权集体管理体系已经初步形成，对于维护著作权人的权益、建立和完善作品的使用和保护都具有重要意义。但是，著作权集体管理组织的工作制度、经营模式、利益分配和监督体系，数字版权的管理和在线许可系统，以及有效的监控侵权行为还需进一步完善。

（二）进一步完善版权保护法律制度

针对新的传播生态，管理部门要加强数字环境下的版权立法工作，坚决打击盗版等非法侵权行为，切实保护版权权利人的利益，为版权资源的开发与版权贸易的发展营造良好的环境。2001年我国《著作权法》增加了著作权人、表演者及录音录像者的信息网络传播权，并明确了相关的侵权责任，2002年颁布了《著作权法实施条例》，2004年颁布了《著作权集体管理条例》，2005年颁布了《互联网著作权行政保护办法》，2006年颁布了《信息网络传播权保护条例》等，为我国的版权保护提供了比较完整的法律保障。另外我国加入了《伯尔尼公约》《世界版权公约》《世界贸易组织与贸易有关的知识产权协议》《世界知识产权组织版权条约》等国际条约，提高了我国版权保护的水平。

（三）通过数字加密技术保护版权

技术保护也是版权保护的重要措施，包括基于DRM加密技术、水印技术、IP地址控制技术等。另外，建立反盗版监控平台，对各种涉及侵权问题进行适时监控和管理，只要使用者连接了互联网，任何侵权信息和盗版问题都难逃法网。例如，方正集团提出了阿帕比云出版服务平台，该平台的价值是为上游出版社和面向读者的渠道商提供服务。出版商可以利用云端平台服务实现数字资源自主加工、加密以及安全发行和透明结算，渠道商可以利用这个平台服务对接到几百家出版社，乃至上千家报社，能够自己主动申请版权，获得出版商正版的数字资源。

（四）加强我国版权保护的宣传力度和侵权行为的执法力度

目前，我国知识产权保护方面采取司法和行政保护并存的制度，司法保护起主导作用，行政保护起辅助作用。例如，为了营造良好的版权保护环境，最高人民法院颁布了《关于当前经济形势下知识产权审判服务大局若干问题的意见》，国家版权局重修了《著作权行政处罚实施办法》，进一步加强了司法和行政执法力度。同时，社会公众要增强版权保护的认知度，使得版权保护成为一种社会共识和自觉行动。另外，政府和相关机构要采取促进版权贸易和版权保护的措施，例如，在作品登记、集团管理、出版物样本交送等工作的基础上，搭建便于查寻、内容庞大的版权资源数据库以及数字版权认证平台；建立版权登记和交易系统，对数字作品进行版权登记并提供具有政府公信力的权利信息查询、权利认证及执法取证服务，记录版权的交易和权利转移痕迹，提供版权追踪，实现版权统一管理[①]。

（五）保持版权保护和信息共享的平衡

版权保护与信息共享是相对应的概念，版权是对权利人的智力创造成果的专有使用权的保护，保护版权就是保护知识创新与公平公正的竞争环境，信息共享则是对信息的共同分享，在两者之间，如果共有成分过多，版权保护不力，则导致对信息生产的原动力不足，如果专有成分太多，则会影响信息的自由流动和公众对信息的获取，因此，两者的平衡意义重大[②]。在保护版权权利人利益的同时，深化版权资源的利用开发，达到版权人的个人利益和社会公共利益的平衡。例如，美国《数字千年版权法》扩展了合理使用的范围，规定了对网络服务商的免责规定亦适用于非营利性教育机构的条款；规定了非营利性图书馆和档案馆为内部存盘之目的，可以复制数字化复制件等条款，这些相关规定对原《版权法》合理使用范围做了重大修订[③]。为保障社会大众对作品的合理分享，著作权法同时给予了著作权权利相应的限制和例外，通过法定许可以及合理使用原则来促进整个社会教育、科学文化的发展与繁荣。

总之，2013年中国成为世界第一贸易大国，但版权贸易处于逆差状态，与

① 向长艳：《数字出版版权保护面临的法律问题》，《中国出版》2011年第9期。

② 刘祥国：《版权保护与信息资源共享之间的关联与冲突》，《图书与情报》2009年第1期。

③ 杨丽娅：《中美版权制度比较与启示》，《文化产业研究》（第5辑），南京大学出版社2012年版，第162页。

贸易大国不相称。作为版权资源大国，版权产业在我国经济发展中的作用越显突出，但是，版权贸易出现了产品结构不合理、贸易方式简单、版权企业竞争力弱、出口国家不全面等问题。为了改变这种贸易逆差的局面，需要创新贸易模式，搭建版权贸易平台，注重版权资源开发，建立跨国传媒集团，加强版权产品的营销，成立贸易代理机构，完善版权贸易产业链，实现“走出去”目标。

（原载《文化产业研究》2015年第1期，有改动）

电视节目版权贸易的问题与策略

版权贸易是版权许可或版权转让过程中产生的贸易行为，属于无形财产的贸易，其中电视节目版权贸易是版权贸易的重要组成部分，甚至成为有的国家出口强项。电视节目版权贸易是中国电视产业转型升级与参与国际竞争的重要渠道，也是促进产业发展、实现产业创新以及“走出去”目标的重要途径。我国要加大电视剧、纪录片、电视节目模式、动画片等电视节目的版权贸易，充分挖掘电视节目的潜在价值，开发电视产业新的经济增长点。

一、电视节目版权贸易的现状

以出版、动漫、影视和软件等版权资源为核心的版权产业在一个国家的经济中占有很大的比重，为经济发展做出了很大的贡献。例如，据美国出版商协会的数据统计，美国核心版权产业2012年的产值是1万亿美元，占美国GDP的6.5%。2012年，美国总版权产业（包括交叉版权产业、边缘版权产业）的产值达到1.7万亿美元，占美国经济总量的11.25%。2012年，美国版权贸易中的出口额达到1 420亿美元，成为出口第一产业，核心版权产业聘用了540万工人，占美国就业工人的4%。从2009年到2012年，美国核心版权产业的增长率为

4.7%，而同期美国经济的增长率是2.1%①。我国2009年核心版权出口87.5亿美元，占当年出口的0.66%。据世界知识产权组织的统计，2009年中国核心版权产业附加值占GDP的3.5%，而版权相关产业的附加值占GDP的6.5%，对中国就业的贡献占6.8%，核心版权产业解决就业占总就业人口的4%。

我国版权贸易逆差明显，电视节目的版权贸易逆差尤甚，我国版权产业"走出去"任重道远。2012年版权引进品种与输出品种比例由2011年的2.1∶1降至1.9∶1；全国共输出版权9 365种（其中出版物版权7831种），较2011年增加1 582种，增长20.3%。

我国电视节目版权贸易逆差与我国第一贸易大国地位不符，不利于国际话语权的建立与电视产业的稳定发展。版权贸易逆差由多种原因造成的，包括缺乏专门机构和专门人才，特别是懂翻译、市场与贸易的人才匮乏，版权贸易机制不活以及信息不对称，中西文化差异和语言差异造成"文化折扣"现象，电视节目的受众缺乏相似的生活经历和文化体验，一些影视作品的制作方不重视版权贸易，国内销售比海外销售利润空间更大，不积极开拓国际市场，等等。

电视节目具有公共产品的属性，一次生产可以多次消费，多次消费的成本很低，因此，电视节目版权贸易是电视产业链的重要组成部分。世界上大部分电视节目制作公司为了实现电视节目的利润最大化，通过最多的渠道和窗口实现价值的最大化，并且安排好最佳回报的次序，把节目的生产成本分摊到不同的发行窗口与地域。例如，美国辛迪加是电视节目版权贸易的一个重要渠道，辛迪加公司购买节目再向市场销售其播出权，通过开发电视节目多轮次播放使节目市场效益最大化，节目供应商根据观众规模和带来的利润率安排窗口顺序，而这些窗口可能包括无线电视网、有线电视网、卫星电视网、独立电视台甚至国际节目辛迪加，利润率大的窗口优先于利润率小的窗口，每个节目实际安排的时段和付费的多少将影响它们在节目播放次序中的位置②。

二、电视节目版权贸易的问题

由于语言、文化乃至技术的差异，我国电视节目版权贸易逆差明显，这与我国是人文自然资源大国不相称，亟待进一步提升我国电视节目的国际市场份额和影响力，通过国际化的叙事方式与合作模式来讲述中国特色的影视故事。

① Infographic: *How US Copyright Industries Lead the Economy in Value Added to GDP, Economic Growth, Good Jobs, Foreign Sales And Exports*,http://publishers.org/press/ 119 /.

②肖叶飞，陈净卉：《美国电视节目交易市场的运营机制及启示》，《电视研究》2010年第6期。

(一)电视剧版权贸易：出口能力有限

中国是电视剧生产大国，也是电视剧消费大国。2012年，全国电视节目和服务出口收入约4.95亿美元，其中，电视剧价格最高，对收入贡献最大。同年英国电视节目全球出口额达到20亿美元。但是，近年来，中国电视剧海外销售量下降趋势明显，且售价与美剧、日韩剧比相对低廉。由于东西方文化的差异，欧美观众很难理解中国电视剧中的道德理念和生活观念，这削弱了电视剧的传播力与影响力。从出口地区来说，我国电视剧的主要销售地局限在亚太地区，其中以港台与东南亚地区为主，约占出口的三分之二。日韩两国对中国国产剧的进口一向不算多，真正打入欧美市场的电视剧精品凤毛麟角。从体裁来说，输出海外的电视剧中，类型主要是武侠剧、历史剧，而情感剧、生活剧市场空间不大。

我国一些优秀的电视剧版权输出曾经取得了不错的成绩。例如，1986年《西游记》远销新加坡、泰国等东南亚国家，《还珠格格》在亚洲许多国家乃至美国热播，都市题材的电视剧《蜗居》畅销东南亚，《甄嬛传》在日本BS富士电视台以及东南亚地区热播，《媳妇的美好时代》在坦桑尼亚等非洲国家播出。新版《三国》在日本达到9万美元一集，总共发行到100多个国家和地区，销售额超过3.4亿元，成为迄今为止在海外市场销售最好的国产电视剧，该剧注重从人性的深度诠释人物性格内涵，使得海外受众在接受心理上获得了一定程度的共鸣。《李小龙传奇》在拍摄的时候就走国际化路线，与国外机构合作，请30多个国家的演员参演，采用高清设备拍摄保证质量，邀请西方的市场顾问，根据北美和欧洲的要求制作了不同的版本，开播之前就已经卖到了64个国家。

国外电视剧专业化、市场化水平高，季播剧多，一般采取边拍边播的方式，根据受众的收视与评价调整拍摄方案。我国的电视剧从创意策划到市场营销主要是针对国内市场需求，海外市场没有成为营销的重心，需要从题材、内容、拍摄、剪辑、营销等方面加强版权贸易意识。提高电视剧国际传播能力策略包括先期调研细分市场、寻求普世性话语、推进新兴媒体运用以及培养外国人对中国文化的认同感与亲切感[①]。一些国家的电视剧海外营销非常成功，例如，韩国电视剧以亚洲为核心，市场覆盖亚洲、美洲、欧洲的33个国家和地区。《越狱》《生活大爆炸》等不同类型美国电视剧，通过个性鲜明的人物、紧

① 涂彦，郑荞：《推进国产电视剧出口 提升中国文化软实力》，《中国电视》2010年第8期。

张复杂的剧情、精致优良的制作来吸引受众。

(二)纪录片版权贸易:出口稳中有升

我国纪录片主要出口到中国港澳台，以及东南亚、非洲、北美、日韩等国家与地区。据不完全统计，2012年全国纪录片出口约173万美元。1980年，中国与日本联合拍摄纪录片《丝绸之路》迈出了纪录片国际合作的第一步。1997年，中国和澳大利亚合作推出《中国野生动物》《神秘中国》两大纪录片，卖给美国国家地理频道，播出后很受欢迎。中国国际电视总公司与德国最大的公营电视台ZDF合作拍摄了纪录片《郑和1405》。自2011年开播以来，央视纪录频道以委托制作、联合制作、版权购买等方式与300多家社会制作机构建立了合作关系，例如，与英国BBC联合摄制《改变地球的一代人》《生命的奇迹》，与美国国家地理频道联合摄制《秘境中国——天坑》，与法国国家电视集团等国际影视机构联合摄制《喜马拉雅大淘金》等。

我国纪录片《故宫》《大国崛起》《再说长江》《公司的力量》《华尔街》和《敦煌》在海外市场取得了不错的成绩。其中，《故宫》与美国国家地理频道签署了海外版权代理的合作协议，以26种语言销售到了126个国家，海外销售收入达到61万美元。在中国大热的纪录片《舌尖上的中国》发行到东南亚、欧美27个国家和地区，单片首轮海外销售达到35万美元，创造了近年来中国纪录片海外发行的最好成绩。民营纪录片制作公司的出口能力日益增强，比如民营公司华亿联盟与外方合拍的《藏羚羊》也在国外创下了较高的收视率。

纪录片并不是简单再现，而是对现实的创造性再现，它将文化的内涵和事实的影像结合起来，融文化性、知识性与艺术性于一体。国产纪录片要客观真实地反映中国的自然历史、传统文化和社会经济发展现状，找到当下大众最关注的题材和契合点，用直击人性的叙事手法和故事化的表达，传播中华文化。同时，要借助加拿大多伦多国际纪录片节、法国阳光纪录片节、德国慕尼黑国际纪录片节等进行版权营销，提升中国纪录片的核心竞争力和影响力。

(三)电视节目模式的版权贸易:逆差明显

新的节目模式成为电视业维持高收视率的主要竞争手段，因此电视节目模式版权贸易已经成为一个极具商业价值的全球性产业。来源于英国的新电视节目模式创意在世界范围渐渐推广和普及，而我国电视节目模式创意不足，恶性模仿屡禁不止，同质化竞争严重。国际电视节目模式认证和保护协会（FRA-

PA）发布名为电视节目模式走向世界的报告显示，2006年至2008年电视节目模板交易额已经增至93亿欧元。

国内的电视媒体呈现出加速引进电视节目模式版权的新趋势。1998年央视从法国引进专利节目形态——大型体育游戏《城市之间》，《开心辞典》购买了英国的《谁想成为百万富翁》的版权，而《谁想成为百万富翁》迄今为止在全球市场拥有84个版本、在117个国家播放。2001年《梦想成真》购买国外节目《幸福家庭计划》版权并进行本土化改造。2009年湖南卫视《我们约会吧》重金购买英国Take Me Out真人秀的节目版权模板，《舞动奇迹》则是引进了英国BBC Strictly Come Dancing的版权。2010年引进贝塔斯曼下属Fremantle Media公司版权的《中国达人秀》以及2012年从荷兰引进的《中国好声音》更是让人们看到了电视节目模式的巨大市场效应。另外，引进韩国版权的《我是歌手》《爸爸去哪儿》等真人秀综艺节目在中国也广受追捧。

我国电视节目模式的版权输出却非常稀少。江苏卫视原创大型音乐对战节目《全能星战》版权卖给了以色列，以色列的Armoza公司负责《全能星战》全球的推广和运营。湖南卫视和英国广播公司、泰国正大集团三方签署《挑战麦克风》第一季节目形态版权的销售协议，把团队自主研发创新的节目形态版权销往国外。总体而言，我国电视节目模式恶性模仿太多，在版权贸易的过程中，要特别注重版权保护。虽然著作权只保护表达方式，不保护思想，但是作为电视节目中的各种元素，像节目的音乐、舞蹈、图画、脚本、布景、图形、符号、名称等固定创意表达，往往是一个综艺节目的精华所在，理所当然地享有著作权保护。

（四）动漫产品版权贸易:出口能力有所提升

我国是动漫产品生产大国而不是强国，与美国、日本动漫强国相比差距大，我国动漫产品出口开始由中东、非洲、南美等欠发达地区逐步走向欧洲、美国、韩国等发达国家及地区。例如，动画片《喜羊羊与灰太狼》出口到马来西亚、印尼、新加坡等东南亚国家，已经翻译成52种语言。《秦时明月》讲述了以秦朝历史为背景和原型的历史故事，已经发行到全球37个国家和地区，创造了百万美元的发行收入。动画片《小鲤鱼历险记》在动画造型、色彩、背景设计上具有鲜明的民族风格，电视播映权销售到全球50多个国家。由华强公司原创的《熊出没》《生肖传奇》《小鸡不好惹》等20余部动画片累计出口10万分钟，其中《熊出没》已销售到美国、意大利等几十个国家以及全球知名的迪斯尼儿童频道，《生肖传奇》进入俄罗斯等33个国家，《小鸡不好惹》进入缅甸、泰国等56个国家。另外，一些中外合作的动画片出口形势喜人，例如，上海今日动画影视公司与法国卡通人动画公司合拍的大型中国原创26集动画系列片《中华小子》出口70多个国家及地区。由中德两国合拍的3D动画电影《熊猫总动员》通过境外预售将版权卖到100多个国家和地区，提前收回了超过60%的投资。

三、电视节目版权贸易的策略

促进版权贸易是一个系统工程，需要采取一系列策略，例如，注重打造品牌，深入开展市场调研，大规模推进衍生品的开发和推广，积极采用自办发行、委托发行、国际合作等多种营销模式，通过多媒体渠道发展贸易。另外，管理部门要出台一系列政策以及采取各种措施促进电视节目版权贸易。

成立各种版权贸易组织，促进版权贸易。例如，中视影视公司与陕西文化产业投资公司在西安建立电视剧版权交易中心，版权交易覆盖影视剧的生产的整个环节，包括文学作品改编权、电视剧本交易权、电视剧的版权交易以及相关衍生品的版权交易，建立了公开透明的版权交易机制。又如，华策影视等影视企业自己成立了海外发行部，成为电视剧制作公司的海外发行代理。我国也出现了多家节目模式版权代理公司，如世熙传媒、创意亚洲、IPCN国际传媒等。

建立多元化的版权贸易方式，促进版权贸易。这些年来，我国电视媒体与美国国家地理频道、英国BBC、日本NHK等国际媒体开展了拍摄不同版本、改编合作、联合发行、演员选择等多种形式的合作，即中国特色加上国际表达。如《故宫》《1405郑和下西洋》《再说长江》等纪录片就是通过这种合作方式进入国际市场并产生广泛影响的。又如，根据日本作家浅田次郎的同名小说改编而成的电视剧《苍穹之昴》由中日合拍，成功打入日本主流媒体黄金档。同时，需要积极探索影视制作与版权交易的分营机制，建立影视作品版权交易的专业化团队，立体开发影视作品的商业价值，形成影视作品制作、交易与经营的产业价值链。

利用各种交易会和展览会等营销渠道，加强版权贸易。通过交易会、年会、博览会和各种展会，搭建展示、交流和贸易平台。例如，中国国际版权博览会、中国国际广播影视博览会、中国国际漫画节，以及中国国际纪录片节等提供了各种版权交易大平台，这也是出口的重要渠道。同时，成立版权交易平台，例如，中国（广州）纪录片交易平台建立了24小时实时产权交易数据库，能够实时展示纪录片交易、出口以及引进等数据，成为国内权威实时纪录片交易平台。

加强文化整合，消除“文化折扣”现象，促进版权贸易。电视节目版权贸易要符合国外受众的欣赏习惯，在题材、主题、叙事等方面需要寻求达到民族性和国际性、传统性与现代性上的平衡点，做到“中国立场、国际表达”。同时满足在海外播出应该具有的基本要求，如母带要有分轨的国际声道、母带为无字幕版、有完整节目台词本和剧照，片头片尾无字幕，还最好配备英文或当地语言的台词本、英文配音版母带或英文字幕版母带，促进版权贸易的顺利进行。

提高版权贸易公共服务水平，建立版权交易机制。不断完善版权运营的市场机制，诸如著作权信息的查询系统、数字化版权许可合同、版权交易管理模型、版权价值评估、版权质押以及版权投融资制度建设等，为著作者、代理商和公众提供一个交流交易平台，使版权交易更加规范化和方便化。发挥有关主管部门的政策优势，以及进出口银行总行与各营业机构的资金优势，共同搭建文化金融合作平台，支持文化企业走出去，全面支持版权贸易发展。

（原载《声屏世界》2014年第7期）

美国电视节目市场交易的运营机制及启示

从经济学角度看，电视节目的制作是一个高投入、高产出的产业，需要大量的人力资源和先进设备，属于智力密集型产业，需不断创新。与此同时，电视节目具有准公共商品的特性，即消费过程的非竞争型。电视节目制作的初始成本是相当高的，但一旦节目制作出来，就只需很少的成本复制并供应给更多的消费者，这样节目的边际成本越来越低，而边际回报越来越大，规模经济得到实现。

美国作为电视节目消费大国和出口强国，得益于合理的节目制播机制。美国电视台节目的来源主要有四种渠道：电视网节目、辛迪加节目、付费节目和地方电视台自制节目，其中前三种渠道都是通过制播分离的运营机制获取的，而只有少量的地方新闻、谈话节目或者公共事务节目由地方电视台自己制作。电视网模式使地方电视台分享了规模经济效益，播出了价廉质优的节目；辛迪加模式使节目制作人通过“窗口化”战略，实现节目多重增值，促进了节目制作的繁荣。

随着数字技术的发展，电视频道急剧增多，电视产业已经从频道资源稀缺过渡到节目资源稀缺。这种背景下，中国自制自播的落后的生产方式不能满足人们对电视节目的多样化需求，节目制作效率低下，成本高昂，专业化水平低。那么，中国电视到底是应该制播合一还是制播分离？如何建立规范的电视节目分销市场，完善产业链？如何激励电视节目的创作并保护制作人的利益？制播分离以后又如何发挥规模经济效益和降低交易成本？美国的电视节目制播运营体系和机制也许为我国的制播分离改革提供一些参考。

一、美国电视制播分离的制度设计

(一)电视网与附属台的制播分离的合作模式

电视网与附属台的二级网状结构是美国电视体制的重要特征。电视网是不同地方和区域的电视台为了共同的经济利益而联合在一起的网络，同时给各个附属台提供全国性的节目服务。附属台是地方合作者，具有独立产权，同电视网签订合同、对电视网的全国性的节目享有独家播出权。电视台与电视网的关系是以广播时代的模式为蓝本建立起来的，这种制播分离的经济逻辑是，电视网可以让地方电视台或多或少地分享共同的电视节目，享受电视节目制作规模经济带来的好处，增加了单个节目的受众规模，从而降低了电视网中不同的电视台向不同观众提供电视节目的成本。加入电视网的另一个好处是覆盖全国的广告商可以从电视网一次性统一购买广告时段，降低了全国性广告的交易成本，也增加了电视网的附属台的广告时间的需求[①]。对于广告商来说，如果电视网的广告可以覆盖全国范围，他们愿意支付比普通千人成本更高的广告价格。

进一步讲，电视行业是节目密集型行业，节目不断被用尽，需要源源不断的节目供给。对于附属台来说，播放电视网的节目，减轻了电视台巨大的节目制作费用和运营压力。虽然电视网占用了节目的大部分广告时间，附属电视台则拥有剩余的广告时间，附属台可以把黄金时段节省下来的制作资金投资在那些电视网不愿提供的节目上来，例如地方新闻、公共事务节目，并且分享了电视网节目的规模经济效益，因此美国独立电视台越来越少。对于电视网来说，同附属电视台分享节目是创造广告收入和补贴昂贵的节目制作成本的一种方法，扩张性的网络创造了全国性的电视市场，使得广告主的信息能够达到全国范围内的受众，电视网并借此建立自己的品牌。

美国三大电视网CBS、NBC、ABC在二十世纪七十年代末发展到顶峰，占黄金时段的市场份额的90%以上，二十一世纪下降到45%以下。三大主要的电视网为它们的附属台提供每天播出的大部分节目——每天平均15到18个小时。福克斯电视网每个星期为附属台提供15个小时的黄金时段节目。联合派拉蒙电视网、华纳兄弟电视网和派克森电视网也为它们的附属台提供一定时间的黄金时段核心节目①。电视网与电视台之间通过附属协议来约束双方的行为，电视网同意以独家播出的形式向附属台提供节目，并向附属台提供一定的补偿，额度由双方谈判来决定。费用的多少由电视台受众的市场份额、市场规模以及电视台对电视网总体公众的贡献决定。作为回报，附属台同意播出电视网发行的节目，并且允许电视网保留并使用每个电视节目中四分之三的广告时间。

电视网与附属台之间的张力主导着整个关系，每一方都认为在协议中处于上风：电视网认为附属台从高质量和能够吸引广告的电视网节目中获利，此外还获得补偿费。相反，附属台则抱怨电视网占用了电视网节目播出时间的大部分广告库存时间，而且它利用的是附属台通过新闻与地方节目在本地市场赢得的成功与声誉②。其实电视网与附属台是相互依存的关系，电视网需要地方附属台来获取进入市场的途径；而附属台则需要规模经济效益。

(二)制播分离的政府规制和发展趋势

二十世纪七十年代，电视网的经济力量过于强大，实行“制播合一”，控制了美国整个电视制作、销售和播出产业链，这种垂直整合对于电视产业竞争环境非常不利，辛迪加节目市场遭受重大打击。为了打破三大电视网的市场垄断和提高节目的多样化水平，美国FCC在1970年到1995年实施了《金融利益与辛迪加法案》（Financial Interest and Syndication Rules），强迫三大电视网在节目中采购大量来自独立电视节目制作人的节目，禁止电视网参与除他们首轮播出之外的节目的收益分配，禁止电视网参与建立内部（尤其是在国内市场上）辛迪加机构，禁止电视网黄金时段的节目全部由自己提供。通过取消电视网对电视节目的长期收益权和严格限制他们对辛迪加的参与，FCC不断消除电视网制作节目的动机，这种制播分离机制大大推动了一个非常成熟和资金充足的电视节目制作产业的形成，带来了多样化和创新的节目。

同时，1971年到1996年FCC颁布了黄金时间享用权法规（Prime-Time Access Rule）。该规则要求，前50名市场中的电视网附属台星期一至星期六之间每天播出电视网节目的时间限制在3小时以内。进一步说就是在美国中部电视

① 吉莉·安道尔：《理解传媒经济学》，李颖译，清华大学出版社2004年版，第50页。

② 苏珊·泰勒·伊斯特曼，道格拉斯·A.弗格森：《电子媒介节目设计与运营：战略与实践》，谢新洲等译，北京大学出版社2005年版，第234页。

黄金时间——从六点到十点四个小时中，电视网最多只能占三个小时，通常是七点到十点；其余“准黄金时间”必须由地方电视台独立支配，目的也是让地方电视台可以购买独立电视制作公司的节目，或是自己投资制作节目，以促进节目的多样化[5]。这种框架设计鼓励新的节目制作者和发行商进入电视产业，减少电视网对附属台节目的控制，试图防止垂直一体化的强大的电视网操纵电视产业的整个供应链，提高节目制作领域的竞争，促使电视节目制作部门从电视播出部门分离出来。与美国相比，英国在1990年的电视广播法中规定ITV和BBC必须分给独立制作公司25%的节目制作配额。

但是到了二十世纪九十年代，随着福克斯等其他电视网的兴起，有线电视、卫星电视和互联网的出现，三大传统电视网的受众急剧减少，两项法规随即废除。而法规的废除又导致了电视网与节目制作公司的垂直一体化的趋势不断加快，向上纵向合并成为电视产业发展的新战略，大部分电视网都有自己的节目制作公司，并与电影制作公司结成联盟。节目制作与播出的纵向整合的经济逻辑是，第一，作为播出机构，向制作行业纵向整合意味着有稳定的节目供应来源，对于制作商则意味着市场销路有保障，纵向整合的公司向上或者向下供应链多元化发展的主要驱动力是希望获取更多的保障和市场控制能力，更有效地获取信息，制定计划，使用制作资源、设备、技术和人才，有助于建立信誉和品牌。第二，降低市场交易成本，因为发挥自己组织内部职能所涉及的费用往往比买卖所涉及的费用（如获取信息、洽谈合同等费用）小很多。然而，节目制作和发行公司纵向整合或者交叉所有权，甚至形成垄断，可能对其他竞争者和消费者造成不良的影响，抬高了进入壁垒，从而形成市场失灵，因此成为政府规制的重点。

二、美国电视节目交易的市场运营

(一)节目的分销机构——节目辛迪加

电视节目辛迪加是全国电视节目分销系统，是策划、制作、包装、发行、播出等电视产业链中的重要环节，是制播分离的必要条件。美国电视节目辛迪加主多达几百家，一些辛迪加主自己设计、制作和发行节目，还有一些辛迪加主（发行商）仅仅买卖由不同公司制作的节目，收取一定数量的委托金，通常是交易成本的10%。辛迪加主在市场中没有附属台，但可以将系列剧、特别节目和电影卖给不同电视台，这些电视台在限定的时间内拥有对节目的独家播放权，并缴纳一定的费用，称为许可费。辛迪加主就节目名称与演员表、节目集数、播出次数、开始和结束时间、广告形式、价格、支付方式、定金、结算等交易要点与电视台达成协议。许可期结束以后，辛迪加主收回节目的播放权利，再次向其他电视台出售。辛迪加打破了电视网的垄断，促进了节目的流通，有力地推进了制播分离。辛迪加节目的来源有三种途径：第一，如果节目最初是专门为辛迪加制作的，未在其他渠道播出过，称为首映辛迪加，原来为辛迪加制作后来卖给无线电视网的称为前辛迪加节目；第二，最初为无线电视网制作而后来又进行辛迪加交易的节目称为网下节目；第三，节目由故事片、艺术片组成。

(二)节目的分销策略——“窗口化”

美国电视节目制作人为了使节目的回报最大化所采取的方式，被称为“窗口化”策略。节目制作人通过更多的渠道和窗口销售实现产品的价值最大化，而且安排能够产生最佳回报的销售模式和顺序。把节目的生产成本尽可能地分摊到许多不同的发行窗口和地域是电视节目制作商成功的秘诀。美国电视的二级和三级电视节目市场非常发达，节目供应商一般对于充分发挥“窗口化”策略颇为在行。窗口化策略使节目供应商利润不断增加，规模不断扩大。反过来规模越大的公司运用交叉补贴战略，把风险更有效地分摊到一系列产品之中，从而繁荣了节目制作市场。

(三)节目的资金运营模式——“赤字财政”

美国的电视制作业的资金模式是“赤字财政”的模式，节目制作方分担节目制作中的一部分资金，作为回报，它们可以获取自己制作的节目的二级或者三级销售权，制作方而不是电视台可以开发那些红极一时的节目。具体运作方式是，为了获取独立节目制作人制作的节目播出权，美国电视网一般会支付一笔费用，但是这笔费用低于节目的制作费，通常是节目制作费的三分之一，节目制作人不得不补上差额或赤字额，被迫承担更多的风险。如果节目失败，损失部分制作费；如果节目一炮走红，节目制作人把他们节目再出售给美国的其他电视台（称为二级辛迪加）、影碟发行公司或海外电视台，并获取高额利润。任何节目一旦在电视网播出成功，并已制作相当数量的剧集，就可以通过二级辛迪加的方式出售给有线和卫星电视台。二级辛迪加给美国的节目制作人提供了大量的收入。英国则相反，采取的是“成本附加”模式，电视台委托独立节目制作人制作节目，并愿意承担全部的制作费用，还要预付节目制作人一笔制作费用或利润，通常是全部制作费用的10%。然而作为回报，电视台得到的不仅仅是节目首播权等初级权利，而且通常还有大部分二级权利。例如在其他电视台的多次播放权、影碟发行权和海外销售权。这样电视节目制作人降低了风险，但是减少了制作优良节目的经济驱动力。

三、美国电视制播分离对我们的启示

2009年10月上海文广新闻传媒集团更名为上海广播电视台，并出资组建上海东方传媒集团，前者成为播出平台和新闻制作的事业单位，后者则建立现代企业制度，成为市场主体的传媒产业集团。这次上海文广新闻传媒集团制播分离改革不仅是广电产业化运作的标志性事件，也是一次重大的广电体制改革。这次改革背景是原来制播合一的自产自销的节目生产方式不适应生产力发展要求，节目供应不足，管理成本高，缺乏竞争机制，导致效率低下和选择性差，需要产业分工和升级优化。按照交易费用理论，当组织内部的管理成本大于市场的交易成本时，需要重新安排契约和流程的再造。那么参照美国成功的制播机制，又给我国的制播分离改革带来哪些借鉴和思考呢?

(一)“制播分离”还是“制播整合”

制播分离反映制作主体和播出主体之间的关系。制播分离有狭义和广义之分，或者说有外部市场和内部市场之分。狭义的制播分离就是把节目委托给社会上的节目制作公司或直接购买节目，称为外部市场。电视台把节目的制作与播出机构相分立，在成本核算上按市场规律运作，属于内部的制播分离，例如BBC的所有频道按照内部交易规则向制作中心购买节目，但同时也可以在外部市场上购买节目，引入内外竞争机制。制播分离不是绝对的，自制节目和外购节目总是保持动态的平衡，从成本控制、企业效率和战略目标上综合考量。

我国电视台的制播分离改革分为两步走，先把台内的节目制作公司剥离出来，成为自主经营、自我约束、自我发展市场主体，建立现代企业制度，通过机构重组和资产重组完成存量转型，减少浪费和提高效率，实现专业化生产。第二步把制作公司转变为完全意义上的独立的法人主体，建立法人治理结构。在确保电视台控股的情况下，推进产权制度改革，实行投资主体多元化，加快股份制改造，把原有的设备、资金和技术等生产要素以资产注入的方式参股制作公司，吸纳社会资本，实现所有权和经营权的分离，从而完成增量转制，甚至实现跨地区、跨行业和跨所有制的发展。

其实中国现阶段的制播分离改革并不是真正意义上的“制播分离”，而是“制播分制”，或者说“一台两制”，节目制作公司成为隶属于电视台的市场主体，而播出机构电视台仍是事业单位。根据美国近年来的电视产业发展趋势，许多电视网都是向产业链上游制作公司纵向一体化，从而提高在市场上的竞争能力。从这个意义上说，中国的电视台不是要“制播分离”，而是要“制播整合”，改制后的电视节目制作公司，要通过兼并、收购、重组等手段，跨地区和跨行业发展，减少交易成本，提高管理水平，发挥规模经济效益。

尹鸿教授认为，制播分离的提法很容易将中国广电的改革误导为一次新的波折。其实，从更准确的意义上说，我们现在是在进行一台两制的改革，或者说是依赖制播整合的优势，将电视台资源通过转制后的市场主体，放到市场上去争取效益的最大化，甚至完成市场的整合和重组，提升广电的竞争力，开拓新的效益增量。通过一台两制，打造市场主体，依赖电视台播出平台的资源，按照市场规律，参与跨区域、跨行业甚至跨国的竞争，这才是我们广电改革的方向①。

（二）建立电视节目分销体系

中国电视产业缺少一个类似美国节目辛迪加的开放的、规范的、竞争有序的电视节目分销体系，使得制播分离举步维艰。策划、制作、包装、销售和播出等电视产业链不完善，除电视剧以外，大部分电视节目自产自销。实际上，中国除了几个电视节以外，没有全国性的节目销售市场，一些优秀的节目无法通过辛迪加这种节目分销系统传输到全国不同的二级市场之中，发挥电视节目的规模经济效益。这就需要建立节目分销市场，保护各种所有制的市场竞争主体地位和权益，建立起有效供给和有效需求的平衡，促进电视节目制作产业的繁荣。在中国，一些电视台覆盖人口少，如果辛苦制作出来的节目，收视率低，广告收入低，甚至无法收回制作成本，就会造成恶性循环，节目辛迪加模式很好地解决了这个问题。一般来说，辛迪加节目的播出费和电视台的受众规模成正比，受众规模小的电视台节目播出费相对较低，从而也可以获取高成本的优秀节目。

---

① 尹鸿：《广电改革模式探讨：制播分离还是一台两制?》，《广告导报》2010年3月1日。

(三)保护电视节目制作人的权益

美国通过“窗口化”战略和相关法规，很好地保护了节目制作人的权利，通过节目的多重出售，刺激了节目制作者的创造力，降低了节目制作的成本，活跃了电视节目制作市场，壮大了整个制作产业。相反，如果内容创作者没有二级市场权利时，就没有经济动力去建立和扩展他们的节目品牌，开发适合新媒体的产品，扩大销售量。但是中国的一些独立电视节目制作人与强势的电视播出机构比较，没有同等的议价能力，处境艰难。规制部门要制定类似美国辛迪加财务法案，加强对独立制作的节目的保护，建构一个节目来源多元化的市场格局。具体来说，从长远的繁荣节目制作市场的角度考虑，要规定电视台必须播出的独立制作人的节目的比例，根据中国的实际情况，要有一个逐步提高的过程，最终可参考西方的25%的配额。同时要摸索电视台和独立节目制作人之间合作样式，例如可以采取委托生产、市场招标、节目换广告、合作生产、现金购买等方式，也可以参考美国的“赤字财政”或者英国“成本附加”模式。

总之，美国制播分离的机制，是通过电视网和节目辛迪加两种渠道完成的，实现了规模经济效益和繁荣了节目制作市场。我国的制播分离，主要是把电视台的制作公司剥离出去，成为市场主体，通过兼并、重组、上市等资本运作，实现规模经济和效益增量，提高电视媒体的竞争力。制播分离的成功同时需要健全电视节目的分销系统、规制独立制作的节目的配额、保障节目制作人的权利，多管齐下，才能真正地繁荣节目制作市场，做大做强整个电视产业。

（原载《电视研究》2010年第6期，作者为肖叶飞和陈净卉）

后　记

一转眼，博士毕业来安徽师范大学教书五年了，这期间，上了不少专业课，如传媒经营与管理、广播电视学、马克思主义新闻观、新闻传播专业英语、新闻传播伦理与法规、新闻名篇赏析等，但是自己最感兴趣的仍然是传媒经营与管理这门课。教书的同时，做些科研，辛苦并快乐着。其中，2013年获得国家社科基金青年项目“媒介融合的政策选择与规制体系研究”的资助，这对我的科研是一种激励，也促使我把科研的方向集中在媒介融合领域。

今年上半年，新闻与传播学院执行院长杨柏岭教授策划出版“传媒视界”系列专著与教材等，并嘱咐我把相关的论文围绕某一个主题整合成一本专著，我欣然答应。着手整理已经发表或者未发表的文章，发现我的文章大部分围绕“媒介融合”这个主题，如果更加细分，则包括媒介融合、互联网+、三网融合、规制融合、资本运营、数字出版、版权贸易等话题，另外也写了不少论述广播电视公共服务、新闻与法等相关主题的文章。考虑到书的主题需要更加集中，我围绕前面七个话题各精选几篇文章，形成现在的七编，并取名为“媒介融合与媒体转型”，以飨读者。

此书的出版要感谢各位领导和同仁的鼎力帮助，感谢新闻与传播学院胡靖书记，杨柏岭执行院长，沈正赋、马梅、赵昊等副院长，感谢新闻学专业各位同仁的关爱，感谢我的研究生娄冠群、管静、李亚楠同学的认真校对，感谢安徽师范大学出版社房国贵编辑严谨负责的编辑与校对，同时也感谢家人对我工作的大力支持。

由于时间仓促，加上本人才疏学浅，本书一定会有不少纰漏，敬请同行专家学者批评指正。

肖叶飞

二〇一六年九月